Liebe Leserin, lieber Leser

Das vorliegende Heft versucht, die historische Wahrheit hinter den Texten der Bibel zu ergründen. Wie glaubwürdig sind die Geschichten um Moses und den Auszug des israelitischen Volkes aus Ägypten? Wie wörtlich darf man die Erzählungen um König David nehmen? Und was ist von den zahllosen Legenden um das Wirken eines Wunderpredigers namens Jesus von Nazareth zu halten?

Das Problem der Bibelforscher: Die in der Heiligen Schrift geschilderten Ereignisse sind allesamt zunächst über etliche Jahrzehnte, zum Teil sogar Jahrhunderte nur mündlich überliefert und dann erst aufgeschrieben worden. Das führt dazu, dass die Wissenschaftler immer auch die Entstehungsgeschichte der jeweiligen Episode einordnen müssen, um entscheiden zu können, wie historisch valide sie wohl ist.

So gehen beispielsweise die beiden Forscher Israel Finkelstein und Neil Silberman davon aus, dass die Geschichte des weisen Königs Salomo (der gemäß dem Alten Testament um 950 v. Chr. gelebt haben soll) erst 300 Jahre später schriftlich festgehalten wurde – und entscheidend geprägt war von den politischen Umständen jener Zeit. Die beiden Wissenschaftler postulieren, dass weite Passagen der Bibel nichts als ein Mythos sind, ja in Teilen eine Propagandaschrift im Auftrag des jeweils herrschenden Königs in Juda.

Deshalb bildet die Bibel eben nicht die exakte Wahrheit ab, sondern ist eher eine Art „Glaubensdokument", wie es der renommierte Theologe Wolfgang Zwickel formuliert.

In ihm lässt sich vor allem nachlesen, wie sich der jüdische Glaube an den einen und einzigen Gott Jahwe über die Jahrhunderte entwickelte, wie er dabei immer differenzierter wurde und wie daraus schließlich der christliche Glaube entstand: von den frühen, archaisch anmutenden Legenden über die Erzväter Abraham, Isaak und Jakob, die ein sehr direktes Verhältnis zu ihrem Gott hatten (der manchmal gar zu ihnen sprach), bis zu den hochkomplexen Erzählungen über jenen Mann aus Nazareth, der schier Unfassbares verhieß: ein Reich ohne Städte, ja ohne Land, das im Himmel existiert und zugleich auf Erden, das bald kommen wird und doch „schon mitten unter euch" ist – das Reich Gottes.

Das Konzept für dieses Heft hat Jens-Rainer Berg (links) entwickelt, beraten von dem Archäologen und Theologen Ulrich Hofeditz

Dennoch lassen sich manche Passagen der Bibel anhand archäologischer Funde durchaus verifizieren. So haben Forscher herausgefunden, dass um 1000 v. Chr. – zu jener Zeit, als nach dem Alten Testament König David in Jerusalem herrschte – im Hochland von Juda tatsächlich schon eine Ansiedlung existierte. Nur war sie weitaus kleiner und weniger bedeutend als die Stadt der Bibel. Und am See Genezareth legten Archäologen vor einiger Zeit ein Haus frei, das offenbar Petrus gehört hatte, jenem Fischer, der zum ersten Jünger Christi wurde.

Darüber hinaus gibt es zahllose nichtbiblische Quellen, die von der Geschichte des Heiligen Landes zeugen, darunter ägyptische Inschriften, aramäische Stelen, assyrische Chroniken und römische Dokumente.

Wenn man sie alle mit den Erkenntnissen der modernen Bibelforschung sowie den Funden der Archäologen kombiniert, dann lässt sich die Historie der biblischen Welt seit etwa dem 9. Jahrhundert vor Christus in weiten Teilen einigermaßen nachvollziehen.

Die Ergebnisse dieser Rekonstruktion präsentieren wir Ihnen auf den folgenden Seiten.

*

In diesen Tagen erscheint die zweite Ausgabe von GEO *EPOCHE* EDITION, einer Heftreihe im Großformat, in der wir nach und nach alle großen Stilrichtungen der Kunstgeschichte präsentieren werden. Nach dem Barock stellen wir nun den Impressionismus vor – jenen radikal subjektiven Malstil, den vor ziemlich genau 150 Jahren eine Gruppe von Künstlern um den Maler Claude Monet entwickelte und der mit den Konventionen jener Zeit brach. Es war nicht weniger als: der Aufbruch in die Moderne.

Diese neue Reihe hat unseren Horizont in jeder Hinsicht erweitert. Vielleicht ergeht es Ihnen beim Lesen ja ebenso.

Am 13. Oktober erscheint GEO*EPOCHE* EDITION »Impressionismus«

Herzlich Ihr

Michael Schaper

40–4 V. CHR.

HERODES

Er wird verachtet als Knecht der Römer, als Tyrann und Kindermörder. Wahrscheinlich aber war der König der Juden nicht der Dämon, den viele in ihm sehen.

Seite 86

PETRA

STADT IM FELS

Am Treffpunkt zweier Karawanenrouten schlagen ehemalige Nomaden ihre Kapitale direkt in die Berghänge des Ostjordanlands. Sie wird zum Weltzentrum des Weihrauchhandels.

Seite 78

JESUS

DER MANN AM KREUZ

Ein Wanderprediger aus dem Dorf Nazareth provoziert die Obrigkeit – und wird hingerichtet. Was weiß die Wissenschaft über den Mann, dessen Wirken das Christentum begründete?

Seite 119

EVANGELISTEN

IM ANFANG WAR DAS WORT

Sie zählen zu den berühmtesten Schriften der Welt: die Evangelien des Neuen Testaments, die Leben und Wirken Jesu Christi beschreiben. Wer aber hat diese Berichte überhaupt verfasst? Und stimmen sie?

Seite 154

INHALT

Redaktionsschluss: 21. September 2010

TITELBILD: „Die Verklärung Christi auf Tabor" von Giovanni Bellini (ca. 1430–1516), gemalt um 1480.
Alle FAKTEN, Daten und Karten in dieser Ausgabe sind vom GEO*EPOCHE*-Verifikationsteam auf ihre Richtigkeit überprüft worden. Kürzungen in Zitaten sind nicht kenntlich gemacht.

Im REICH

Es ist ein schmaler, unscheinbarer Flecken an der Ostküste des Mittelmeers, durchzogen von
die dem Land ihre Herrschaft aufzwingen. Und doch: Gerade hier entfalten sich im Altertum
schildert – die Bibel – und aus denen zwei Weltreligionen hervorgehen: Judentum und Chris
Ihre Bilder, aufgenommen vor Industrialisierung und Massentourismus, vermitteln einen

TEXTE: JENS-RAINER BERG

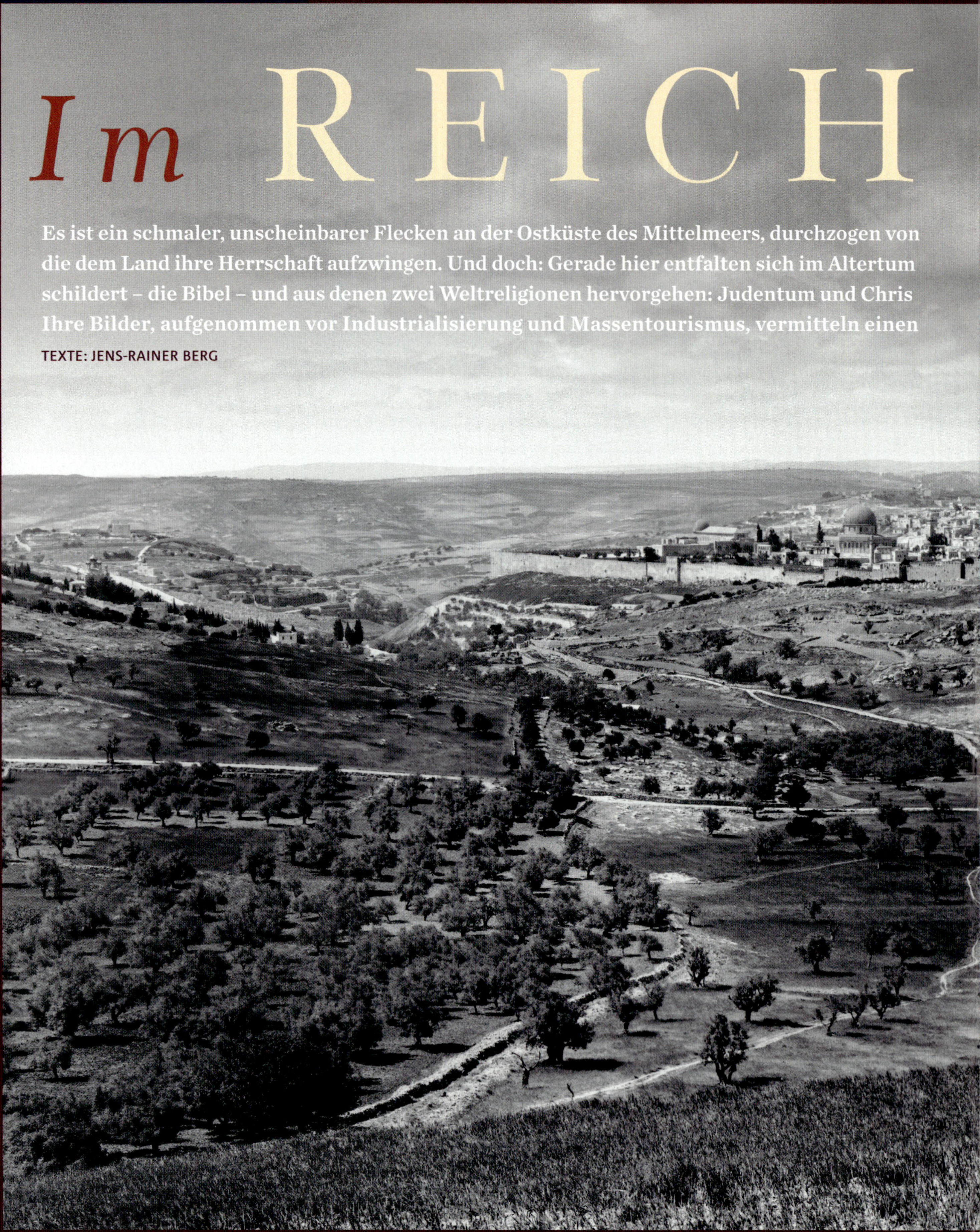

Jerusalem, hier um 1900, wird früh zum politischen und religiösen Zentrum des Heiligen Landes. Der israelitische König David macht es, so

der BIBEL

Wüsten und kargen Bergen. Seine Bewohner leben im Schatten großer Mächte, über ein gutes Jahrtausend hinweg jene Ereignisse, die das bekannteste Buch der Erde tentum. Um 1900 bereisen Fotografen die bedeutendsten Stätten dieser Region. Eindruck von einem längst vergangenen Kosmos: dem biblischen Zeitalter

sagt die Bibel, um 1000 v. Chr. zur Hauptstadt. Bald darauf errichten die Judäer hier einen Tempel für ihren Gott Jahwe

VON GROSSMÄCHTEN BEDROHT

Das alte Palästina ist wie eine Brücke zwischen den zwei großen Machtzentren des Orients: Ägypten und Mesopotamien. Vor allem der wohlhabendere Norden, gelegen an der wichtigen Überlandstraße Via Maris, profitiert vom Handel zwischen diesen Regionen. Doch wird er schon früh zur Beute der Großmächte

Ab 63 v. Chr. herrschen die Römer über das Heilige Land. Etwa 40 Jahre später lässt deren Vasall König Herodes zu Ehren des Kaisers einen

In Galiläa, am nördlichen Saum des Heiligen Landes, liegt das Dorf Nazareth. Hier wächst um die Zeitenwende der spätere Wanderprediger Jesus auf

Die ländliche Bevölkerung im antiken Palästina lebt oft am Existenzminimum – selbst im Norden, der reicher ist als der Rest der Region

Am See Genezareth, von dem aus Fischer das alte Palästina mit ihren Fängen versorgen, beginnt Jesus die Verkündigung eines neuen Gottesreichs

Tempel in Samaria erbauen, von dem noch heute eine monumentale Treppe kündet

DIE STADT DAVIDS

Das Volk der Israeliten, dessen Geschichte das Alte Testament erzählt, entsteht wahrscheinlich in den Bergen im Zentrum des Heiligen Landes. Um 1200 v. Chr. finden sich hier Flüchtlinge und Nomaden zu Stämmen zusammen, gründen Siedlungen – und schließlich ein Königreich. Einer der ersten Herrscher ist nach biblischen Angaben David, der um 1010 v. Chr. sieben Jahre lang in Hebron regiert, ehe er in seine neue Hauptstadt einzieht: Jerusalem

Bis auf wenige Gebäude wirkt Hebron noch um 1900 wie eine Bergsiedlung des Altertums. Der Ort, wohl gegen 1700 v. Chr. gegründet, entstand der Bibel nach um die Grabstätte des Erzvaters Abraham – jenes Viehhirten, von dem das Volk Israel abstammen soll

VON VIELEN GEFORMT

Das Heilige Land bringt keine eigene geschlossene Hochkultur hervor, sondern wird von unterschiedlichen Völkern geprägt. Neben den Israeliten siedeln an der Küste geheimnisvolle Seevölker, gründen Moabiter und Nabatäer ihre Reiche. Den sichtbarsten Einfluss aber haben Griechen und Römer

In der Felslandschaft südlich des Toten Meeres errichten die Nabatäer ab 200 v. Chr. die Stadt Petra. Bald schlagen sie hier Tempel und

Die Völker östlich des Jordans erschaffen ihre Staaten oft von Handelsstützpunkten aus. Die Oasensiedlung Palmyra erhält später einen römischen Bogen

Beduinen rasten am Rand der Negev-Wüste im Süden. In der Antike wirbt Rom bewaffnete Kamelreiter an, um die Grenzen seiner Provinzen zu sichern

Wohl dem Meeresgott Neptun ist dieser Tempel gewidmet, der in Palmyra erbaut wird. Die Stadt hat ab etwa 50 n. Chr. eine römische Garnison

Grabkammern in den Sandstein, die von hellenistischer Baukunst inspiriert sind

ORT DER VERHEISSUNG

Bethlehem, acht Kilometer südlich von Jerusalem gelegen, nennen zwei der vier Evangelisten als Geburtsort Jesu und berichten, wie der Messias hier zur Welt kommt. Doch womöglich führen die Bibelautoren den Ort nur deshalb an, weil aus ihm der Überlieferung nach bereits der verehrte König David stammte

Hinter der Wand in der Mitte liegt die Geburtskirche von Bethlehem. Den ursprünglichen Bau ließ Roms Kaiser Konstantin um 330 n. Chr.

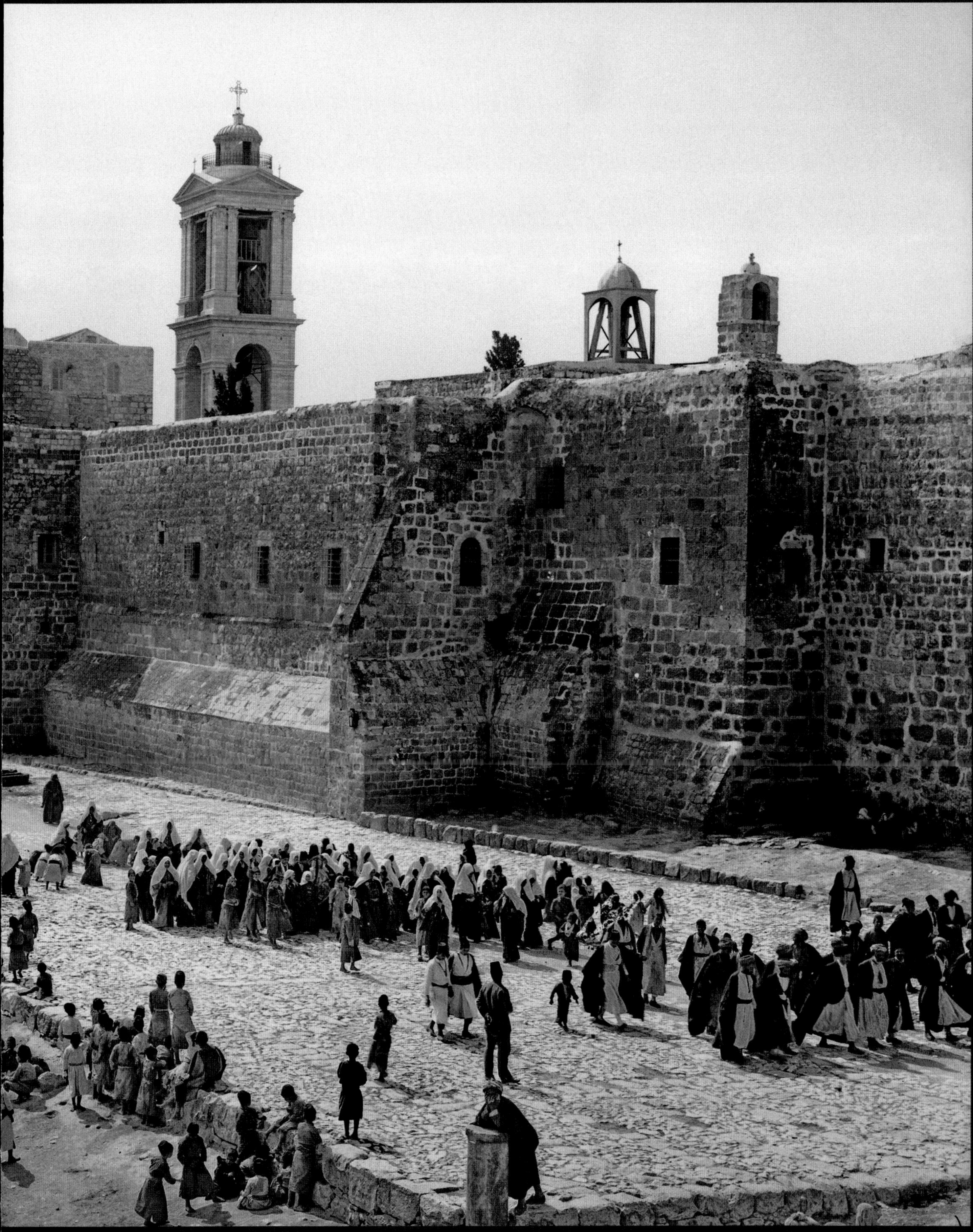

über jener Grotte errichten, die als Stätte von Marias Niederkunft angesehen wird

AM SEE DES TODES

Eine gewaltige Furche durchschneidet das Heilige Land von Nord nach Süd: der Jordangraben, der auf einer Länge von 75 Kilometern von einem Salzsee, dem Toten Meer, bedeckt ist. Um 70 n. Chr. verschanzen sich hier jüdische Rebellen im Kampf gegen die Soldaten Roms. Und begehen vermutlich am Ende kollektiv Selbstmord

Auf einem 440 Meter hohen Felsmassiv am Westufer des Toten Meeres baut König Herodes um 35 v. Chr. die Festung Masada aus. Später

Prächtige Paläste erhoben sich einst in der Festung von Masada. Lange nach dem Sieg Roms erbauen christliche Mönche hier eine Kirche (oben)

Trinkwasser ist knapp in der Region, in der es über 40 Grad heiß wird. Seit alters her holen es Frauen in Tonkrügen aus Brunnen und Zisternen

Die Landbevölkerung in biblischer Zeit lebt in gedrungenen Häusern, deren Wände aus unbehauenen Steinen und Lehm bestehen

belagern die Römer von mehreren Forts aus (unten links) jüdische Aufständische

DAS LAND DER ZEHN GEBOTE

Etwa 40 Jahre lang ziehen die Israeliten der Bibel zufolge von Ägypten ins Heilige Land, um dem Pharao zu entkommen – zumeist über die Halbinsel Sinai. Hier soll Moses, der Anführer der Flüchtlinge, jene göttlichen Gesetze empfangen haben, die später die Grundlagen von Judentum und Christentum bilden

Wüste Landschaften wie diese durchquerten die israelitischen Flüchtlinge auf ihrem Weg ins Gelobte Land. Bis heute aber ist unklar, auf

welchem Berg der Sinai-Halbinsel Moses die Tafeln mit den Zehn Geboten von Gott erhalten haben soll

IM ZENTRUM DES GLAUBENS

Kein Ort des Heiligen Landes ist im Zeitalter der Bibel so verehrt, keiner zugleich so umkämpft wie Jerusalem: Pilgerziel, Heimstatt Gottes, Herrschaftssitz und kulturelle Metropole. Im Jahr 70 n. Chr. zerstören römische Legionäre die Stadt fast vollständig. Doch sie bleibt Sehnsuchtsort der Religionen

Gegenüber dem Ölberg lag einst der Jerusalemer Tempel, im Glauben der Juden die irdische Residenz Jahwes. Später schufen Muslime

Ab 200 n. Chr. kommen christliche Wallfahrer nach Jerusalem, um die Stätten Jesu zu besuchen – so die um 350 n. Chr. geweihte Kirche über seinem Grab (im Bild links)

135 n. Chr. verbannen die Römer alle Juden aus Jerusalem. Doch wohl schon 100 Jahre später existiert hier wieder eine kleine jüdische Gemeinde. 638 wird die Stadt von Muslimen erobert

Um 1915 schreiten Pilger den Leidensweg Jesu durch Jerusalem ab. Inzwischen ist die Stadt ein heiliger Ort für Juden, Christen und Muslime ☐

auf seiner Ruinenfläche ein eigenes Heiligtum, den kuppelförmigen Felsendom

MOSES

Der Aufbruch ins Gelobte Land

Er ist ein Findelkind, ein Totschläger, ein schlechter Redner. Dennoch gelingt es Moses, die Israeliten vom ägyptischen Joch zu befreien, im Glauben an Gott hinter sich zu vereinen und ins Gelobte Land zu führen. So zumindest erzählen es die Fünf Bücher Mose, mit denen die Bibel beginnt. Doch was geschah wirklich?

VON CAY RADEMACHER

Auf dem Berg Sinai, so sagt es die Bibel, erhält Moses von Gott zwei Steintafeln mit den Zehn Geboten. Tatsächlich aber werden diese Anweisungen für ein gottgefälliges Leben im Heiligen Land gesammelt und über Jahrhunderte hinweg vereinheitlicht (Gemälde von Guido Reni, um 1610)

Die Worte ertönen aus einem brennenden Dornbusch in der Wüste: „Ich habe das Elend meines Volkes in Ägypten gesehen, und ihre laute Klage über ihre Antreiber habe ich gehört. Ich kenne ihr Leid. Ich bin herabgestiegen, um sie der Hand der Ägypter zu entreißen und aus jenem Land hinaufzuführen in ein schönes, weites Land, in ein Land, in dem Milch und Honig fließen."

Diese Sätze, so ist es in der Bibel überliefert, spricht Gott aus dem Busch zu Moses. Sie sind das Geburtsversprechen des Judentums: Die Israeliten sind SEIN Volk. Moses ist SEIN Werkzeug.

Die Verkündigung ist die mythische Begründung der ältesten der drei großen monotheistischen Religionen. Sie steht symbolisch für die Stunde Null des Glaubens, die große geistige Zäsur der Menschheitsgeschichte: Fortan ist es möglich, sich diese und die jenseitige Welt, sich Vergangenheit, Gegenwart und Zukunft nicht mehr nur als Reich von Göttern, Dämonen, Ahnen und Geistern vorzustellen – sondern als das einheitliche Werk eines prinzipiell unfassbar großen Geistes.

Bloß: Wie kommt dieser Gott in die Welt? Wann ist der Glaube an ihn, an Jahwe, entstanden? Wo? Warum?

Die Bibel liefert die *Heilsgeschichte* zu diesen Fragen: einen Mythos von Gott und der Entstehung der Welt und vom Werden seines Volkes.

Was aber ist die *Geschichte* hinter der Heilsgeschichte? Wenn jede Legende einen wahren Kern in sich birgt – was ist dann die historische Essenz der biblischen Überlieferung?

Lässt sich, nach Jahrtausenden, noch die Spur eines Mannes namens Moses aufnehmen und des Volkes, das er zu dessen Land und zu dessen Gott führte?

Der Mythos von der Entstehung der Welt, der Vorgeschichte des Volkes Israel und dem Leben des Moses wird in der Tora erzählt, den Fünf Büchern Mose, mit denen die Bibel beginnt: Genesis, Exodus, Levitikus, Numeri und Deuteronomium. Der Urvater des Volkes Israel ist Abraham – ein Hirte, der auf Gottes Befehl mit seiner Sippe aus Mesopotamien ins Land Kanaan zieht: das zukünftige „Heilige Land". Doch Abrahams Erben verlassen das Land wieder, eine Hungersnot zwingt sie nach Ägypten. Dort müssen sie später für den Pharao Fronarbeit leisten.

Dann wird Moses geboren, doch der biblische Bericht nennt weder den Namen der Mutter noch den des Vaters. Er wird in einem Kästchen im Nilschilf ausgesetzt und dort von der Tochter des Pharao entdeckt, die in ihm ein „Hebräerkind" erkennt. Eine Amme aus seinem Volk soll den Säugling stillen – es ist die leibliche Mutter selbst. Den herangewachsenen Knaben nimmt die Tochter des Herrschers als Sohn an und gibt ihm den Namen „Moses".

Als der, inzwischen erwachsen, einmal „seine Stammesbrüder" besucht, wie es in der Bibel heißt, die „für den Pharao die Städte Pitom und Ramses als Vorratslager bauen", sieht er, wie ein Ägypter einen Israeliten prügelt. Daraufhin erschlägt er den Aufseher. Aus Angst vor einer Bestrafung flieht er ins Wüstenland Midian.

Dort, bei einem Hirtenvolk, heiratet er die Priestertochter Zippora, mit der er einen Sohn hat: Gerschom.

Moses ist also nicht bei seinem Volk großgeworden, er ist ein Totschläger, verheiratet mit einer Nicht-Israelitin, sein Schwiegervater ist gar Priester einer anderen Religion. Zudem ist er ein schlechter Redner, er selbst wird später über seine „schwerfällige Zunge" klagen. Nicht gerade der ideale Volksführer, so scheint es.

Viele Jahre lang hütet Moses das Vieh des Schwiegervaters – bis eines Tages Gott zu ihm aus dem brennenden Dornbusch spricht: „Geh, versammle die Ältesten Israels und sag ihnen: Jahwe, der Gott eurer Väter, der Gott Abrahams, Isaaks und Jakobs, ist mir erschienen und hat mir gesagt: Ich habe sorgsam auf euch geachtet und habe gesehen, was man euch in Ägypten antut. Darum habe ich beschlossen, euch aus dem Elend Ägyptens hinaufzuführen in das Land der Kanaaniter, Hethiter, Amoriter, Pe-

An den

Moses wird der biblischen Überlieferung zufolge als Säugling von seiner israelitischen Mutter in einem Kästchen auf dem Nil ausgesetzt (oben), von der Tochter des Pharao entdeckt und adoptiert. Er wächst am Hof auf, während die Israeliten für den König in Fronarbeit die Städte Pitom und Ramses errichten müssen. Als er sieht, wie ein Aufseher einen hebräischen Arbeiter schlägt, tötet er den Ägypter, flieht in die Wüste, kehrt aber Jahre später zurück – als Retter seines Volkes (Nicolas Poussin, 1654)

NIL trieb die Hebräer einst der Hunger

Mit einem Wink schließt Moses die zuvor geteilten Fluten des Schilfmeeres hinter sich. Es ist das Ende für die Streitwagen-truppen, die der Pharao den fliehenden Israeliten nachgeschickt hat. Pferde und Soldaten ertrinken in den zusammenstürzenden Wogen. Die Hebräer aber, Gottes auserwähltes Volk, konnten das Meer zuvor trockenen Fußes durchschreiten.

risiter, Hiwiter und Jebusiter, in ein Land, in dem Milch und Honig fließen."

Moses kehrt nach Ägypten zurück. Dort wird er mit Gottes Hilfe zum Volksführer und verlangt vor dem Pharao, die Israeliten drei Tage weit in die Wüste ziehen zu lassen, wo sie Jahwe huldigen wollen – doch diese Freiheit wird ihnen nicht gewährt. Gott schickt daraufhin zehn Plagen über das Land, darunter Stechmücken, Heuschrecken und, schließlich, sich selbst als „Vernichter".

In einer Nacht tötet er alle Erstgeborenen der Ägypter. Die Israeliten schützen sich, indem sie die Türpfosten und -schwellen ihrer Häuser mit dem Blut geopferter Lämmer markieren. Noch heute erinnert das Passafest daran – *pasah* bezeichnet vermutlich das „Vorübergehen" des Vernichters.

Der Pharao, zermürbt, fordert nun umgekehrt von Moses, sein Volk für immer fortzuführen – bereut es aber bald darauf. Mit Streitwagen verfolgt er die Israeliten, die inzwischen an einem nicht näher beschriebenen „Schilfmeer" lagern.

Auf Gottes Anweisung gebietet Moses mit seinem Wanderstab dem Wasser, zu beiden Seiten zurückzuweichen; trockenen Fußes marschiert sein Volk durch das Schilfmeer. Die nachsetzenden Ägypter jedoch vernichtet das wieder zusammenschlagende Wasser.

Fast ein Menschenalter wird der epische Exodus aus Ägypten währen. Die Israeliten ziehen zunächst weiter durch die Wüste, nach Midian und zum Berg Sinai. Hier, vermutlich am gleichen Ort, an dem ihm Gott zuvor im brennenden Dornbusch erschienen ist, erhält Moses von Jahwe die Zehn Gebote. Er schreibt das „Bundesbuch" nieder, eine Gesetzessammlung, die ihm Gott selbst diktiert und die in einem verzierten Schatzkasten, der „Bundeslade", fortan dem wandernden Volk vorangetragen wird.

Doch immer wieder rebellieren die Israeliten: Mal beschimpfen sie Moses, weil sie hungern und dürsten. Mal erschaffen sie in seiner kurzzeitigen Abwesenheit das Götzenstandbild eines goldenen Kalbes und umtanzen es.

Stets erreicht Moses, dass ihnen Gott verzeiht – doch um einen Preis: Jahwe, erzürnt, verdammt die Israeliten dazu, 40 Jahre lang durch die Wüste zu ziehen. Und außer dem Feldherrn Josua und dessen Gefährten Kaleb wird keiner der erwachsenen Männer unter den Flüchtlingen das Gelobte Land jemals betreten. Nicht einmal Moses.

Zwar führt er sein Volk nach vier Jahrzehnten schließlich ans Ostufer des Jordans und darf dort von einem Berggipfel das Ziel der langen Reise sehen. Doch er stirbt noch am selben Tag.

Wann hat sich all das abgespielt? In der Bibel gibt es Hinweise, dass sich diese Geschichte im 13. Jahrhundert v. Chr. zuträgt, denn die Israeliten leisten ihren Frondienst unter anderem ja in der Ramsesstadt. Und tatsächlich lässt Ramses II. (Regierungszeit 1279–1213 v. Chr.), der legendäre Pharao, im östlichen Nildelta eine nach ihm benannte Metropole ausbauen: Piramesse, „Haus des Ramses“.

Historiker werden diese Phase in Ägyptens Geschichte später das „Neue Reich“ nennen: eine Epoche, in der Thutmosis III. die Grenzen des Landes weiter zieht als jeder ägyptische Herrscher vor ihm. In welcher der „Ketzerpharao“ Echnaton alle Götter stürzt und nur noch eine Gottheit anbetet: Aton, symbolisiert durch die Sonnenscheibe. In welcher die Herrscher mit unermesslichen Schätzen im „Tal der Könige“ bestattet werden – unter ihnen der Kindkönig Tutanchamun. Und in der Ramses II. vom Nildelta bis nach Nubien gewaltige Tempel und Städte errichtet.

Ein großer Rivale der Ägypter ist zu jener Zeit das Hethiterreich, ein Imperium von Streitwagenkriegern in Anatolien. Und in Mesopotamien, dem Zweistromland an Euphrat und Tigris, sind die Assyrer zur Großmacht aufgestiegen.

Zwischen diesen drei Kraftzentren liegt ein schmales Land, das sich vom Gebirgszug des Libanon im Norden über rund 250 Kilometer bis zu der Wüste Negev und der Sinai-Halbinsel im Süden erstreckt, mal Brücke der Großmächte, viel öfter aber deren Schlachtfeld: Kanaan.

Im Westen begrenzt das Mittelmeer das Land, im Osten erstreckt es sich bis zu einem tiefen, breiten Graben, auf dessen Grund, kaum mehr als 50 Kilometer von der Küste entfernt, doch sogar noch unterhalb des Meeresspiegels gelegen, der Jordan fließt, der einzige bedeutende Fluss in dieser Region.

Der Küstenstreifen Kanaans ist fruchtbar, aber schmal, der Boden am Jordan teils versalzen und nur an wenigen Stellen landwirtschaftlich nutzbar. Dazwischen Bergland: trocken, bewaldet, schwer zugänglich; der Ölberg bei Jerusalem ragt mehr als 800 Meter hoch, bei Hebron wirft sich die Erde bis auf etwa 1030 Meter auf.

Der vorherrschende Westwind trägt Feuchtigkeit vom Mittelmeer ins Binnenland, doch wenn er auf Osten dreht, weht er Sandschleier aus der Einöde jenseits des Jordans durch die Luft, ein Hauch wie aus einem Backofen. Durch die Steppen streifen noch Löwen. Manche Küstenabschnitte sind versumpft, hier brütet Malaria.

Keine Metalle, keine Edelsteine, kaum Bauholz. Getreide an der Küste und im Bergland, Schaf- und Ziegenherden dort und im Saum der Wüste. Kanaans größter Schatz ist das Olivenöl: Der goldene Saft ist begehrt in Ägypten und Mesopotamien, weil die Früchte dort nicht wachsen.

Seit Urzeiten siedeln Menschen hier, doch die natürlichen Schätze sind zu karg für große Städte, Tempel, Armeen. Hunger ist die Plage des Landes.

Palästina – so die spätere Bezeichnung für das Land Kanaan des Abraham, jenes Land, das Moses noch erblicken, aber nicht mehr betreten darf – ist kein Paradies auf Erden. Durch die Region ziehen die Armeen der Ägypter und Hethiter. Und selbst Nomaden, die durch die Wüste streifen, rauben auf Plünderungszügen die wenigen Schätze.

Dennoch ist Kanaan keineswegs dünn besiedelt. Zwar lebt kaum jemand in der Wüste, das Bergland ist zu großen Teilen unerschlossen. Doch in der Küstenebene, am See Genezareth im Norden sowie an anderen günstig gelegenen Stellen im Jordangraben blühen Städte – jede ein winziges unabhängiges Fürstentum.

Nur durch

Auf ihrer Wanderschaft leiden die Israeliten Hunger und Durst. Da geschieht ein weiteres Wunder: Wie Gott es Moses versprochen hat, liegt nach Sonnenaufgang und dem Verschwinden der Tautropfen »etwas Feines, Knuspriges« auf dem Boden – weiß wie Koriandersamen und mit dem Geschmack von Honigkuchen

Gottes WUNDER kann Moses sie zusammenhalten

Während Moses auf dem Berg Sinai mit Gott Zwiesprache hält, wächst die Angst unter den Kindern Israel – zu lang schon ist ihr Anführer fort. Da bitten sie seinen Bruder Aaron, ihnen ein Götterbild zu machen, dem sie fortan folgen können. Dieser lässt ein goldenes Kalb gießen. Freudig umtanzen sie es, als Moses (im Bild hinten links) wütend mit den Gesetzestafeln in der Hand vom Berg hinuntereilt

Die Menschen wollen sich ein BILD

machen

Und obwohl das Land so karg ist, weckt es die Begehrlichkeit der ägyptischen Herrscher: Unter Ramses II. sind die kanaanäischen Stadtfürsten tributpflichtige Vasallen.

Dann aber bricht eine Katastrophe über den östlichen Mittelmeerraum herein. Es ist einer der großen Umbrüche der Geschichte – doch was genau geschehen ist, lässt sich heute nur noch in Umrissen rekonstruieren.

So viel ist klar: Um 1200 v. Chr. kollabiert das Hethiterreich; kurz darauf verschwindet die mykenische Zivilisation im heutigen Griechenland. Ägypten verliert seinen Einfluss über Kanaan, aber auch die vormaligen Vasallen der Pharaonen, die Stadtstaaten an der kanaanäischen Küste, erleiden einen drastischen Niedergang.

Das alles belegen archäologische Spuren, doch die Gründe verraten sie nicht. Vielleicht erschüttern Erdbeben die Städte, vernichten Dürren die Ernten und dezimieren das Vieh.

Möglicherweise aber spielen auch rätselhafte Invasoren eine Rolle, die etwa zur gleichen Zeit Ägypten angreifen. „Seevölker" werden sie in ägyptischen Inschriften genannt, offenbar attackieren sie von Schiffen aus. Doch wer sie sind, weiß niemand.

Sie stammen, so vermuten manche Forscher, wahrscheinlich aus Anatolien und ziehen mit Schiffen entlang der Küsten – aber auch in Trecks auf dem Festland – und verwüsten auf ihrem Weg bis zum Nil weite Landstriche. Damit, so eine weitere Theorie, lösen die Seevölker einen Zusammenbruch des Handels im östlichen Mittelmeerraum aus und entziehen den entwickelten Kulturen ihre Lebensgrundlage.

Ägypten hält den Angreifern zwar letztlich stand: Ramses III., ein Nachfolger des legendären Baumeisters, wehrt sie in einer Seeschlacht ab. Doch in Kanaan ist nichts mehr, wie es war.

Viele Einwohner verlassen die Städte. An der Küste siedeln sich vermutlich Gruppen der Seevölker an, ergreifen Besitz von Gebieten, über die der Pharao seine Herrschaft verloren hat.

Unter der Führung dieser Fremden gelangen alte Städte wie Aschdod und Gaza zu neuem Glanz. „Philister" werden die Neusiedler in der Bibel genannt (der Name „Palästina", später auch für die Regionen hinter der Küste verwandt, geht auf die Bezeichnung „Land der Philister" zurück).

Durch das Land Kanaan streifen zudem bald Nomaden aus der Wüste, die ab etwa 1200 v. Chr. beginnen, das Kamel als Last- und Reittier zu nutzen. Nun können sie relativ schnell weite Strecken zurücklegen und in das Kulturland gelangen.

Spiegeln sich all diese Geschehnisse in der Bibel wider? Zunächst scheinbar nicht. Die Autoren des Alten Testaments – das allerdings erst Jahrhunderte nach den Ereignissen geschrieben wird – geben sich als gewissenhafte Chronisten: Für die meisten biblischen Gestalten nennen sie die Zahl der Lebensjahre, verzeichnen penibel, welcher König wie lange regiert, wer ihm nachfolgt, wer voraufgeht, wie lange das Volk Israel durch die Wüste zieht.

Addiert man alle Angaben, dann ergibt sich zum Beispiel, dass zwischen dem Tod des Erzvaters Abraham und dem Auszug der Israeliten aus Ägypten 545 Jahre liegen.

Mehr noch: Eine dieser frühen Angaben lässt sich mit archäologischen und anderen Quellen relativ genau datieren (wobei allerdings manche Forscher andere Daten errechnen). Im fünften Regierungsjahr des Königs Rehabeam, so überliefert es das Buch der Könige, habe ein Pharao namens „Schischak" einen Feldzug gen Jerusalem unternommen – das wäre, da man Rehabeams Regierungszeit ziemlich genau kennt, im Jahr 926 v. Chr. gewesen. Und tatsächlich ist eine ägyptische Inschrift am Amuntempel von Theben erhalten, in der sich Pharao Scheschonq I. eines Feldzuges gegen Kanaan rühmt. Der Monarch regierte von 946 bis 925 v. Chr.

Nimmt man dieses chronologische Eichmaß und rechnet dann die biblischen Angaben zurück, so muss Abraham von 2166 bis 1991 v. Chr. gelebt, muss Moses das Volk Israel im Jahr 1446 v. Chr. aus Ägypten geführt haben.

Das aber kann nicht stimmen.

Denn der große Ramses, dessen Stadt die Israeliten ja erbauen, herrschte zwei Jahrhunderte später (Ramses I. nur kurz davor, alle anderen Pharaonen gleichen Namens noch viel später).

Auch sonst widersprechen die biblischen Angaben der Realität. Abraham etwa hütet Kamele, zudem sei er ein Zeitgenosse des Philisterkönigs Abimelech, so steht es in der Genesis. Doch sowohl Philister als auch domestizierte Kamele kommen erst ein knappes Jahrtausend später ins Land.

Was also bleibt?

Tatsächlich lassen sich drei historische Spuren noch im Text ausmachen, dünn wie eine Federzeichnung unter einem Ölbild:

1. Die ägyptische Spur: Das Volk

Der Name „Moses" könnte aus dem Ägyptischen stammen, als Ableitung des Wortes „gebären", wie sie in Pharaonennamen vorkommt: „Thutmosis" etwa bedeutet „Der Gott Thot hat ihn geboren" oder „Der Gott Thot ist geboren".

Die Geschichte vom Frondienst ist ebenfalls glaubwürdig: Für ihre Bauten ließen die Pharaonen auch Fremde schuften, zumal Hungerflüchtlinge von jenseits der Wüste.

Aus der Zeit von Merenptah (1213–1203 v. Chr.), dem Sohn und Nachfolger des legendären Ramses, ist auf Papyrus der Text eines Briefes erhalten, den ein Grenzbeamter an seinen Vorgesetzten geschrieben hat: Er habe verelendete Nomaden aus der Wüste nach Ägypten passieren lassen, „um sie und ihr Vieh durch den guten Willen des Pharao am Leben zu erhalten".

Würde das nicht zur Bibel passen? Die Israeliten, vom Hunger aus ihrem Land getrieben, werden in Ägypten aufgenommen, müssen sich jedoch dort als Fronarbeiter verdingen – bis sie, vielleicht in der Hoffnung auf bessere Erntejahre, zurück in die Heimat fliehen.

Seltsam aber: Ebenjener Pharao Merenptah lässt in seinem fünften Regierungsjahr eine Stele beschriften mit den Namen all jener Völker, die er auf einem Feldzug besiegt hat. Und dort rühmt er sich: „Israel liegt wüst und hat keinen Samen."

Es ist dies die älteste Nennung des Namens „Israel" überhaupt. Er ist wohl aus *isra* („kämpfen" oder „herrschen") und *el* („Gott") zusammengesetzt. Also: „Der Gott kämpft/herrscht."

Aus dem Text einer anderen Inschrift aber geht hervor, dass Ägyptens Armee bei diesem Feldzug in Kanaan einen großen Bogen geschlagen hat – Israel ist demnach der Name für ein Volk im kanaanäischen Bergland.

Das scheinbare Paradox, dass aus Kanaan eingewanderte Gruppen in Ägypten Frondienst leisten und Israels Ahnen sein sollen, etwa zur gleichen Zeit jedoch auch schon ein Volk Israel in Kanaan lebt, wird erst durch die beiden anderen Spuren erklärbar.

2. Die kanaanäische Spur: Das Land

Mit dem Zug des Moses beginnt, so die Bibel, Israels „Landnahme". Moses selbst erblickt noch das Heilige Land westlich des Jordan, sein Nachfolger Josua erobert es: Jericho, dessen Mauern im Trompetenschall stürzen, ist die erste Stadt, die er einnimmt.

Tatsächlich wird das Bergland von Kanaan, das zukünftige Herzland des Judentums, um 1200 v. Chr. besiedelt – allerdings friedlich.

Und nicht, zumindest nicht in erster Linie, von Neuankömmlingen aus der Wüste jenseits des Jordans, sondern von Flüchtlingen aus dem Westen: von den Einwohnern der vom Niedergang betroffenen Städte und Gebiete des Küstenlandes nämlich.

Sie machen sich in das bis dahin vernachlässigte Bergland auf und gründen dort insgesamt etwa 300 Siedlungen, wie Archäologen mittlerweile herausgefunden haben: Dörfer für jeweils ein paar Dutzend, bestenfalls wenige Hundert Bewohner, die Getreide pflanzen und Vieh halten.

Möglicherweise gesellen sich auch einige Nomadenstämme zu den Stadtflüchtlingen.

In der Zeit davor nämlich klagen Fürsten kanaanäischer Stadtstaaten in diplomatischen Briefen an den Pharao (die sich erhalten haben) oft über *hapiru*: Herumtreiber, vagabundierende Räuber, entlaufene Sklaven oder Söldner. Das Wort bezeichnet Außenseiter der städtischen Gesellschaft aller Art – und vermutlich auch einfache Nomaden.

Doch nach 1200 v. Chr. taucht dieser Begriff in keinem Fürstenbrief und auch sonst nirgendwo mehr auf. Es scheint, als seien die Hapiru vom Erdboden verschwunden.

Nach 40 Jahren der Wanderschaft, so die Bibel, erreichen die Israeliten das Heilige Land, das sie erobern und bewirtschaften werden. Moses aber betritt dessen Boden

Möglich, dass diese Nomaden sich nun im Bergland von Kanaan angesiedelt haben und deshalb von den Städtern nicht mehr als herumziehende Räuber wahrgenommen werden. Einige Forscher glauben sogar, dass „Hapiru“ der Ursprung des Begriffes „Hebräer“ ist.

Langsam bilden sich in diesen neu gegründeten Bergdörfern aus Flüchtlingen und Nomaden jedenfalls Clans und Stämme – ein neues Volk entsteht, das „Israel“ genannt wird.

3. Die midianitische Spur: Gott

Die Eltern des Moses haben nicht einmal einen Namen – seine Frau und seinen Schwiegervater hingegen nennen die Autoren der Tora. Ist es nicht seltsam, dass man in der Bibel vom vielleicht bedeutendsten Helden des Alten Testaments weniger von dessen israelitischer Familie erfährt als von der angeheirateten aus dem Lande Midian?

Das Land Midian der Bibel lag vermutlich südöstlich von Kanaan, in der riesigen Weite der Wüsten. Wer hier hindurch fliehen will, der muss ein Verbündeter jener Wüstennomaden sein, die als Einzige die Wege und die Wasserstellen kennen. Diese Verbindung mit den Nomaden aber hat in der Bibel einen Namen: Moses, der in eine priesterliche Familie aus Midian eingeheiratet hat.

Und möglicherweise hat jener Priester, den die Bibel als Schwiegervater des Mose nennt, gar Jahwe verehrt.

Denn „Jahwe“ bedeutet ursprünglich wohl: „Er weht“ – ein Indiz dafür, dass er ein Wind- und Wettergott gewesen sein könnte. Eine ägyptische Inschrift des 14. Jahrhunderts v. Chr. überliefert vermutlich, dass ein Jahwe von den Nomaden der Gegend des Landes verehrt wird.

Der Glaube an Jahwe – noch als *ein Gott unter mehreren* – wurzelt also vielleicht in der Religion der Nomaden von Midian. Deshalb wohl hat sich ihre Verbindung zur Figur des Mose erhalten.

Und noch weitere Indizien lassen erahnen, dass die Autoren der Heiligen Schrift nicht vergessen haben, dass Jahwe einst aus der südlichen Wüste kam: Hier offenbart er sich Moses im Dornbusch, hier übergibt er seinem Volk die Zehn Gebote und das Bundesbuch.

„Der Herr“, sagt Moses an seinem Todestag, „kam hervor aus dem Sinai …“

Verbindet man alle diese Spuren, so schimmert plötzlich das Bild einer kulturellen und spirituellen Umwälzung durch das Dunkel der Jahrtausende. Möglicherweise ist es so gewesen mit dem Ursprung des Gottesvolks:

Um 1200 v. Chr. erlebt Kanaan die Apokalypse – Dürren, Erdbeben oder die Angriffe der rätselhaften Seevölker führen zum Niedergang der Stadtstaaten an der Küste. Viele Einwohner fliehen in das bis dahin kaum besiedelte Bergland und gründen dort neue Dörfer.

Unabhängig davon leben Nomaden, die aus Kanaan und den angrenzenden Wüsten stammen, in Ägypten: Vielleicht hat sie eine Hungersnot aus ihrer alten Heimat vertrieben. Nun dienen sie auf den pharaonischen Baustellen.

Möglich, dass sie hier das erste Mal den Gedanken kennenlernen, dass es nicht viele Götter gibt, sondern nur den einen, allmächtigen Gott.

Zwar ist der „Ketzerpharao“ Echnaton, der allein den Gott Aton verehrte, zur Zeit der Ramessiden schon tot und verfemt, doch an seine Religion mögen sich am Nil noch Teile des Volkes erinnert haben. Eine reizvolle Hypothese: Aton als Inspiration für den allmächtigen Gott Jahwe.

Mehr als eine Theorie ist dies allerdings nicht, denn Beweise dafür fehlen.

Einzelne Nomadengruppen fliehen irgendwann wieder aus Ägypten – vielleicht, weil auch dort durch den Angriff der Seevölker das Leben der Fronarbeiter schwerer geworden ist. Der kürzeste Weg Richtung Kanaan steht jedoch unter ägyptischer Kontrolle. Zudem führt er ins spätere Philisterland – eine in dieser Zeit äußerst unruhige Region. Also weichen die Flüchtlinge in die große Wüste aus, gelangen so ins Land Midian.

In Midian wird seit Urzeiten Jahwe verehrt – der Gott des Wetters muss für Wüstenbewohner eine überragende, ja existenzielle Macht repräsentieren, hängen von den seltenen Regenfällen und von den Stürmen doch alle Leben ab.

Die Flüchtlinge, auf Gedeih und Verderb den Midianitern ausgeliefert, lernen nun, Jahwe zu verehren. Irgendwie – vielleicht, weil man schon den Glauben an Aton kennt – wird bei ihnen Jahwe jedoch zum ersten Mal nicht als Wettergott, sondern als alleiniger und „eifersüchtiger Gott“ angesehen.

Schließlich gelangen diese Flüchtlinge an den Jordan, überqueren ihn und erreichen das Bergland – es muss ihnen, nach dem Frondienst und dem vermutlich jahrelangen Zug durch die Wüste, tatsächlich als verheißenes Land anmuten (die späteren Autoren der Bibel werden diese von Gott gegebene Heimat der Juden dann sogar als das Land idealisieren, „in dem Milch und Honig fließen“).

Die Flüchtlinge lassen sich in den Bergen nieder, vermischen sich mit den auch erst seit Kurzem dort lebenden ehemaligen Städtern der Küstenregion – und bringen dabei den neuen Glauben mit.

Und mit dem Volk, das sich nun aus diesen Versprengten formt, formt sich in Jahrhunderten auch ein neuer Glaube immer weiter aus, in Gesetzen und Geboten: der an Jahwe.

Aus den Erinnerungen der Überlebenden, immer wieder forterzählt, wird über Jahrhunderte schließlich der große Mythos von Moses, vom Auszug aus Ägypten, von den Zehn Geboten am Berg Sinai und der kriegerischen Einnahme des Heiligen Landes.

Dass Moses eher eine mythische als eine historische Gestalt ist, vom Geheimnis umweht, deuten schließlich auch die Autoren der Tora an: Nachdem Moses das Heilige Land von einem Berg jenseits des Jordans wenigstens einmal hat sehen dürfen, stirbt er.

Und dann heißt es lakonisch: „Bis heute kennt niemand sein Grab.“ □

Literaturempfehlung: *Eckart Otto, „Mose. Geschichte und Legende“, C. H. Beck; gute Zusammenfassung des Forschungsstandes zu einer zentralen Figur dreier Weltreligionen.*

Cay Rademacher, 45, ist der Geschäftsführende Redakteur von GEO*EPOCHE*. Das Heilige Land ist ihm seit Jahren nah, als Buchautor („Wer war Jesus? Der Mensch und der Mythos“, Ellert & Richter, 2005) und immer wieder als Journalist. Die Gemälde stammen – Ausnahme: Seite 22/23 – aus der Hand des französischen Barockkünstlers **Nicolas Poussin**, 1594–1665.

SALOMO

HERRSCHER DER GOLDENEN JAHRE

Um 950 v. Chr. steigt ein Mann auf den Thron Israels, der den Traum seiner Untertanen und die Versprechen Jahwes erfüllt: König Salomo ist unfassbar reich und weise, sein Imperium groß. Seine Truppen sind zahlreich, die Handelsflotten weit gereist. Herrscher selbst ferner Staaten rühmen ihn. Doch nur eine einzige Quelle berichtet von den Taten dieses Großkönigs – die Bibel

VON JOHANNES STREMPEL

Salomo wird, so die Bibel, nach Saul und David der dritte König der Stämme Israels, die sich um 1000 v. Chr. zu einem Reichsverband zusammenschließen. Noch immer allerdings ist die Existenz aller drei Herrscher umstritten (Bibelillustration, 12. Jh.)

Von einem mit Gold überzogenen Thron regiert der König über eine goldene Welt. Aus purem Gold alle Trinkbecher und Kannen an seinem Hof, die 500 gehämmerten Schilde im Zeughaus, auch die Leuchter, Lampen, Dochtscheren und Pfannen des Altars, selbst die Nägel, die man in das Gebälk des Allerheiligsten geschlagen hat.

Die Fußböden und Wände des Tempels sind mit Gold verkleidet. Das Schnitzwerk der Türflügel mit Blattgold belegt, die Cherubstatuen aus Olivenholz mit einer goldenen Schicht ummantelt. Jahr für Jahr füllt sich die königliche Schatzkammer mit weiteren 666 Talenten Gold aus Steuern und Tributen, gut 26 Tonnen. Silber, so berichtet die Bibel lapidar, ist nichts wert in den Tagen Salomos.

30 000 Fronarbeiter, 70 000 Lastträger und 80 000 Steinhauer schuften auf den Baustellen und in den Steinbrüchen des Königs, 1400 Streitwagen mit 12 000 Mann Besatzung gehören zu seinem Heer, 700 Haupt- und 300 Nebenfrauen zu seinem Harem. Hält man sich an die biblischen Angaben über den täglichen Bedarf an Mehl, Grieß und Fleisch, müssen Zehntausende Menschen am königlichen Hof in Jerusalem leben.

Was Jahwe vor Jahrhunderten dem Stammvater Abraham versprochen hat, und dann Moses und dann Josua – unter König Salomo ist es, so sagt es zumindest die Bibel, tatsächlich wahr geworden: Israel herrscht von den Ufern des Euphrats im Norden bis zur Grenze Ägyptens im Süden. Ein Staat, der, wenn schon nicht in seinen Ausmaßen, so doch von der Bevölkerungszahl und Heeresstärke dem Großreich der Assyrer ebenbürtig ist.

Das Reich Israel steht im Zenit seiner Macht. Stärker wird es nie mehr werden.

Doch Salomo ist nicht nur für seine Macht und seinen Reichtum „bei allen Völkern ringsum" berühmt, sondern auch wegen seiner Weisheit. Unzählige Sprichwörter und Lieder hat er verfasst und weiß mehr von den Eigenarten der Tiere und Pflanzen als alle Gelehrten.

Aber seltsam: Obwohl Salomos Handelsflotten bis ans andere Ende des Mittelmeers segeln und er diplomatische Kontakte mit allen Nachbarvölkern pflegt, obwohl Herrscher weit entfernter Staaten ihn seines strahlendes Rufes wegen besuchen und der mächtige Pharao ihm seine Tochter zur Frau gibt – der König aus Jerusalem hat so gut wie keine Spuren im Gefüge der Zeit hinterlassen. Kein ägyptisches Relief berichtet von Salomos Herrschaft, keine assyrische Inschrift, keine aramäische Stele.

Nur ein einziges Buch – die Bibel.

Volle 66 Kapitel nehmen sich die Autoren des Alten Testaments, um die Geschichte der ersten drei Könige Israels zu erzählen: das Leben von Saul, David und Salomo. Was unter dem Geflecht aus Heldensagen, Chroniken und Thronstreitigkeiten hindurchschimmert, ist der dramatische Wendepunkt in der Entwicklung eines Volkes – der Übergang von der losen Stammesgemeinschaft zu einem engen Reichsverband.

Nach dem Auszug aus Ägypten unter Moses und der Landnahme unter Josua, so berichtet die Bibel, haben sich die zwölf Stämme Israels im Land Kanaan angesiedelt. Frieden aber herrscht nicht.

Die Verfasser des Alten Testaments erzählen von endlosen Kriegen gegen äußere Feinde sowie von Anarchie im Inneren. Zeitweise sind die Stämme kurz davor, sich gegenseitig auszurotten: „In jenen Tagen gab es noch keinen König in Israel; jeder tat, was ihm gefiel."

Damit soll es nun ein Ende haben: Die Ältesten der Stämme versammeln sich und fordern den Priester – und von Gott berufenen Propheten – Samuel auf, einen König einzusetzen.

Samuel warnt die Israeliten, dass ein Monarch Steuern erheben und ihre Kinder zu Knechten machen werde, aber die Ältesten lassen sich nicht beirren: „Auch wir wollen wie alle anderen Völker sein. Unser König soll uns Recht sprechen, er soll vor uns herziehen und soll unsere Kriege führen."

Die Israeliten erhoffen sich von einem geeinten Königreich vor allem einen militärischen Vorteil im Kampf gegen ihre Erzfeinde, die Philister. Das Volk aus den Ebenen an der Mittelmeerküste ist in einem mächtigen Stadtstaatenbund organisiert und bricht immer wieder zu Eroberungszügen in die Berge auf, in das Stammesgebiet der Israeliten. Gegen diesen Gegner kann nur Geschlossenheit etwas ausrichten.

Also salbt Samuel, gegen die eigene Überzeugung, einen jungen Mann aus wohlhabender Familie, die dem kleinen Stamm Benjamin angehört, zum ersten israelitischen König: den, so die Bibel, von Gott erwählten Saul.

Als die STÄMME einander auszurotten drohen, fordern die Ältesten einen König

Möglicherweise ist Salomo ein illegitimes Kind König Davids. Seine Mutter Batseba ringt dem Alten Testament zufolge dem sterbenden Monarchen ab, ihren Sohn zum Nachfolger zu krönen (in dieser Bibelillustration, entstanden um 1300, ganz oben links und rechts). Zuvor hat sie erfolgreich gegen den eigentlichen Kronprinzen intrigiert. Kaum ist Salomo an der Macht, geht er – trotz der Mahnung seines sterbenden Vaters zur Gottgefälligkeit (darunter links) – brutal gegen seine Konkurrenten vor, lässt sie ermorden oder verbannen. Erst dann wird aus ihm in der biblischen Schilderung ein kosmopolitischer Friedensfürst. Auf dem letzten Bild beobachtet der neue König, wie ein Storch sein Junges befreit – eine mittelalterliche Parabel von der Erlösung der Menschheit

Salomo ist dem Alten Testament nach bekannt für seine unvergleichliche Weisheit, eine Tugend, die ihm Jahwe auf eigenen Wunsch hin geschenkt hat. Hier tritt der Herrscher als Lehrer eines Kindes und mehrerer Erwachsener auf (links oben und unten). Das berühmte »salomonische Urteil«, Ausweis seiner Klugheit, ist jedoch höchstwahrscheinlich nur Legende: Der König befiehlt, ein Kind, um das sich zwei Frauen als angebliche Mütter streiten, in zwei Hälften zu zerschlagen; die echte Mutter gibt nach, um das Kind nicht zu gefährden (oben rechts). Eine ähnliche Episode wird Salomo weit nach der Zeitenwende zugeschrieben: Den leiblichen Sohn eines verstorbenen Fürsten ermittelt er dadurch, dass der sich weigert, Pfeile in den Leichnam des Vaters zu schießen (Bibelillustration, 15. Jh.)

Der erweist sich anfangs als höchst erfolgreicher Feldherr, der die Stämme unter sich eint und die Philister und andere Feinde Israels empfindlich schlägt. Aber er verstößt auch mehrmals gegen göttliche Befehle. Gott „reut es", so steht es im Alten Testament, ihn zum König gemacht zu haben; er wendet sich ab.

Böse Geister quälen Saul, er wird gepeinigt von Depressionen und Gewaltausbrüchen. Jahwe aber hat sich bereits den zweiten König ausgesucht: einen Hirtenjungen namens David.

So weit die Bibel. Aber was davon wird durch wissenschaftliche Erkenntnisse gestützt? Die Zeit, in der sich die Israeliten tatsächlich erstmals zu Stämmen zusammenschließen – wohl um 1200 v. Chr. –, ist eine Periode des Umbruchs in Kanaan.

In der Region herrscht ein Machtvakuum: Das Großreich der Hethiter im Norden ist kollabiert, und Ägypten im Süden hat sich, durch Kriege geschwächt, zurückgezogen. Und so entstehen neue, kleinere Staaten: zunächst wohl der Städtebund der Philister an der Küste, später jenseits des Jordans die Königreiche Ammon, Moab und Edom.

Auch die Bauern, die sich um diese Zeit in den Bergen Kanaans ansiedeln, sowie dort umherziehende Nomaden entwickeln ein neues Gefühl von Zusammengehörigkeit. Es ist die Geburtsstunde der Stämme Israels (siehe Seite 22).

Wohl 200 Jahre später wünschen sich diese Stämme – so sagt es jedenfalls das Alte Testament – einen gemeinsamen Herrscher. Ob dieser erste König tatsächlich Saul heißt und wie groß sein Reich ist – das nun wie sein Volk heißt, nämlich Israel –, weiß niemand. Außer der Bibel gibt es keine Quellen.

Aber Funde belegen, dass das Hochland nördlich von Jerusalem – das biblische Territorium von Sauls Stamm Benjamin – im 10. Jahrhundert das am dichtesten besiedelte Gebiet in den Bergen westlich des Jordans ist: Auf einer Fläche von 160 Quadratkilometern existieren fast 50 Siedlungen.

Sehr viel größer wird auch Sauls Reich nicht gewesen sein. Man muss in dem König – wenn es ihn denn gegeben hat – wohl eher einen Truppenführer sehen als einen richtigen Herrscher: Er besitzt kein stehendes Heer, keinen Beamtenapparat, keine Hauptstadt.

Zwischen den Feldzügen mit einer Freiwilligenmiliz der Stämme bestellt er daheim die Felder, so sagt die Bibel, sein Hofstaat besteht nur aus ein paar Familienangehörigen, seine Residenz ist das Dorf Gibea, wahrscheinlich auf dem Gebiet des heutigen Tell el-Ful, wo Archäologen eine bescheidene Festung ausgegraben haben.

David, Israels zweiten König, lernt der Leser der Bibel zuerst als Hirten und Musikheiler kennen: Sein Zitherspiel vermag die Depressionen und Anfälle Sauls zu lindern; deshalb nimmt der König den jungen Mann aus Bethlehem an seinen Hof. Schon bald steigt David zu Sauls Waffenträger auf.

Großen Ruhm erlangt er, als er den gefürchteten Philister Goliath aus der Stadt Gat tötet, eine der berühmtesten Geschichten der Bibel: Der schwer bewaffnete und 2,90 Meter große Hüne fordert einen Mann aus den Reihen des israelitischen Heeres zum Zweikampf – und David nimmt die Herausforderung an: mit nichts als der Steinschleuder eines Hirten bewaffnet, aber voller Gottvertrauen. Er schleudert einen Stein, trifft den Krieger direkt an der Stirn und schlägt dem Getöteten mit dessen eigenem Schwert den Kopf ab.

Bald darauf macht Saul den geschickten Kämpfer zum Heerführer, dann zu seinem Schwiegersohn. Doch als David Sieg um Sieg über die Philister erringt und immer beliebter im Volk wird, versucht Saul ihn in einem Anfall von Eifersucht zu töten. Aber David entkommt.

So erzählt es die Bibel. Manche Forscher vermuten, dass der historische David in Wahrheit ein Emporkömmling ist, der nach einem gescheiterten Putschversuch gegen den König fliehen muss. Doch authentisch, so glauben sie, ist die nun folgende Episode: Denn die Bibel berichtet weiter, dass David sich im südlichen Bergland festsetzt und eine Gruppe Männer um sich sammelt, die „unter Druck standen, sowie alle möglichen Leute, die Schulden hatten oder verbittert waren".

Mit dieser 400 Mann starken Banditentruppe aus Außenseitern und Gesetzlosen überfällt er Dörfer, lebt von Plünderungen und verdingt sich als Söldner zeitweise sogar bei Israels Todfeinden, den Philistern. Als sich der Chef des einflussreichen judäischen Clans der Kalebiter weigert, Schutzgelder an die Bande zu bezahlen, stirbt er wenig später unter verdächtigen Umständen. David heiratet die Witwe und steigt so zu einem der mächtigsten und reichsten Männer im südlichen Bergland auf.

Und irgendwann – möglicherweise noch vor dem Tod Sauls – beugen sich die dort lebenden Stämme Davids Überlegenheit: Sie salben ihn zu ihrem Oberhaupt, zum König von Juda.

Ob es dieses Reich Juda – das sich vermutlich von Jerusalem bis zum Beerscheba-Tal im Süden erstreckt, von der Wüste Juda im Osten bis zum Schefela-Hügelland im Westen – schon vorher gegeben hat oder ob erst David als Herrscher die judäischen Clans unter sich eint, ist strittig.

Jedenfalls wird es in den kommenden Jahrhunderten immer um die Beziehung zwischen Juda im Süden und Israel im Norden gehen: um zwei Nationen, die sich mal zu einem gemeinsamen Reich zusammenschließen und dann wieder voneinander abfallen, manchmal Verbündete sind und manchmal Feinde.

Als Israels Monarch Saul während einer großen Schlacht stirbt – die Bibel nennt die Philister als Gegner, einige Archäologen vermuten, dass der ägyptische Pharao die Macht in Kanaan zurückerlangen will und deshalb gegen Israel in den Krieg zieht –, sieht David seine Chance gekommen: In einem jahrelangen Bürgerkrieg setzt er sich, so die

Bibel, gegen Sauls Nachfolger durch und wird schließlich auch zum König Israels gesalbt. Zur neuen Hauptstadt des geeinten Reichs wählt David eine abgeschiedene Bergfestung: Jerusalem.

Ein kluger Schachzug. Denn der neue Regierungssitz liegt genau auf der Grenze zwischen Juda und Israel, hat aber bislang seine Unabhängigkeit als freier Stadtstaat unter dem Volk der Jebusiter bewahrt. Der Ort auf 700 Meter Höhe ist neutrales Territorium und damit kein Anlass zur Eifersucht für die beiden Stammesverbände von Davids Untertanen. Der König erobert die Stadt von den Jebusitern an der Spitze seiner Privatarmee aus Banditenzeiten; so wird Jerusalem gewissermaßen sein persönlicher Besitz, die „Stadt Davids".

Die Geschichte Salomos – des dritten Königs von Israel und des größten, glanzvollsten, weisesten aller Zeiten – beginnt in der Bibel, seltsam genug, mit einem Ehebruch und einem niederträchtigen Mord.

Vom Dach seines Palasts in Jerusalem erblickt König David eines Abends die schöne Batseba beim Baden. Er lässt nach ihr schicken, schläft mit ihr, und sie wird schwanger. Batsebas Ehemann Urija ist Offizier und gerade im Krieg. Um den Ehebruch zu vertuschen und die Schwangerschaft dem Gatten unterzuschieben, befiehlt der König Urija unter einem Vorwand nach Hause.

Aber der pflichtgetreue Soldat will nicht bei seiner Frau schlafen, solange seine Kameraden noch im Felde sind. Also sendet David Urija zurück an die Front und gibt dessen Kommandanten Befehl, ihn in die vordersten Linien zu stellen, „wo der Kampf am heftigsten ist, dann zieht euch von ihm zurück, sodass er getroffen wird und den Tod findet". Urija fällt tatsächlich in der nächsten Schlacht, und David heiratet die schwangere Witwe.

Die Bibel berichtet, dass Jahwe „missfiel, was David getan hatte". Zur Strafe lässt er Batsebas Kind nach der Geburt krank werden und sterben. Erst das zweite, in der Ehe gezeugte darf leben – es ist ein Junge, den David Salomo nennt. Einige Wissenschaftler vermuten, dass in der ursprünglichen Fassung der Geschichte Salomo die Frucht des Ehebruchs ist und der tote Erstgeborene später eingefügt wurde, um Salomo vom Stigma der Illegitimität zu befreien.

„Der Herr liebte Salomo", heißt es direkt nach der Geburt fast trotzig in der Bibel. Dennoch bleibt ein Makel an Salomos Herkunft. Und ob unehelich oder nicht – er ist in jedem Fall nicht der natürliche Thronfolger: Die Bibel nennt neun weitere, von anderen Frauen geborene Söhne Davids, die älter sind als er.

Über die Kindheit Salomos, seine Jugendjahre am Hof von Jerusalem, seine Charakterentwicklung schweigen sich die Autoren des Alten Testaments aus. Erst als es um die Nachfolge des Königs geht, erscheint er wieder auf der Bühne. Und auch dann zunächst nur am Rand.

Es ist zunächst Davids viertgeborener Sohn Adonija, der nach der Krone greift. Zwei seiner älteren Brüder sind in Intrigen und Aufständen, ein dritter möglicherweise an einer Krankheit gestorben; der Vater David wird als inzwischen „alt und hochbetagt" beschrieben: „Auch wenn man ihn in Decken hüllte, wurde ihm nicht mehr warm."

Adonija als Ältester also will sich zum Nachfolger salben lassen. Aber der Hofprophet und Salomos Mutter Batseba intrigieren gegen ihn – und so bestimmt David Salomo zu seinem Nachfolger.

Der hält nur wenig später blutiges Gericht über seine Gegner: Seinen Bruder Adonija lässt er ermorden, dessen Unterstützer werden entweder hingerichtet, in die Verbannung geschickt oder unter Hausarrest gestellt.

Dies ist der zweite deutliche Makel in Salomos Biografie und ein überraschend brutaler Auftakt für einen Herrscher, den die Nachwelt seiner Friedfertigkeit und diplomatischen Fähigkeiten wegen rühmen wird. Wahrscheinlich gehört der Kern dieser Erzählung vom Skandal um Salomos Geburt wie die von seiner blutigen Rache zu den authentischsten Passagen der biblischen Überlieferung.

„Die Herrschaft war nun fest in der Hand Salomos", heißt es, nachdem der letzte Widersacher ausgeschaltet ist. Gemäß der Chronologie des Alten Testaments schreibt man das Jahr 965 v. Chr.

Dann ändert sich der Ton der Bibel deutlich, ein Zeichen dafür, dass die Autoren die folgenden Passagen wohl stärker als das Vorangegangene bearbeitet haben: Salomo, gerade noch ein zielstrebiger und kaltblütiger Potentat, bittet Jahwe, der ihm im Traum erscheint, nicht um Reichtum oder Ehre, sondern allein um Weisheit.

Denn: „Ich bin noch sehr jung und weiß nicht, wie ich mich als König verhalten soll." Jahwe gefällt diese Bescheidenheit, und

Kaum an der MACHT, tötet Salomo den ärgsten Widersacher – seinen Bruder

er gewährt Salomo seinen Wunsch nach einem „verständigen Herz".

Die berühmtesten zwei Geschichten in Verbindung mit Salomos Herrschaft sollen Zeugnis dieser von Gott geschenkten Weisheit ablegen: In der ersten, der vom „salomonischen Urteil", streiten sich zwei Frauen um ein Kind; beide behaupten, die Mutter zu sein.

Aussage steht gegen Aussage, deshalb befiehlt der König, das Kind mit einem Schwert in zwei Hälften zu teilen und jeder Frau eine davon zu geben. Natürlich ist die echte Mutter eher bereit, auf ihr Kind zu verzichten, als es töten zu lassen – und gibt sich so zu erkennen.

Die zweite Geschichte handelt vom Besuch der Königin von Saba, einem fernen Reich, wahrscheinlich im heutigen Jemen gelegen. Die Monarchin hat von der Klugheit Salomos gehört und stellt ihn mit Rätseln und Fragen auf die Probe, und des Königs Antworten übertreffen alle ihre Erwartungen. Tief beeindruckt reist sie nach Hause.

In beiden biblischen Episoden geht es darum, die Bedeutung des weisen Königs dem Volk bekannt zu machen: im Fall der zwei Frauen für den Frieden in Israel, während die Anekdote über die Königin von Saba seinen Rang als alle anderen Herrscher überragenden Staatenlenker zeigen soll.

Und beide sind mit hoher Sicherheit nicht authentisch: Das salomonische Urteil ist eine typische „Wanderlegende", die den Herrschern vieler Kulturen angedichtet wurde – 22 Versionen bis nach Indien haben Forscher gezählt.

Ein weiteres Indiz dafür, dass die Erzählung nachträglich mit Salomo verknüpft wurde, ist die Tatsache, dass nie sein Name fällt, sondern nur von „dem König" gesprochen wird.

Und die Königin von Saba hat zwar über Jahrhunderte die Fantasien der Zeitgenossen beschäftigt, Belege für ihre Existenz aber gibt es nicht. Zudem ist es merkwürdig, dass die Bibel von ihr weder einen Namen noch andere Details kennt und auch keines der Rätsel zitiert, die sie dem König angeblich stellt.

Und ihr Gesprächspartner? Wie gesichert ist das Wissen um die Existenz König Salomos? Zeugnisse außerhalb der Bibel gibt es von dem Menschen Salomo

Gott selbst sagt Salomos größte Tat voraus: »Er wird meinem Namen ein Haus bauen«, spricht er in der Bibel. Den Tempel, den der König in Jerusalem als Wohnstatt Jahwes errichten lässt, preisen die Autoren der Heiligen Schrift als gewaltiges Bauwerk: die Böden mit Zypressenholz geschmückt, der heiligste Raum – Aufbewahrungsort der Tafeln mit den Zehn Geboten – von Gold überzogen. Zur Einweihung (oben) schlachten Priester fast 150 000 Tiere. Das meiste davon ist Übertreibung. Doch gegeben hat es diesen ersten Tempel wohl wirklich, vielleicht an der Stelle eines alten kanaanäischen Heiligtums (Miniatur, 13. Jh.)

Nicht nur den ersten Jahwe-Tempel (hier eine Darstellung von etwa 1300) hat Salomo der Bibel nach erbauen lassen, sondern auch zahlreiche Palastgebäude, ein Haus, größer noch als das Heiligtum und mit Säulen ganz aus edlem Holz – eine prächtige Akropolis. Nichts davon aber haben moderne Archäologen bis heute finden können. Vielmehr glauben Forscher, dass die alttestamentarischen Berichte über Salomo etwa 300 Jahre nach seiner Zeit – also im 7. Jahrhundert v. Chr. – geschrieben worden sind und eher die Zeit ihrer Abfassung spiegeln. Vor allem: deren Wunsch nach Größe und Bedeutung

so wenig wie von seinen Vorgängern David und Saul. 1993 jedoch entdeckten Archäologen in der antiken Stadt Dan, der nördlichsten des Königreichs Israel, Teile einer Stele aus schwarzem Basaltstein. Darauf rühmt sich ein Herrscher aus Aram (dem heutigen Syrien) seines Sieges über einen judäischen König aus dem „Hause Davids".

Die Forscher datieren den Fund auf die zweite Hälfte des 9. Jahrhunderts v. Chr.: Etwa 150 Jahre nach der vermuteten Regentschaft König Davids hat sich also eine Dynastie dieses Namens so weit etabliert, dass sie nicht nur der Bibel und den Israeliten ein Begriff ist, sondern auch ausländischen Völkern.

Das sagt zwar noch nichts aus über die historischen Personen David und Salomo, widerlegt aber zumindest die Wissenschaftler aus der sogenannten Gruppe der „Minimalisten", die die Bibel für frei erfunden und die ersten drei Könige Israels für reine Sagengestalten halten.

Ihnen gegenüber stehen die „Maximalisten", die alle Einzelheiten der Heiligen Schrift als authentisch erachten und sich nicht daran stören, dass ein angebliches Großreich wie das von David und Salomo praktisch keine Spuren in der Geschichtsschreibung oder Archäologie hinterlassen hat.

Die meisten Forscher nehmen heute einen Platz irgendwo in der Mitte zwischen diesen beiden extremen Positionen ein: Saul, David und Salomo haben wahrscheinlich existiert, die Beschreibungen der Bibel seien aber in weiten Teilen nicht zuverlässig. Kaum jemand glaubt noch, dass David tatsächlich über eine Armee von 1,3 Millionen Männern verfügte und Salomo über Zehntausende von Fronarbeitern.

Die unermesslichen Goldschätze an dessen Hof werden ebenso als propagandistische Übertreibung der biblischen Autoren gewertet wie die 1000 Frauen seines Harems.

Die größten Meinungsverschiedenheiten gibt es in der Wissenschaft noch über die Ausmaße des salomonischen Reiches: Zwar kann man davon ausgehen, dass der König niemals, wie es die Bibel berichtet, vom Euphrat bis an die Grenze Ägyptens geherrscht hat, immerhin 850 Kilometer in Nord-Süd-Richtung.

Aber während manche Forscher weiter an ein vereinigtes Königreich der zwölf Stämme Israels glauben, das von „Dan bis Beerscheba" reichte, also vom Oberlauf des Jordans und dem Golan bis zur Wüste Negev, halten andere schon dieses Staatengebilde für eine Fiktion aus späteren Zeiten.

Salomo – wie vor ihm sein Vater David – habe über nicht viel mehr regiert als die Stadt Jerusalem und das Stammesgebiet Juda: ein kleines, eisenzeitliches Reich, hoch oben in den Bergen, mit ein paar Tausend Untertanen.

Inzwischen gehen viele Wissenschaftler davon aus, dass die Erzählungen von den drei Königen Israels nicht schon zu Lebzeiten Salomos und Davids oder kurz danach aufgeschrieben wurden, sondern sehr viel später: Um alte, mündlich überlieferte Legenden vom Banditenführer David oder der brutalen Machtergreifung Salomos hätten sich mit den Jahrhunderten mehrere Schichten der Überarbeitung gelegt.

Und so wie beispielsweise die Maler des Mittelalters David und Salomo als europäische Monarchen ihrer eigenen Epoche porträtierten, spiegeln die biblischen Erzählungen vor allem die Zeit ihrer jeweiligen Niederschrift wider.

Die Archäologen Israel Finkelstein und Neil A. Silberman etwa sind davon überzeugt, dass die Schilderungen des salomonischen Reiches sehr wohl eine historische Wirklichkeit beschreiben – aber eben nicht die eines kleinen Bergkönigreichs aus dem 10. Jahrhundert.

Vielmehr seien sie als Projektion aus der Zeit des Königs Manasse zu verstehen, der von 696 bis 642 v. Chr. in Juda regierte.

In jene Epoche, so glauben die zwei Forscher, wird das Leben Salomos erstmals aufgeschrieben – und zwar auch, um die Politik Manasses zu legitimieren. Die Zeiten eines unabhängigen und geeinten Nord- und Südreichs sind lange vorbei. Israel ist untergegangen, das südliche Juda ist inzwischen Vasall des assyrischen Imperiums.

Eine effiziente Bürokratie, diplomatische und wirtschaftliche Beziehungen mit den Nachbarn und Stabilität sind für Juda jetzt wichtiger als Kriege und Eroberungen.

Und genau davon berichten die Erzählungen vom kosmopolitischen Friedensfürsten Salomo: angefangen bei den zwölf Verwaltungsdistrikten, in die er sein Reich angeblich einteilt, über die umfangreichen Städtebaumaßnahmen durch Tausende von Fronarbeitern, den Fernhandel bis an die Küsten Spaniens

Plötzlich – irgendwann nach Vollendung des Tempels – wandelt sich der glänzende biblische Heros: Salomo wird raffgierig, größenwahnsinnig, beginnt fremde Götter anzubeten. Die Strafe Jahwes folgt unausweichlich: So sehr Salomo seinen Sohn Rehabeam auch instruieren mag (oben) – nach dem Tod des Königs zerbricht das große Reich, die zehn nördlichen Stämme Israels sagen sich los. Die Botschaft der Bibelautoren ist klar: Wer gegen Gottes Gebote verstößt, muss büßen, selbst ein König. Historiker bestätigen zumindest das Ergebnis: Für das 8. Jahrhundert v. Chr. lassen sich zwei getrennte israelitische Staaten nachweisen (Buchmalerei, um 1500)

mit „Gold, Silber, Elfenbein, Affen und Perlhühnern“ bis zum Besuch der Königin von Saba, der die guten Beziehungen mit arabischen Herrschern symbolisiert.

Nach Meinung einiger Forscher gibt es noch eine zweite Funktion der Erzählungen von David und Salomo: Seit dem Untergang Israels sind etwa die Hälfte der Einwohner Judas Flüchtlinge aus dem Norden. Die Könige des 8. und 7. Jahrhunderts wollen aus den neuen und alten Untertanen eine Gemeinschaft schmieden und außerdem die eigene Herrschaft legitimieren: Wie könnte das besser gelingen als mit der Geschichte von einem vereinigten und mächtigen Königreich unter der glücklichen Führung der judäischen Dynastie David?

Salomo mag in aller Welt berühmt sein für Reichtum und Weisheit – die Bestimmung seines Lebens aber liegt, so wie die Bibel es schildert, im Bau des ersten Tempels in Jerusalem. Er ist der Mann, der Jahwe, den Gott Abrahams, Isaaks und Jakobs, endgültig sesshaft machen wird.

Erwartet hätte man diese Tat eher von seinem Vater David, dem Gründer der Dynastie und Eroberer Jerusalems. Aber Jahwe selbst hat sich dagegen entschieden: „Du sollst meinem Namen kein Haus bauen“, spricht er zu David, „denn du hast Kriege geführt und Blut vergossen.“

Davids Sohn Salomo dagegen werde „ein Mann der Ruhe“ sein. „Er wird meinem Namen ein Haus bauen.“

Doch immerhin darf David in einer gewaltigen Prozession „unter Jubelgeschrei und dem Klang des Widderhorns“ die Bundeslade in die neue Hauptstadt Jerusalem bringen – jenen hölzernen Kasten, der die Gebote Gottes enthalten soll und die Israeliten auf ihrem Weg ins Gelobte Land begleitet hat.

Lange Jahre wurde die Lade, so die Bibel, im Heiligtum von Schilo aufbewahrt, 30 Kilometer nördlich von Jerusalem, dann zeitweise von den Philistern erobert, schließlich ist sie bei den Israeliten fast in Vergessenheit geraten.

David erinnert sich und erkennt die vereinigende Kraft des Kultobjekts für sein Reich. Jerusalem soll nicht nur politische Kapitale, sondern auch ein neues Zentrum des Glaubens werden.

DIE STADT hat eine uralte Geschichte: Bereits ab dem 4. Jahrtausend siedeln Menschen zeitweise auf dem südöstlichen Hügel oberhalb der Gichon-Quelle. Vom 18. Jahrhundert v. Chr. an umgibt eine massive Mauer den Ort, in dem auch noch zur Zeit Davids wohl nicht mehr als 1500 Menschen auf einer Fläche von 400 mal 150 Metern leben.

Es ist wahrscheinlich, dass es in Jerusalem schon lange vor der Königszeit ein kanaanäisches Heiligtum oder einen Opferplatz auf einem Felsen gegeben hat. Und gut möglich, dass Salomo dieses Heiligtum nun zum ersten Tempel des Jahwe-Glaubens aus- und umbaut.

Detailliert und voller Begeisterung beschreiben die Autoren der Bibel das Gotteshaus. 30 Meter lang, zehn Meter breit und 15 Meter hoch soll der Tempel sein – klein, verglichen mit ägyptischen Bauwerken, aber gewaltig für die Verhältnisse in Kanaan.

Die Mauern aus Stein sind im Inneren mit Zedernholz getäfelt, das Dach mit Zedernbalken gedeckt, die Böden mit Zypressenholz belegt. Mit prächtigen Schnitzereien verzierte Türen unterteilen den Tempel in drei Abschnitte: eine Vorhalle, einen Hauptraum und das Allerheiligste, das selbst der Hohepriester nur einmal im Jahr betreten darf.

Dort ist alles mit Gold überzogen, die Wände sind mit eingeschnitzten Blumengewinden und Blütenranken verziert. Dort steht die Lade, flankiert von zwei großen, geflügelten Cherubstatuen, Mischwesen aus Mensch und Tier.

Die langen Tragestangen, auf denen die Israeliten die Bundeslade früher geschultert haben, um mit ihr in die Schlacht zu ziehen, sind zwar noch an dem heiligen Kasten montiert, aber nur noch eine Reminiszenz an vergangene Zeiten – Jahwe ist sesshaft geworden.

Der Tempel ist jetzt seine Wohnung, Jerusalem seine Stadt.

Elf Jahre, so berichtet die Bibel, baut Salomo an dem Tempel. Lässt zudem noch etliche Palastgebäude errichten: eine gigantische Akropolis aus Säulen- und Thronhallen, Wohnhäusern, Mauern und Innenhöfen.

Gefunden haben Archäologen davon bislang allerdings nichts. Zum einen, weil sich auf dem Areal des Tempelbergs heute die al-Aqsa-Moschee und der Felsendom erheben und es aus religiösen Gründen zu keinen Grabungen kommt.

Zum anderen glauben manche Wissenschaftler, dass solch imposante Bauwerke wie der in der Bibel beschriebene

Tempel und der Königspalast erst in späterer Zeiten errichtet worden sind, möglicherweise in der Regierung des Königs Joas (836–798 v. Chr.).

Im 10. Jahrhundert v. Chr. war Jerusalem jedenfalls sicher nicht die prächtige Metropole eines Weltreichs, sondern eine Kleinstadt auf einem Bergkamm, der König Salomo eine bescheidene Akropolis mit einem ersten Jahwe-Heiligtum hinzufügte.

In euphorischer Stimmung preisen die Bibelautoren die Einweihung von Salomos Tempel: Sieben Tage lang feiert ganz Israel, 22 000 Rinder und 120 000 Schafe werden für den Herrn geschlachtet. Der König hält seinen Untertanen eine kurze Rede, in der er feststellt, dass es seit dem Auszug der Israeliten aus Ägypten Gottes Absicht war, sich in Jerusalem niederzulassen.

Als das Fest vorbei ist, erscheint Jahwe Salomo im Traum und mahnt ihn eindringlich, sich an die Gesetze der Tora zu halten: „Wenn du auf meine Gebote und Rechtsvorschriften achtest, dann werde ich deinen Königsthron auf ewig in Israel bestehen lassen.“ Sollte sich Salomo aber nicht daran halten, droht Jahwe, werde er Israel ausrotten und zum „Gespött und zum Hohn unter allen Völkern“ machen.

Der Tempelbau ist der Höhepunkt der biblischen Salomo-Geschichte. Jetzt kann es nur noch bergab gehen: Plötzlich verfällt der so untadelige Herrscher der Hybris und bricht fast alle Gesetze, die Jahwe seinen Königen auferlegt hat.

Er benimmt sich maßlos und rafft Rosse, Gold und ausländische Frauen für seinen Harem zusammen. Und ausgerechnet Salomo, der erste Mensch der Bibel, den Jahwe einen „Sohn“ genannt hat, lässt sich von seinen Frauen dazu verführen, andere Götter anzubeten und den Bund zu brechen.

Die Strafe muss folgen – Salomos Reich wankt. Das unterworfene Land Edom befreit sich aus der Knechtschaft, ein Rebellenführer reißt die Macht in Damaskus an sich, und auch der nördliche Teilstaat Israel lehnt sich auf gegen den Herrscher in Jerusalem. Jahwe in seinem heiligen Zorn ist entschlossen, das geeinte Reich zu zerreißen.

Ein riesiges Reich, wie in der Bibel beschrieben, hat Salomo wohl nie beherrscht. Viele Forscher vermuten aber, dass er – wenn er denn existiert hat – über einen Großteil des Heiligen Landes regierte

„Nur deines Vaters David wegen“, spricht er zu Salomo, „werde ich es nicht schon zu deinen Lebzeiten tun.“

Unter Salomos Sohn Rehabeam aber kommt es zur Sezession – die zehn nördlichen Stämme Israels sagen sich los, die Dynastie Davids regiert nur noch über Juda und den kleinen Stamm Benjamin.

Die Verfehlungen Salomos und der Niedergang seines Reiches in der Heiligen Schrift haben etwas Zwangsläufiges – dem Ungehorsam gegen Gott folgt das Unheil. Genau dies ist die Botschaft der Deuteronomisten, jener späteren Bearbeiter der ersten Bücher der Bibel, die aus einer Sammlung von Legenden, Chroniken und Königsballaden die jüdische Religion formen (siehe Seite 54).

In dieser Erzählung steht das vereinigte Großreich von Juda und Israel als Beweis dafür, was das auserwählte Volk erreichen kann, wenn es nur Gott gehorcht. Die drei Könige Saul, David und Salomo dagegen verbindet, dass sie alle irgendwann gegen Gottes Gebot verstoßen haben – und dafür büßen müssen.

Woran Salomos Reich aber tatsächlich zerbricht – falls es in dieser Größe überhaupt je existiert hat –, ist nicht bekannt. Vielleicht fühlen sich die nördlichen Stämme ausgepresst durch die Steuern und Frondienste, die sie an Jerusalem leisten müssen.

Historisch nachweisen lässt sich ein eigenständiger Staat Israel erst ab Mitte des 9. Jahrhunderts, der Staat Juda ab Mitte des 8. Jahrhunderts.

Mal, so viel ist heute bekannt, sind die beiden Reiche miteinander verbündet, mal verfeindet. Oft steht das kleinere Juda im Schatten des mächtigeren Israel und blüht auf, wenn der Nachbar von Feinden geschwächt ist. Im Jahr 722 v. Chr. schließlich zerschlagen die Assyrer das Nordreich. Juda kann sich 135 Jahre länger halten – bis der Babylonier Nebukadnezzar 587 v. Chr. Jerusalem zerstört und die judäische Oberschicht in die Gefangenschaft führt (siehe Seite 48).

Salomos Erbe ist dahin. Mächtige Imperien wechseln sich fortan ab in der Herrschaft über den Vorderen Orient – nach den Babyloniern die Perser, dann Alexander der Große und die hellenistischen Reiche Ägyptens und Syriens. Undenkbar, dass noch einmal ein König aus dem Haus David in Jerusalem herrschen, ein geeintes Reich aus Nord und Süd entstehen wird.

Doch je dunkler sich die Zukunft vor den Völkern Israels und Judas ausbreitet, desto heller strahlt die Erinnerung an ihre größte Zeit.

Und an den weisen König Salomo, der von einem goldenen Thron aus eine goldene Welt regierte. □

Literaturempfehlungen: *Walter Dietrich, „Die frühe Königszeit in Israel“, Kohlhammer; gut lesbare Untersuchung zu den Königen Saul, David und Salomo sowie zur Staatenbildung der Israeliten. Israel Finkelstein und Neil A. Silberman, „David und Salomo – Archäologen entschlüsseln einen Mythos“, C. H. Beck; legt die biblischen Legenden und deren historischen Kern offen.*

Dem Berliner Journalisten **Johannes Strempel**, 39, wurden die frühen Herrschergestalten Saul, David und Salomo während seiner Arbeit sehr real und fast vertraut – obwohl oder gerade weil ihre biblischen Lebensgeschichten wohl zu großen Teilen erdacht sind.

Wer wir waren – wer wir sind.
Die Deutschen
ab So, 14. Nov, 19.30 Uhr
Mit dem Zweiten
sieht man besser
ZDF
Kolle Rebbe

BABY

Im Jahre 587 v. Chr. unterwirft Nebukadnezzar, Herrscher der Großmacht Babylonien, das hebräische Königreich Juda und verwüstet dessen Hauptstadt Jerusalem. Tausende Judäer – große Teile der Oberschicht – werden nach Babylon verschleppt, in die Ehrfurcht gebietende Metropole des Siegers. Doch hier, fern der Heimat, revolutionieren die Verzweifelten ihren Glauben: Sie disputieren, schaffen neue heilige Texte und erheben – in einem Akt beispielloser Kühnheit – ihren Stammesgott zum allmächtigen Weltenherrscher

VON WOLF SCHNEIDER

Fremde Krieger verheeren Babylon, den verhassten Exilsort der Judäer, göttlicher Zorn wirft Blitze auf die turmhohen Tempel – so steht es als mutmachende Verheißung in der Bibel, so zeigt es diese Radierung aus dem 19. Jahrhundert. Tatsächlich nimmt der persische König Kyros im Jahr 539 v. Chr. die Stadt ein. Und beendet damit auch die jahrzehntelange Verbannung der Judäer

Aus dem Landstädtchen Jerusalem wurden sie verschleppt in die funkelnde Metropole Babylon – und dort geschah es, dass ein paar Tausend Judäer tollkühn ihren scheinbar besiegten Stammesgott zum Herrn der Welt ausriefen und ihre Religion tauglich machten für die Weltgeschichte. Niemals sonst haben so wenige so viel bewirkt, niemals aus Leid und Unrecht so viel Kraft, ja Macht gewonnen.

Juda hieß das karge Land, aus dem sie kamen: der südliche, der ärmere der beiden hebräischen Staaten in Palästina, einem Landstrich, auf den sich immer wieder der Appetit zweier verfeindeter Großreiche aus Mesopotamien richtete.

Zuerst überfielen die Assyrer 734 v. Chr. Israel, das nördliche der beiden Länder, und machten es zum tributpflichtigen Vasallen. Als Israels König ein Jahrzehnt später gegen die Fremdherrschaft aufbegehrte, eroberten sie seine Hauptstadt Samaria, deportierten die städtische Oberschicht; Tausende flohen nach Juda – und stärkten so die Rolle seiner Hauptstadt Jerusalem als religiöses Zentrum aller Hebräer.

Auch Juda, das Land im Süden, sah sich unter assyrischem Druck. König Manasse (696–642 v. Chr.) nahm assyrische Kulte an und war dem Herrn ein „Gräuel" (so das 2. Buch der Könige). Doch im Jahre 621 wurde, berichtet die Bibel, im Tempel von Jerusalem der früheste Text eines göttlichen Gesetzbuchs gefunden (das später zur Grundlage des 5. Buchs Mose wurde).

Josia, der König der Judäer von 639 bis 609, reinigte daraufhin den Tempel von allem Fremden und erhob ihn zur zentralen Stätte der Religion: Dies war der von Jahwe selbst erwählte Ort, nur hier durfte ihm geopfert werden! (Eine Festlegung, die später im Exil zur Mutlosigkeit der Judäer beitrug.)

Für Juda begann das Unheil im Jahr 597 v. Chr. Da fiel Babylonien, das andere Großreich an Euphrat und Tigris, in Palästina ein und machte nun auch dem Südstaat ein Ende.

Jerusalem blieb dabei unzerstört; das tröstete die Gläubigen, ja sie feierten es als Jahwes Triumph: Hatte er doch sich, seinen Tempel, seine Stadt gegen den übermächtigen Feind behauptet! Allerdings verschleppten die Babylonier nun ihrerseits die Oberschicht – den Hofstaat, Beamte, Adel und Grundbesitzer, jeweils mit ihren Familien, dazu Zimmerleute, Schmiede und Soldaten.

Nach den biblischen Quellen waren es mindestens 3000, höchstens 10 000 Judäer, die da in die Fremde ziehen mussten: 900 Kilometer in der Luftlinie nach Babylon, in der Realität viel weiter, ein Treck von fast einem halben Jahr. Juda mit den von der Deportation Verschonten wurde Babylons Vasallenstaat.

Zehn Jahre später kam es schlimmer. Judas König Zidkija empörte sich gegen die Abhängigkeit – und so zog Nebukadnezzar II., seit 604 König von Babylonien, zu einem Rachefeldzug aus. 587, nach anderthalbjähriger Belagerung, stürmte er Jerusalem. Die Söhne des Königs ließ er vor dessen Augen töten, dann ihn blenden. Hingerichtet wurden auch mehr als 70 Priester, Hofbeamte und einfache Bürger.

Einen Monat später befahl Nebukadnezzar, die Stadt zu plündern und völlig zu zerstören. Vermutlich mit dem Tempel verbrannte die „Bundeslade": der heilige vergoldete Schrein, der angeblich die Gesetzestafeln des Moses enthielt.

Um 600 v. Chr. erstreckt sich das Herrschaftsgebiet der Babylonier vom Zweistromland bis ans Mittelmeer. Die von ihnen besiegten Judäer zwingen sie gen Osten ins Exil

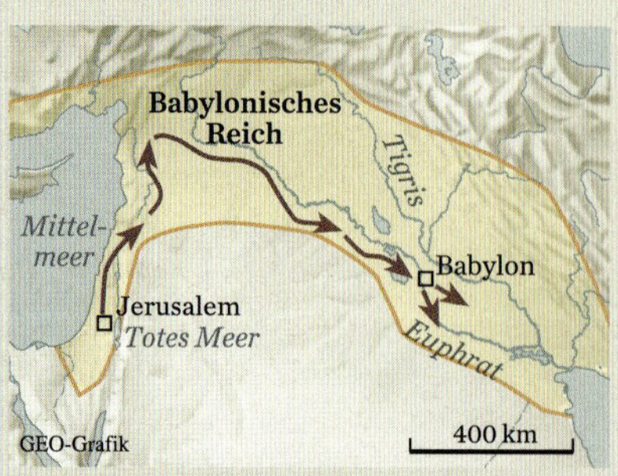

Jahwe hatte sein Volk verlassen! Das Entsetzen darüber begleitete den zweiten, den größeren Schub der Verbannten – wieder nur aus der Oberschicht.

Wie viele sich diesmal auf den Schreckensmarsch nach Babylonien machen mussten, darüber gibt es eine ganze wissenschaftliche Literatur. Es müssen mehr als die 745 gewesen sein, von denen der Prophet Jeremia berichtet, und drastisch weniger als jene 50 000, die der Schriftgelehrte Esra wohl mehr als 100 Jahre später allein für die Zahl der Heimkehrer aus dem Exil in Anspruch nahm (und da waren doch viele Judäer lieber in Babylon geblieben).

Das 2. Buch der Könige spricht von 10 000 Deportierten – möglicherweise eine Quelle unserer Redensart von den „oberen Zehntausend"; bis zu 20 000 gehen heute die Schätzungen der Wissenschaft. Je nachdem wären es bis zu einem Viertel der Einwohner Judas gewesen.

So oder so: In langen Kolonnen, mit Eseln, Pferden und Kamelen, ausgemergelt, von der monatelangen Wanderung erschöpft, weinend über den Verlust der Heimat und des Heiligtums – so zogen die Judäer der Weltmetropole Babylon entgegen, der Stadt des vielsprachigen Marktgeschreis, der 53 Tempel und Hunderter Altäre fremder Götter.

Bald sangen die Verbannten ihre „Klagelieder", eine frühe Schöpfung des Exils: „Herr, sieh unsere Schmach! Frauen hat man geschändet" und die Fürsten gehenkt, die Kinder verschmachten auf den Gassen, „zu Unrat und Auswurf hast du uns gemacht inmitten der Völker".

Das war übertrieben – denn ganz schlecht lebten, nach dem ersten Chaos, die meisten Judäer nicht. Sie wurden in Gruppen angesiedelt, einige in der Stadt Babylon; die meisten kamen wohl als Landarbeiter auf die königlichen Domänen. Dort durften sie Familien gründen, Häuser bauen, Handel treiben und sich selbst verwalten.

Es war eben nicht die Absicht Nebukadnezzars, Sklaven zu erbeuten, sondern einen lästigen Staat ruhigzustellen, indem er ihn seiner Führungsschicht beraubte; so zahm gingen später etwa die Römer mit den Karthagern nicht um.

Was die Judäer indessen ständig quälte, blieb die Frage: Hatte Jahwe sich

Anderthalb Jahre belagern babylonische Truppen Jerusalem, ehe sie es 587 v. Chr. erobern und zerstören. Schon kurz darauf müssen Priester und Adelige, Beamte und Handwerker mit ihren Familien in langen Trecks die Region verlassen

denn nicht als ohnmächtig erwiesen, indem er die Zerstörung seines Tempels duldete und die Vertreibung dazu?

Wie konnte der Herr sein Volk verlassen! „Ihr aber sollt mir als ein heiliges Volk gehören", hieß es doch im 2. Buch Mose, und im dritten: Alle Feinde sollen „vor euren Augen dem Schwert verfallen". Warum hatte Jahwe gerade Jerusalem preisgegeben – „die Gottesstadt" (Psalm 46), in der er wohnte?

Und nun sollte Marduk der Herrscher sein, der Götterherr von Babylon, Schöpfer des Himmels und der Erde – empörend genug! Demütigend aber, dass hoch über der Stadt sein Tempel thronte, blau glasiert: die oberste Etage des bewunderten, gehassten Turmes, der eher eine Trutzburg war, ungeschlacht wie ein gewaltiger Hochbunker – gut 90 Meter lang, 90 Meter breit, 90 Meter hoch, fast würfelförmig also, nur oben verjüngt.

„Auf dem letzten Turm befindet sich ein großer Tempel; darin steht ein breites Ruhebett mit schönen Decken und daneben ein goldener Tisch", erzählt der griechische Historiker Herodot, der Babylon vermutlich um 460 v. Chr. besuchte. „Kein Mensch verbringt eine Nacht im Tempel, außer einer Frau, die aus Babylon stammt; sie hat sich der Gott vor allen erwählt. Dies behaupten wenigstens die Priester dieses Gottes. Dieselben Priester erzählen auch, der Gott komme persönlich in den Tempel und schlafe auf dem Ruhebett. Das klingt mir allerdings nicht sehr glaubwürdig."

Über die Stufen dieses Turmes sollte Marduk einmal im Jahr zu den Menschen herabsteigen. Seiner offiziellen Bestimmung nach war der Klotz also ein sakrales Bauwerk. In einem Keilschrifttext gestand Nebukadnezzar jedoch ein, dass es seine Absicht war, „mit dem Himmel zu wetteifern".

Nicht nur von der Macht Marduks sollte der Turm künden, sondern auch von der seines Stellvertreters auf Erden und dem Glanz seiner Metropole. Protzig krönte er den Anspruch Babylons, der Nabel der Welt zu sein.

Trost vor solcher Übermacht suchten die Judäer im Einzigen, was ihnen geblieben war: in der Kraft des Wortes. Verfluchung ist ja die letzte Waffe der Besiegten – und Verleugnung kann Balsam für die Seele sein. Wie, wenn dieser grässliche Turm gar nicht vollendet worden wäre, weil Jahwe die Erbauer strafte?

„Auf, bauen wir uns eine Stadt und einen Turm mit einer Spitze bis zum Himmel. Da stieg der Herr herab. Er sprach: Seht nur, ein Volk sind sie, und eine Sprache haben sie alle. Jetzt wird ihnen nichts mehr unerreichbar sein, was sie sich auch vornehmen. Auf, steigen wir hinab, und verwirren wir dort ihre Sprache, sodass keiner mehr die Sprache des anderen versteht. Der Herr zerstreute sie von dort aus über die ganze Erde, und sie hörten auf, an der Stadt zu bauen."

Nur nachträglich, eben in Babylon, können die Judäer diese Passage gerade in den ältesten Teil ihrer Bibel hineingeschrieben haben, das 1. Buch Mose. Und natürlich schwirrten in der Stadt mit ihren Händlern und Sklaven aus aller Herren Länder schon seit Jahrhunderten die Sprachen durcheinander.

Es ist also falsch, was da in der Bibel steht – aber damals bot es die Chance, sich die Verzweiflung von der Seele zu schreien; vielleicht mit einem Rest jener archaischen Wortmagie, die da glaubte, das mit Inbrunst gesprochene Wort könne die Welt verändern.

Trost wuchs den Verbannten allemal auch aus einer neuen Auslegung der alten, der heiligen Überlieferungen zu: Hat sich denn Jahwe wirklich von uns abgewandt? Nein! Die Priester wie auch die Propheten – jene Männer und Frauen, die sich direkt von Gott berufen fühlten – predigten: Gezüchtigt hat er uns um unserer Sünden willen! Lasst uns Einsicht zeigen und bereuen – dann wird er Gnade walten lassen und uns heimführen ins Gelobte Land.

Die Priester verwiesen auf das 3. Buch Mose (das in großen Teilen wahrscheinlich nur mündlich überliefert worden war). Schon da hatte der Herr denen gedroht, die ihm nicht gehorchten: Die werde er heimsuchen mit Schrecken, Schwindsucht und Fieber, und wilde Tiere sollen „euer Land entvölkern, Vieh vernichten. Euch aber zerstreue ich unter die Völker".

Hatten sie ihm denn gehorcht? Wieder nein! Zum Beweis zogen die Priester die Schriften der Propheten aus dem 8. und 7. Jahrhundert v. Chr. hervor: „Es ist keine Treue und keine Liebe und keine Gotteskenntnis im Land. Nein, Fluch und Betrug, Morden, Diebstahl und Ehebruch machen sich breit. Kehre

Die Exilanten aus Juda geraten in eine der prächtigsten Städte der Erde. Die terrassenförmigen Hängenden Gärten etwa zählen zu den »sieben Weltwundern«. Der König von Babylon soll sie für seine Frau angelegt haben

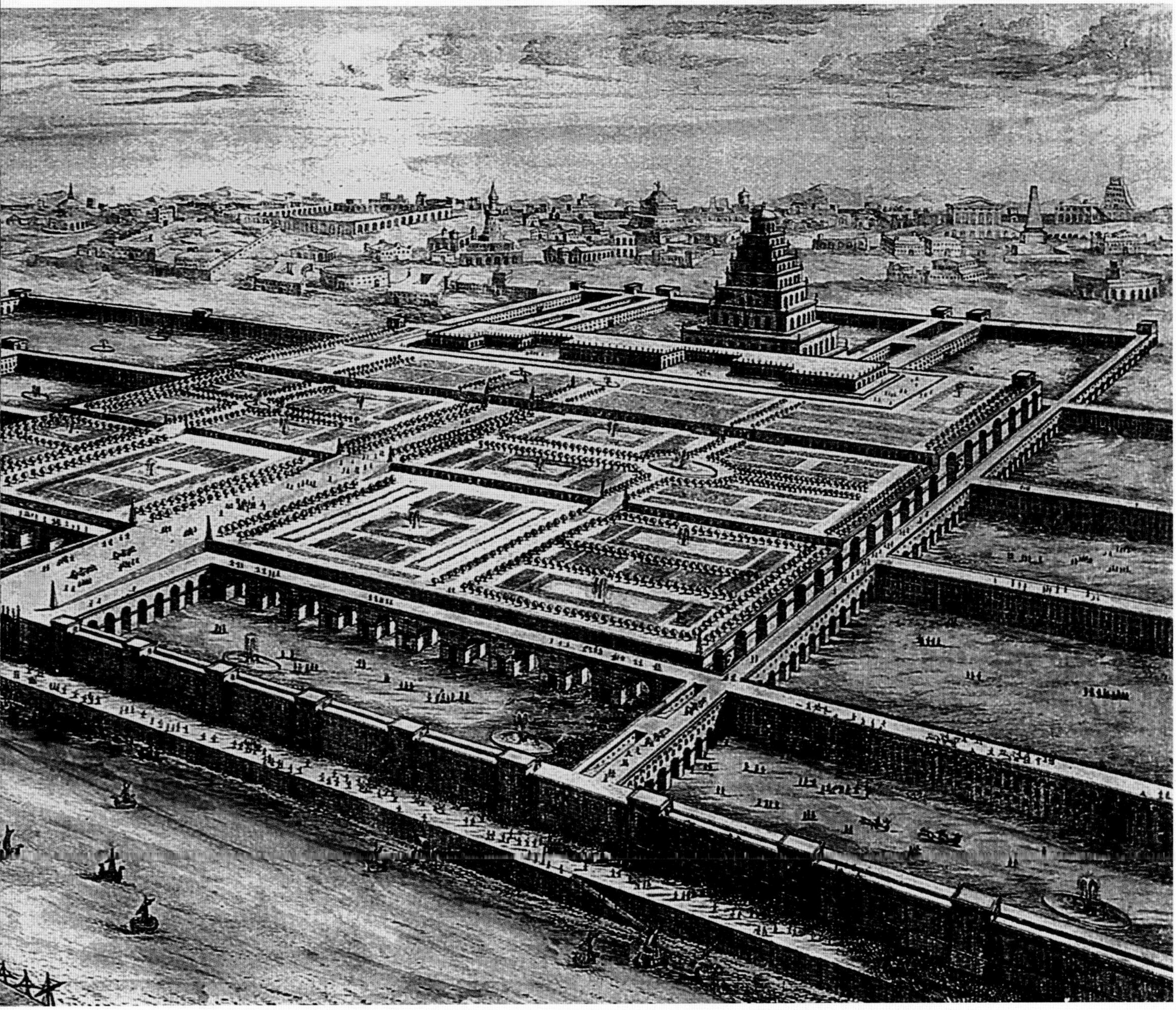

Prächtig und wehrhaft zugleich ist Babylon. Die Innenstadt mit ihren großen Boulevards umgeben wuchtige Mauern. In ihnen erhebt sich auch der Tempelturm Marduks, des babylonischen Götterherrn – für die Judäer der große Gegenspieler Jahwes

um, Israel, zum Herrn, deinem Gott! Denn du bist zu Fall gekommen durch deine Schuld", so der Prophet Hoschea. Die gerechte Strafe für unsere Sünden also erleiden wir in Babylon, das Imperium vollzieht nur Jahwes Willen!

MAN DARF BEWUNDERN, welche Kraft sich da in einer winzigen Glaubensgemeinschaft zusammenballte inmitten der brodelnden Riesenstadt. Auf Kähnen und auf Schiffen, auf Ochsenkarren, auf Kamel- und Eselsrücken strömten hier die kostbarsten Güter aller Länder herbei: Gold aus Ägypten, Silber und Zinn aus Kleinasien, Weihrauch aus Arabien, Purpur aus Phönizien, Kupfer aus Zypern, aus Syrien Honig und Wein.

Doch sogar von solchem Reichtum profitierten die Verbannten: Sie lebten im Zentrum einer hoch entwickelten Schriftkultur, und leichter als im armen Juda kamen sie an den kostbaren Papyrus, hergestellt aus dem Mark einer Pflanze, die in Ägypten wuchs – beschrieben zumeist mit einem Halm, der in eine schwarze Lösung von Ruß getaucht wurde.

Und so schrieben sie: mit einer Wortlust ausgestattet und einem Grübelzwang ergeben, die uns noch heute staunen machen. Sie sammelten alles

Wie die Bibel entsteht

In Babylon erschaffen Gelehrte die Grundlagen des Alten Testaments

Als die Judäer ins Exil gezwungen werden, nehmen sie wahrscheinlich ihre wichtigsten Texte mit, darunter Schriften, in denen geschichtliche Ereignisse, Erzählungen über Moses sowie religiöse Regeln festgehalten sind. Die ältesten Manuskripte stammen vermutlich aus dem 9. Jahrhundert v. Chr.

Doch die Sammlung der Texte ist eher klein – wohl auch deshalb, weil die Opfer im Jerusalemer Tempel (der irdischen Residenz Jahwes) den Kern der judäischen Religion bilden. Im Tempel schlachten Priester unter anderem Stiere, um die Sünden der Gläubigen zu sühnen; nur dort nimmt Jahwe die Opfergaben entgegen. Im Exil aber, so jedenfalls muss es den Judäern zunächst scheinen, haben sie die Verbindung zu ihrem Gott verloren.

Gelehrte und Priester beginnen nun, die überlieferten Texte neu auszulegen, sie systematisch zusammenzustellen und zu erweitern. Sie sind getrieben von der Suche nach einem Sinn für das Leid ihres Volkes, versuchen alles, um die judäische Identität fern der Heimat zu bewahren.

Auf diese Weise entstehen unter anderem große Teile des „Pentateuchs" – jener Fünf Bücher Mose, die die Schöpfung der Welt, den Ursprung der israelitischen Geschichte und den Werdegang von Moses beschreiben. In diese Erzählung weben die Autoren auch die Zehn Gebote sowie viele weitere Glaubenssätze und religiöse Regeln ein. So formen sie den judäischen Glauben um von einem an den Jerusalemer Tempel gebundenen Kult zu einer aus schriftlich fixierten göttlichen Weisungen bestehenden Religion, die an jedem Ort der Welt praktiziert werden kann.

Andere Verfasser schreiben mithilfe von Chroniken, Sagen und Herrscherlisten, die man ins Exil retten konnte, die erste zusammenhängende Geschichte ihres Volkes nieder, von den Anfängen bis zum babylonischen Exil.

Auch Heilsverkünder, Mahner und Propheten erheben in dieser Krisenzeit ihre Stimme: Männer und Frauen, die sich als direkte Boten Gottes verstehen. Einer von ihnen ist der Bibel zufolge Ezechiel, Sohn einer Priesterfamilie und mit den ersten Deportierten aus Juda gekommen.

Seine hoffnungsvolle Botschaft lautet: Jahwe hat sein Volk nicht im Stich gelassen, sondern ist mit den Judäern nach Babylon gezogen. Die Mahnungen schon lange verstorbener Propheten deuten die Autoren der heiligen Texte neu – und begreifen das Exil nun als gerechte Strafe Gottes.

Am Ende ihrer Verbannung kehren die Judäer in die Heimat mit einer großen Sammlung von Texten zurück, in denen die erneuerten Grundlagen ihrer Religion festgehalten sind. Die Lektüre der in der Tora (hebr., „Weisung") zusammengefassten Fünf Bücher Mose mit den darin enthaltenen göttlichen Gesetzen sowie die Feier des Sabbat werden vielen Gläubigen bald ebenso wichtig sein wie die Opfergaben in dem kurz darauf wiedererrichteten Jerusalemer Tempel.

In den darauffolgenden Jahrhunderten bearbeiten und ergänzen Gelehrte die heiligen Texte weiter. Wohl erst um 100 n. Chr. definieren sie schließlich einen Kanon: den Tanach, die jüdische Bibel. (Etwas später werden die Christen diesen Kanon als das Alte Testament übernehmen.)

Doch das Entscheidende haben Gelehrte, Priester und Propheten bereits im babylonischen Exil geleistet: Mit der Neuinterpretation ihres Glaubens legten sie das Fundament des modernen Judentums. *Violetta Rudolf*

Überlieferte, oft fixierten sie es schriftlich zum ersten Mal, das schon Geschriebene überarbeiteten sie und versahen es mit aktuellen Bezügen (siehe Kasten).

Die Verankerung des Glaubens in der Schrift – sie trug zugleich dazu bei, diesen Glauben zu festigen, und dringend schien das geboten: Manche Judäer, zumal die jüngeren, waren schon abgefallen zugunsten des Marduk-Kults.

Also galt es auch, die alten Sitten zu stärken: Erst im Exil machten die Priester die Beschneidung und das Schächten verbindlich, erst in Babylon wurde der Sabbat zum rituellen Feiertag – in Erinnerung an Gottes Ruhe nach den sechs Schöpfungstagen und als ewiges Zeichen des Bundes mit ihm; und den Sabbat-Gottesdienst nutzten die Priester zu einem Sturzbach der Verheißungen.

„Wenn du auf die Stimme des Herrn, deines Gottes, hörst, indem du alle seine Gebote achtest, wird dich der Herr über alle Völker der Erde erheben", heißt es im 5. Buch Mose, das mehr als die anderen im Exil bearbeitet worden ist. „Denn du bist ein Volk, das dem Herrn, deinem Gott, heilig ist. Dich hat der Herr, dein Gott, ausgewählt, damit du unter den Völkern das eine Volk wirst, das ihm persönlich gehört."

Für uns könnte das nach Hochmut klingen; für die Judäer war es ein Stück Überlebensstrategie.

Und so werde Jahwe sie heimführen nach Jerusalem, und wieder auf ihre Hügel solle die Stadt gebaut werden, und Freudengesang werde aus ihr erschallen, ließen die Hebräer den Propheten Jeremia sprechen. Bis dahin aber warte Jahwe nicht im zerstörten Tempel von Jerusalem – er sei bei ihnen!

Es war der Prophet Ezechiel, der, so die Bibel, die frohe Botschaft verkündete: Auf einem Thron habe er den Herrn über sich schweben sehen mit Feuer, Donner und einem Regenbogen – mit nach Babylon also war er gezogen!

Die Judäer dürfen im babylonischen Exil Familien gründen und sich selbst verwalten. Doch die Trauer über die verlorene Heimat bleibt, ebenso die Furcht, die eigene Identität zu verlieren. Trost finden die Verschleppten in ihren heiligen Schriften, die sie stark erweitern

So richteten die Judäer sich erträglich ein in Babylonien und der provokanten Pracht seiner Metropole. Die Innenstadt mit ihren Tempeln, Palästen und dreistöckigen Häusern war von einer mehr als acht Kilometer langen, dreifachen Mauer umgeben, die innere gut sieben Meter dick. Auch außerhalb der Mauern wohnten Zehntausende hinter einem weiteren, von Nebukadnezzar erbauten Wall, und zahllos waren die Herbergen für die Pilger, die zu den großen Marduk-Prozessionen von weither nach Babylon strömten.

Wohl eigens für das zwölftägige Neujahrsfest hatte Nebukadnezzar eine Prachtstraße bauen lassen. Sie begann am Turm und führte durch das Ischtar-Tor in die Außenstadt zu einem Festhaus. Das mächtige Doppeltor war von Zinnen gekrönt und mit blau glasierten Ziegeln verkleidet, auf denen sich über 500 farbige Reliefs von Stieren, Drachen und anderen Tieren erhoben. (Eine Rekonstruktion ist im Berliner Pergamonmuseum zu bewundern.)

Mehr als 20 Meter breit war die Straße, 900 Meter lang und mit Steinplatten gepflastert, die aus dem fernen Norden in das steinlose Schwemmland Babyloniens transportiert worden waren. Ihr eindrucksvollster Teil dürfte der in der Außenstadt gewesen sein, von der Zitadelle zum Ischtar-Tor: Hier war sie von sieben Meter starken, blau glasierten Mauern eingefasst, auf denen als farbige Reliefs etwa 120 schreitende Löwen glänzten, jeder zwei Meter lang.

Für alle Welt erstaunlich war dabei, wie sehr die Prachtliebe, die sich bis dahin vor allem auf Tempel und Paläste beschränkt hatte, auch die Straßen ergriff. In den meisten anderen Städten waren die ja bloßer Hohlraum zwischen den Häuserreihen, der Fortbewegung dienend, schmutzig, krumm und so schmal wie möglich, schon weil innerhalb der Stadtmauern mit Platz gespart werden musste.

Durch Babylons Prunkstraße zogen die großen Prozessionen bis zum Neujahrsfesthaus. Die Priester führten Kultbilder der Götter mit, und aus Tausenden von Kehlen erscholl Gesang zu Marduks Lob.

Nebukadnezzar baute, und alles, was er baute, war prächtig und riesenhaft: Dämme und Kanäle, Prachtstraßen, Tempel und Paläste. Die Arbeitskraft der landlosen Babylonier, des Großteils der Bewohner seines Reiches, stand dem König selbstverständlich zur Verfügung.

Die Eroberung Babylons durch die Perser im Jahr 539 v. Chr. bedeutet Freiheit für die Exilanten. Die Judäer sehen sie als Gotteswerk: Mit gleißenden Schriftzeichen an der Wand, so die Bibel, habe Jahwe den letzten babylonischen König bei einem Festmahl vor dem nahen Ende gewarnt (oben)

Ägypter, Syrer, Phönizier und nun Judäer bauten mit.

Zum Palast des Nebukadnezzar, mit einem Thronsaal, der 52 mal 17 Meter maß, gehörte wahrscheinlich eines der „sieben Weltwunder“: die Hängenden Gärten. Zwar „hingen“ sie nicht, aber bemerkenswert waren sie durchaus.

Einer späteren Überlieferung zufolge sehnte sich die aus Persien stammende Gemahlin Nebukadnezzars im Flachland Babyloniens nach den heimischen Gebirgen. Der König scheute keine Kosten, um ihr eine Berglandschaft vorzugaukeln. Eine terrassenförmig ansteigende Flucht von prächtigen, baumbestandenen Dachgärten ließ er anlegen, dessen oberster sich auf gleicher Höhe mit den Türmen der inneren Stadtmauer befand. Die Gärten wurden von Gewölben getragen. „Üppig und königlich ist das kunstvolle Werk“, schrieb der griechische Ingenieur Philon von Byzanz noch um 200 v. Chr.

Die Stunde der Befreiung schlug den Judäern 538 v. Chr. – 23 Jahre nach dem Tod Nebukadnezzars. Im Jahr zuvor war König Kyros, der Gründer des persischen Weltreichs, gegen Babylon gezogen und hatte dessen Verteidiger überrumpelt, indem er das Euphrat-Wasser in einen künstlichen See ableitete; so gelangten die persischen Soldaten im Flussbett in die Mitte der Stadt.

Sich selbst rief Kyros zum König von Babylonien aus und verleibte das Zweistromland dem Perserreich ein. Die unversehrte Metropole wurde zur Hauptstadt der reichsten persischen Provinz.

„Als ich in Babylon friedlich einzog, in Jubel und Frohlocken im Palast der Fürsten den Wohnsitz der Herrschaft aufschlug“, berichtet Kyros in einem Keilschrifttext, „machte mir Marduk, der große Herr, das große Herz der Babylonier geneigt, während ich täglich auf seine Verehrung bedacht war. Die Einwohner Babylons befreite ich von dem Joche, das sich für sie nicht ziemte.“

Befreit nach Jahrzehnten! An Juda erinnerten sich vielleicht noch ein paar Greise. Aber sie würden doch nun heimströmen ins Gelobte Land? „Fliehet aus Babel!“, ließen die Hebräer die Prophe-

Der Perserkönig Kyros, Babylons neuer Herr, lässt die Judäer 538 v. Chr. in ihre Heimat zurückkehren. Dort beginnen sie, Jerusalem wieder aufzubauen. Kyros (vorn rechts) setzt einen Statthalter ein, der die Arbeiten überwachen soll

ten Jeremia und Jesaja rufen – und dies nicht nur um der Heimat willen, sondern um dem Schrecken zu entrinnen, den Jahwe den Babyloniern bereiten werde: Unbewohnt und wüst werde Babel bleiben, Dürre solle über seine Wasser kommen, zur Wohnung der Schakale solle es werden – „denn der Gott der Vergeltung, der Herr, zahlt es ihnen heim" (Jeremia 51).

Er tat es nicht. Zwar folgte auf die fast friedliche Besetzung durch Kyros im Jahr 522 eine gewaltsame durch den späteren Perserkönig Dareios I., weil die Babylonier gegen die persische Herrschaft aufgestanden waren. Aber noch Herodot konnte das Fazit ziehen: So prächtig gebaut war Babylon „wie meines Wissens keine andere Stadt der Welt".

Als Alexander der Große 331 v. Chr. auf seinem blutigen Siegeszug durch Asien in Babylon Quartier bezog, bewunderte er die Pracht, die Größe, das stürmische Leben der Stadt; den Turm freilich fand er in Trümmern.

Zogen die verbannten Judäer nun eilends nach Juda zurück oder wenigstens nach ein paar Jahren der Umgewöhnung? Die meisten nicht. Sie blieben in der angeblich verhassten Stadt – Wurzeln hatten sie geschlagen, dem Rat des Propheten Jeremia folgend: „Baut Häuser, nehmt euch Frauen, bemüht euch um das Wohl der Stadt und betet für sie; denn in ihrem Wohl liegt euer Wohl."

Nun, unter Kyros, konnten Knechte Ländereien pachten, viele Judäer stiegen in die Verwaltung auf; auch hatten die meisten ihre Lebensgewohnheiten der üppigen Umwelt angepasst – und Juda, schon vor der Verbannung ein armseliges Land, war noch vom Krieg verwüstet.

Die Heimgekehrten begannen, ihr Jerusalem wieder aufzubauen, schleppend ging es voran; wohl erst 520 v. Chr. wandten sie sich dem Bau eines neuen Tempels zu, von Judäern aus Babylon unterstützt und offenbar auch vom Perserkönig Dareios, der seine neue Provinz „Jehud" seriös verwaltet sehen wollte.

516 v. Chr. wurde der neue Tempel eingeweiht.

Und ein halbes Jahrtausend später, 70 n. Chr., von den Römern zerstört, womit die Diaspora begann, die Zerstreuung der Juden in alle Welt. Viele suchten nun Zuflucht in Babylon.

Und ausgerechnet die Stadt des einstigen Exils blieb über Jahrhunderte das Zentrum des jüdischen Glaubens.

Den hatten die Judäer dort einst ja nicht nur wachgehalten – sie hatten ihn gefestigt, präzisiert, verschriftlicht, mit neuen Begründungen, zusätzlichen Ritualen, noch stärkeren Verheißungen versehen; und hier entstand in den folgenden Jahrhunderten der bis heute maßgebliche, eben der „babylonische" Talmud: das Buch, das die Sprüche und Lehren der Bibel in Handlungsanweisungen für die Gläubigen umsetzt (zum Beispiel jene 39 Tätigkeiten aufzählt, die am Sabbat nicht verrichtet werden dürfen).

Um 600 n. Chr. war der Talmud in Babylon schriftlich fixiert. In ihm steht auch der erstaunliche Satz: „Der Heilige, gepriesen sei er, erwies Israel eine Wohltat, indem er es unter die Völker verstreute."

Das Entscheidende aber hatten die Judäer noch in der Zeit des Exils vollbracht – nämlich selbstherrlich und feierlich zwei Ideen verkündet, die die Welt bewegten.

Die eine: Es gibt nur einen Gott, und er ist allmächtig. „Seht her: Sie alle sind nichts, ihr Tun ist ein Nichts", ließen die Gelehrten in Babylon (und nachweislich erst dort) den Jesaja über die anderen Götter sagen. Und: „Vor mir wurde kein Gott erschaffen, und auch nach mir wird es keinen geben."

Einige Jahre nach der Rückkehr machen sich die Judäer daran, den Jahwe-Tempel samt dem mächtigen quaderförmigen Altar wiederzuerrichten. Der Gott, dem sie hier von 516 v. Chr. an huldigen, ist nun für sie der unumschränkte Weltenherrscher

Damit war der Monotheismus in die Welt gesetzt, das Vorbild für den Gott der Christen, und für Allah auch. Bis dahin hatten die Judäer Jahwe zwar als einzigen Gott verehrt, die Existenz anderer Götter jedoch nicht bestritten; nur anbeten durfte der Rechtgläubige sie nicht. Unter dem Eindruck des allgegenwärtigen Marduk-Kults aber galt es, Jahwe die Allmacht zu sichern.

Die andere Idee, die Weltgeschichte machte: Unverzüglich musste deutlich werden, dass eben Jahwe für alle Völker der Allmächtige sei. „Wendet euch zu mir und lasst euch erretten, ihr Menschen aus den fernsten Ländern; denn ich bin Gott und sonst niemand. Vor mir wird jedes Knie sich beugen, und jede Zunge wird mir schwören. Beschämt kommen alle zu ihm, die sich ihm widersetzten" (Jesaja 45).

Alle Völker!

Und eine ungeheuerliche Kühnheit mehr. Sollten die Judäer im Exil ihrem Befreier, Kyros dem Großen, dem mächtigsten Mann der damals bekannten Welt, nicht sogleich deutlich machen, dass auch und gerade er unter dem Schutz und im Dienst des einzigen Gottes stehe – Jahwe? Der spricht zu Kyros, nach Jesaja: „Ich, der Herr, habe dich gerufen. Ich gehe vor dir her und ebne die Berge ein. Ich gebe dir verborgene Schätze, die im Dunkel versteckt sind. So sollst du erkennen, dass ich der Herr bin, der Gott Israels" – der das Licht erschafft und die Dunkelheit macht, der das Heil bewirkt und das Unheil erschafft. All dies vom Gott Israels! Mit einer atemraubenden Volte, mit dem bloßen Denk-Akt einiger verwegener Gehirne hatten Judäer in Babylon ihren Stammesgott in den Herrn der Welt verwandelt, dem, nach Psalm 2, alle Könige „mit Beben" die Füße küssen sollten.

So, und nur so, konnte am Anfang des Christentums der Glaube stehen, es sei ebendieser Herr der Welt, der seinen Sohn Jesus als den Messias unter die Menschen geschickt habe. Das war für die neue Religion ein starker Start. ☐

Literaturempfehlungen: Rainer Albertz, „Die Exilszeit", Kohlhammer; Standardwerk über das babylonische Exil der Judäer. „Babylon – Mythos und Wahrheit: Katalog zur Ausstellung in den Staatlichen Museen zu Berlin", Hirmer; detaillierter Überblick zur Geschichte Babylons.

Wolf Schneider, 85, ist Honorarprofessor der Universität Salzburg und einer der renommiertesten deutschsprachigen Publizisten. Er hat zahlreiche Reportagen, Essays und Sachbücher verfasst, darunter „Der Mensch. Eine Karriere" (Rowohlt 2008), und war der erste Leiter der Henri-Nannen-Schule für Journalismus.

Militärischer Anführer der Rebellion ist der Priestersohn Judas (Bildmitte), genannt »Makkabaios«, »der Hammer«. Er vereint ab 166 v. Chr. die versprengten Aufständischen zu einer schlagkräftigen Guerilla, die den ortsfremden Truppen der Seleukiden in Judäas Bergwelt weit überlegen ist (Holzstich, Gustave Doré, 19. Jh.)

Der Griff nach der Freiheit

Im Jahr 200 vor der Zeitenwende fällt Judäa an das Reich der hellenistischen Seleukiden. Als deren König die Juden zwingt, anstelle von Jahwe einem heidnischen Gott zu huldigen, rufen ein Priester und seine fünf Söhne zum bewaffneten Freiheitskampf gegen die fremden Herrscher auf

VON REYMER KLÜVER

Was für eine Provokation! Was für eine Schande! Am heiligsten Ort der Juden, auf dem Altar im Tempel von Jerusalem, soll einer heidnischen Gottheit geopfert werden. Und fortan nur noch der. So hat es der fremde König verfügt, Antiochos IV., der von seiner Hauptstadt Antiochia aus auch Judäa beherrscht.

Sein Befehl im Jahr 167 v. Chr. ist so unmissverständlich wie rigoros: Allen Juden ist es fortan verboten, zu Jahwe zu beten, dem Gott ihrer Väter.

Schon schlachten Gefolgsleute von Antiochos IV. im Jerusalemer Heiligtum unreine Schweine. Errichten überall im Land ihre Opferaltäre, verbrennen Tora-Rollen. Eltern ist die Beschneidung ihrer Söhne untersagt. Der Sabbat wird nicht mehr geheiligt. Und Schweinefleisch zu essen gilt jetzt als Loyalitätsbeweis. Wer den Dekreten des Königs nicht Folge leistet, dem droht die Todesstrafe.

Doch viele Juden fügen sich nicht. Zum Beispiel Mattatias aus dem Haus der Hasmonäer. In der Stadt Modein nordwestlich von Jerusalem, am Fuß des Berglands, widersetzt sich das Oberhaupt dieser weithin angesehenen Priesterfamilie dem königlichen Befehl – selbst als Abgesandte des Monarchen zu ihm kommen.

Die königlichen Beamten versprechen Mattatias und seinen fünf Söhnen Gold, Silber und einen Ehrentitel. Das Kalkül der Gesandten: Wenn sie einen Priester von solcher Autorität dazu bringen, der Anweisung zu folgen, werden andere bislang widerstrebende Gläubige dessen Beispiel folgen. Doch es kommt anders.

Ein Jude, wohl ein Bewohner der Stadt, schickt sich an, dem neuen heidnischen Gott demonstrativ ein Opfer darzubringen. Da hält es Mattatias nicht länger. Er stürzt sich auf den Götzenanbeter und ersticht ihn. Und noch ehe die königlichen Boten eingreifen können, hat Mattatias deren Anführer ebenfalls gepackt. Auch der Mann des Königs überlebt den Tag nicht.

Ist es heiliger Zorn, der den Priester-Patriarchen erfasst hat? Oder ist die Bluttat eine kühl kalkulierte Antwort auf eine ebenso wohlüberlegte Machtdemonstration?

In jedem Fall ist sie das Signal zu einem Aufstand gegen die Religionsedikte des Monarchen, der sich bald zum Kampf um die Freiheit des jüdischen Volkes auswachsen wird. Zu einem jahrzehntelangen, wechselvollen Feldzug, in dem eine Familie die Führung übernimmt und – Bruder für Bruder – den fremden Fürsten entgegentritt. Und in dem egoistischer Machtwille nach und nach die hehren Ziele der Aufständischen verdrängen wird.

Seit Jahrhunderten schon stehen die Juden unter fremder Herrschaft. Erst kamen die Assyrer, Babylonier und Perser, dann, im Jahr 332 v. Chr., Alexander der Große. Es war eine Zeitenwende. Denn Alexander brachte den Einfluss des Abendlandes nach Judäa.

Erstmals wurde die Region nicht mehr von einem Fürsten des Vorderen Orients regiert, sondern von Herrschern, die sich der hellenischen Kultur verpflichtet fühlten. Griechisch diente nun zunehmend als Verwaltungs- und Handelssprache.

Wer es sich leisten konnte, orientierte sich an den westlichen Vorbildern. Die Wohlhabenden unter den Juden importierten Wein in Amphoren aus Rhodos, servierten Speisen auf der feineren Keramik aus dem Mittelmeergebiet. Selbst die Grabmäler ähnelten nun denen im Westen.

Schriftgelehrte studierten die griechischen Philosophen, befassten sich über traditionelle religiöse Vorstellungen hinaus mit Fragen der richtigen Lebensführung. Bald wurde auch die Tora, das jüdische Glaubensgesetz, ins Griechische übersetzt.

Für die Elite zählten vor allem die materiellen Vorteile, die die griechische Welt mit sich brachte: die Luxusgüter, der verfeinerte Lebensstil, das Silbergeld, das nun – kraftvoller als die früher üblichen Tauschgeschäfte – die Wirtschaft antrieb.

Doch das alles betraf in erster Linie die Städter. Die Menschen im abgeschiedenen Bergland erfuhren wenig von der griechischen Kultur.

Politisch war die Region nach dem Tod Alexanders unter den Einfluss der Ptolemäer geraten, eines griechisch geprägten Fürstengeschlechts, das Judäa ab 301 v. Chr. von Ägypten aus beherrschte.

Damit hatten es die Juden nicht schlecht getroffen. Die Zeiten waren ziemlich ruhig. Zwar kämpften die Ptolemäer im 3. Jahrhundert v. Chr. immer wieder gegen die Seleukiden – eine makedonisch-hellenistische Dynastie, deren Reich sich bis weit jenseits der Flüsse Euphrat und Tigris erstreckte. Doch die Kriege fanden meist außerhalb der Grenzen Judäas statt. Und die Ptolemäerkönige tasteten die Institutionen und Ämter des Tempelstaats nicht an.

Der Hohepriester stand weiterhin an der Spitze des Gemeinwesens. Er blieb Herrscher der Juden. Ihm zur Seite wurde lediglich ein königlicher Finanzbeamter gestellt, der über die Steuereinnahmen wachte.

Ein Jahrhundert lang ging das gut. Dann besiegten die Seleukiden 200 v. Chr. die Ptolemäer und übernahmen die Oberherrschaft über Judäa. Die Zeiten wurden turbulenter. In Jerusalem stritten inzwischen konservative Tora-Treue mit Juden, die ihr Land durch Reformen weiter in die hellenistische Welt eingliedern wollten.

Im Jahr 175 v. Chr. setzten die Seleukiden, mit Unterstützung der hellenisierten Jerusalemer Oberschicht, einen neuen Hohepriester ein: Jason. Eigentlich hieß er Josua, aber seinen Namen hatte er betont gräzisiert.

Der neue Hohepriester ließ in unmittelbarer Nähe zum Tempelberg nach griechischem Vorbild ein Gymnasion errichten, komplett mit Rennbahn und Ringerschule, säulenumstandener Halle und Bädern. Selbst die Tempelpriester eilten zum Sport, vernachlässigten dafür ihre Dienstpflichten.

Die Männer trainierten und kämpften dort der griechischen Tradition gemäß nackt. Und weil der Anblick eines beschnittenen Penis, wie ihn die Juden haben, nun als obszön galt, ließen nicht wenige die Beschneidung mit einem

__Literaturempfehlungen:__ Markus Sasse, „Geschichte Israels in der Zeit des Zweiten Tempels", Neukirchener; konzise Darstellung der Zeit zwischen babylonischem Exil und römischer Eroberung. Ernst Haag, „Das hellenistische Zeitalter", Kohlhammer; die Hellenisierung des Heiligen Landes und deren Folgen verständlich erklärt.

Signal zum Aufstand: Lange schon ist dem Priester Mattatias das ketzerische Treiben des Seleukidenkönigs Antiochos IV. zuwider. Als ein Jude einem heidnischen Gott opfern will, ermordet er diesen – und zieht mit seinen Söhnen in den Kampf

chirurgischen Eingriff wieder rückgängig machen. Auf diese Weise legten sie das Zeichen ihrer Zugehörigkeit zum jüdischen Volk ab.

Zudem plante Jason, Jerusalem in eine Stadt nach griechischem Muster zu verwandeln. Schon andernorts im Heiligen Land hatten die Ptolemäer und die Seleukiden zahlreiche Städte als *poleis* neu gegründet: als Siedlungen nach griechischem Recht.

Nun wollte Jason auch in Jerusalem den Ältestenrat der Juden durch einen gewählten Stadtrat griechischer Prägung ersetzen – und damit den Einfluss der Traditionsbewahrer zurückdrängen. Ausgerechnet der Hohepriester der Juden versuchte also zu erreichen, dass die Gesetze der Tora nicht mehr alleinige Verfassung des bisherigen Tempelstaats sein sollten.

Zwar gelang es ihm letztlich nicht, sein Vorhaben umzusetzen, aber allein die Absicht glich einem Staatsstreich.

Jason hatte sich sein Amt erkauft, indem er dem Seleukiden-König Antiochos IV. höhere Tributzahlungen versprach. Drei Jahre später, 172 v. Chr., überbot ihn Menelaos, ein unzufriedener Tempelbediensteter, und sicherte dem Monarchen noch höhere Steuerzahlungen zu.

Menelaos erhielt das Amt. Um die versprochenen Tributzahlungen leisten zu können, lieferte der neue Hohepriester dem König den Tempelschatz aus: Die heiligen Kultgeräte wurden fortgeschleppt, der Gottesdienst konnte nicht mehr stattfinden. Für die meisten Juden war Menelaos ein Verräter an ihrer Religion und ihren Gesetzen.

Kurz darauf erhoben sich in Jerusalem viele Empörte und zwangen Menelaos, sich in einer Burg in der Stadt zu verschanzen.

Antiochos IV. wertete den Angriff als Kriegserklärung. Und er fürchtete, dass ein instabiles Judäa leicht in die Hände der Ptolemäer fallen könnte. Deshalb ließ er im Jahr 168 v. Chr. die Stadt erobern und plündern, ihre Mauern schleifen.

Einen Teil der Bewohner verkaufte er als Sklaven und übertrug ihr Land an nichtjüdische Siedler, die er bewaffnen und in eine Festung nahe dem Tempel einziehen ließ. Diese Garnison sollte fortan für Ruhe sorgen. Menelaos blieb Hohepriester, doch bestimmten die Fremden nun das Schicksal Jerusalems. Nichts war geblieben von der politischen Selbstbestimmung im Tempelstaat.

Wahrscheinlich war es Menelaos, der dem König auch noch zu den Religionsedikten riet. Die sollten nun endgültig den Widerstand der Jahwe-Treuen brechen. Doch mit dem Zwang, einem anderen Gott zu huldigen, ging Antiochos IV. zu weit.

Zumindest für den Hasmonäer Mattatias.

UNMITTELBAR nach der Bluttat an dem königlichen Beamten flüchtet Mattatias mit seinen Söhnen und einigen Anhängern in die Berge Judäas. Dort scharen sich immer mehr fromme Männer um sie. Bald schon streifen die Rebellen in mehreren Kampfgruppen durch das Land, zerstören die von den Fremden errichteten Altäre, vertreiben Juden, die den heidnischen Göttern geopfert haben, sorgen dafür, dass Jungen wieder beschnitten werden.

Als Mattatias ein Jahr darauf im Sterben liegt, macht er seinen zweitgeborenen Sohn Simon zum Oberhaupt der Priesterfamilie und dessen jüngeren Bruder Judas zum militärischen Anführer des Aufstands.

Judas, genannt „Makkabaios“ („der Hammer“), erweist sich als kluger Heerführer. Er formt die Gruppen zu schlagkräftigen Kampfverbänden und setzt gegen religiöse Fundamentalisten durch, dass sie sich auch am heiligen Sabbat verteidigen. Aus dem Hinterhalt besiegt er nacheinander zwei Armeen der seleukidischen Machthaber.

Daraufhin schickt Antiochos IV. größere Heere nach Judäa. Doch Judas kennt das Terrain sehr gut, seine Kämpfer überraschen die seleukidischen Soldaten und schlagen sie zwei weitere Male vernichtend.

Zwei Jahre nach Beginn ihres Aufstands in den Bergen ziehen die „Makkabäer“ – so nach dem Beinamen ihres Heerführers genannt – in Jerusalem ein. Die Garnisonsfestung der Seleukiden in der Stadt schließen sie ein.

Die Jerusalemer feiern Judas als Helden. Den durch die Heiden entweihten Altar lässt er ersetzen, den Tempel reinigen. Am 14. Dezember 164 v. Chr. opfern die Juden dort erstmals wieder ihrem Gott.

Frieden allerdings kehrt nicht ein. Judäas kleine Nachbarvölker sind durch die erstarkende Macht der Rebellen beunruhigt. Juden, die dort leben, werden angefeindet, verfolgt. Judas rüstet erneut und eilt den bedrängten Glaubensbrüdern zu Hilfe – auch, um die Machtposition der Makkabäer zu festigen.

Und stets geben Angehörige der Hasmonäer-Familie die Befehle: Judas selbst zieht mit seinen Truppen nach Idumäa, einer Region im Süden; gemeinsam mit seinem jüngeren Bruder Jonatan fällt er an der Spitze von 8000 Mann auch in Gilead ein, dem Land östlich des Jordans. Tausende werden erschlagen. Simon, der Zweitälteste, marschiert mit 3000 Soldaten nach Galiläa im Norden.

Die Brüder besetzen die Gebiete jedoch nicht, sondern holen nur die dort lebenden Juden zurück nach Judäa, ins biblische Stammland.

Immer mächtiger wird die Familie der Hasmonäer. Als Antiochos IV. 164 v. Chr. stirbt, brechen Nachfolgekämpfe in Antiochia aus. Einer der Thronrivalen erlaubt den Juden, ihre Religion wieder nach den Gesetzen der Väter auszuüben. Und Menelaos wird hingerichtet.

Doch den Hasmonäern reicht dies nicht mehr. Ihr Ziel ist längst ein eigenständiges Judäa unter ihrer Herrschaft. Also setzen sie ihren Aufstand fort.

Mehrmals marschieren die Seleukiden mit Kriegselefanten ins Heilige Land, um den Aufstand niederzuwerfen. Bei einem Feldzug zerquetscht ein Elefant einen jüngeren Bruder von Judas.

Durch die jahrelangen Kämpfe ausgelaugt, haben die Makkabäer dem vorrückenden Invasionsheer bald nur noch wenig entgegenzusetzen. In einer Schlacht fällt im Jahr 160 v. Chr. schließlich auch ihr Anführer Judas. Die Soldaten desertieren, die überlebenden Brüder tauchen unter.

Jonatan, der Jüngste, aber hält die verbliebenen Getreuen zusammen. Sie verlegen sich erneut auf den Guerillakampf, verstecken sich in den Sümpfen

In der Bibel wird Antiochos IV. von Gott gerichtet, der ihn einen qualvollen Tod erleiden lässt (unten). Tatsächlich stirbt der Seleukidenkönig 164 v. Chr. auf einem Feldzug in Persien. Der nun einsetzende Streit um seinen Thron erleichtert den Makkabäern kurzfristig ihren Freiheitskampf

am Jordan und in der judäischen Wüste. Ein dritter Bruder kommt um.

Doch Jonatan kann die andauernden Machtkämpfe um die Seleukidenkrone ausnutzen. Durch geschicktes Taktieren gelingt es ihm, dass sich zwei Thronrivalen mit Zugeständnissen an ihn überbieten – keiner der Seleukiden will die Partisanentruppe zum Feind haben. Jonatan darf mit seinen Anhängern in Jerusalem einziehen.

Die Macht ist wieder in greifbarer Nähe.

TATSÄCHLICH erhebt Alexander Balas, einer der seleukidischen Thronanwärter, Jonatan im Jahr 152 v. Chr. zum Hohepriester. Zwei Jahre später, Alexander hat inzwischen die Königskrone errungen, ernennt er ihn zum seleukidischen Statthalter der Provinz Koile-Syrien, zu der Judäa gehört. Jonatan lässt den Tempelberg in Jerusalem wieder befestigen. Sein Heer ist binnen Kurzem gefürchtet weit über das Heilige Land hinaus.

Doch dann kommt auch Jonatan um: Von Versprechungen eines weiteren seleukidischen Thronanwärters lässt er sich 143 v. Chr. in einen Hinterhalt locken. Seine Leibgarde von 1000 Mann wird niedergemacht, er selbst ermordet.

Nun übernimmt Simon die Herrschaft in Judäa, der letzte der fünf Hasmonäer-Brüder.

Simon setzt, stärker noch als seine Brüder vor ihm, auf Gewalt, um endlich die ersehnte Unabhängigkeit zu erlangen. Er belagert erfolgreich die seleukidische Garnison in Jerusalem und vertreibt deren Bewohner.

Seine Soldaten erobern die strategisch wichtige Stadt Gezer, auf halbem Weg zwischen Jerusalem und dem Mittelmeer gelegen, und die Hafenstadt Joppe (Jaffa) an der Küste. Nun hat Judäa einen eigenen Zugang zur See.

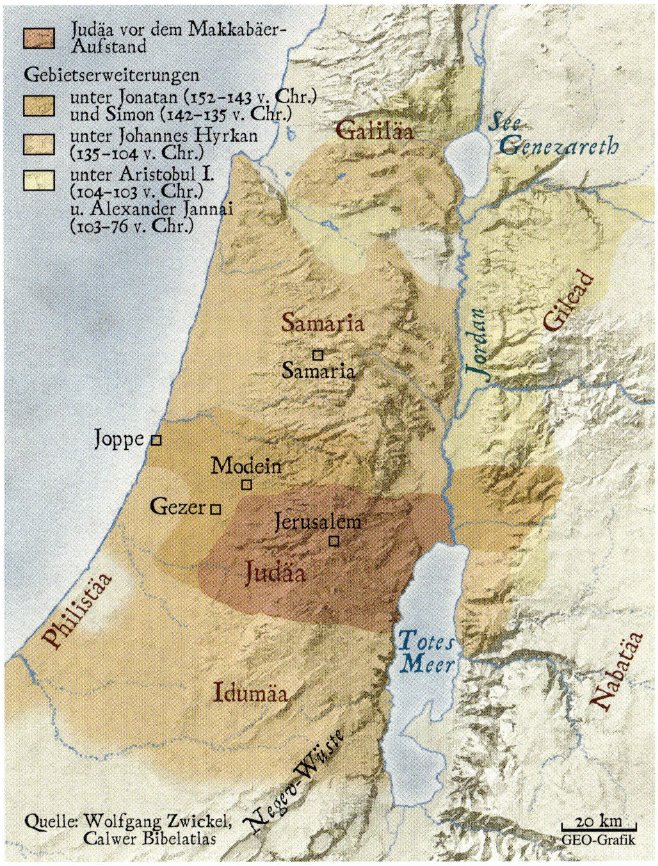

Das Erbe der Makkabäer: Simon, ein Sohn des Mattatias, befreit Judäa aus der Tributpflicht der Seleukiden und begründet das Herrscherhaus der Hasmonäer. Seine Nachfolger vergrößern das Reich immer weiter. Bis Rom danach greift

Die eroberten Gebiete macht Simon rücksichtslos zu jüdischen Regionen. Wer von den alten Bewohnern Glück hat, kann zum Judentum konvertieren. Viele Menschen aber werden vertrieben oder ermordet. Auf dem frei gewordenen Land siedelt Simon Juden an.

Als Ringen um religiöse Selbstbestimmung hat der Kampf seiner Familie einst begonnen. Nun betreibt auch Simon nur noch reine Machtpolitik: den Ausbau des eigenen Herrschaftsbereichs.

Er treibt nicht nur die Zielstrebigkeit und Härte seiner Brüder auf die Spitze, sondern besitzt auch das taktische Geschick der Familie. Im schier endlosen Streit um den Thron in Antiochia ist der nun regierende Seleukidenkönig Demetrios II. darauf angewiesen, dass am Südwestrand seines Reiches Ruhe herrscht. Wie schon sein Bruder zuvor ringt Simon dem Monarchen ein Zugeständnis ab.

Und das ist so weitgehend wie keines zuvor: Demetrios II. erlässt im Jahr 140 v. Chr. den Juden ihre Tributpflicht. Damit ist Judäa nach mehr als einem halben Jahrtausend Fremdherrschaft de facto wieder autonom.

IM SELBEN JAHR wählen die Juden Simon in einer großen Versammlung im Vorhof des Jerusalemer Tempels zum Hohepriester, zum Heerführer und Herrscher – also zum geistlichen, militärischen und weltlichen Vormann. Die Ämter sind auf Lebenszeit vergeben und erblich.

Die Bedeutung der Zeremonie könnte größer nicht sein: Nicht mehr ein fremder König ernennt oder bestätigt das Oberhaupt der Juden – sie selbst bestimmen, wer sie regiert. Der Aufstand der Makkabäer ist an sein Ende gekommen; nach mehr als einem Vierteljahrhundert Kampf wird nun das Herrscherhaus der Hasmonäer begründet.

In Modein – dort, wo sein Vater Mattatias einst das Signal zur Rebellion gegeben hat – errichtet Simon ein mächtiges Denkmal auf dem Familiengrab, auch die Gebeine seiner Brüder lässt er hier bestatten. Sieben Pyramiden ragen in den Himmel. Säulen umgeben die Anlage, jede mit glänzenden Rüstungen und in den Stein gemeißelten Schiffen geschmückt – als Zeichen dafür, wie wehrhaft und weltläufig das Volk aus den Bergen Judäas geworden ist.

So gewaltig sind die Dimensionen des Mausoleums auf dem Hügel von Modein, dass es angeblich selbst noch vom Mittelmeer aus erkennbar ist. Von jenem Meer, hinter dem längst neue Herren ihren Aufstieg begonnen haben.

Sie werden dem Land kein Jahrhundert später die hart erkämpfte Unabhängigkeit wieder nehmen und die Dynastie der Hasmonäer gewaltsam beenden: die neuen Weltenherrscher aus Rom. □

Reymer Klüver, 50, ist US-Korrespondent der „Süddeutschen Zeitung". Bei seiner Recherche zum Makkabäer-Aufstand wurde ihm einmal mehr bewusst, dass Washington bei seinen Friedensbemühungen im Nahen Osten eines nicht vergessen darf: wie tief das Bedürfnis Israels nach Sicherheit in Jahrtausende zurückreichender historischer Erfahrung wurzelt.

mit unseren GEO-Kalendern 2011!

GEO-Edition »Der Planet der Tiere«

Ein grandioses Portfolio über die Üppigkeit der Natur: Der renommierte Tierfotograf Ingo Arndt hat über die Jahre hinweg immer wieder Herden oder Schwärme von Tieren mit der Kamera eingefangen.

Format: 70x60 cm, Preis: € 69,– / € 69,60 (A) / CHF 115.–
Best. Nr.: G 692200

Jetzt teilnehmen an der Wahl zum GEO-Kalender des Jahres!

Stimmen Sie jetzt ab und wählen Sie online Ihren Favoriten zum Kalender des Jahres 2011 unter: **www.geo.de/kalenderwahl**

Jeder Teilnehmer erhält einen **Gutschein** über **€ 5,–** als **Dankeschön** von GEO!

Gleich Coupon ausfüllen und absenden an:

GEO Shop
Kunden-Service
20080 Hamburg

Noch schneller geht's per Telefon:
0 18 05/06 20 00**

Fax:
0 18 05/08 20 00**

Bitte Kennziffer 700262 angeben.

*Diese Rabattaktionen sind nicht miteinander kombinierbar.

**14 Cent/Min. aus dem dt. Festnetz, max. 42 Cent/Min. aus dem dt. Mobilfunknetz.

GEO Shop
Das Beste von GEO

Ihr GEO-Kalender-Bestellcoupon

Ja, ich bestelle folgende GEO-Kalender (versandkostenfrei ab € 100,– Bestellwert, sonst € 3,32 Versandkostenanteil).

Menge***	Bestellnummer	Einzelpreis	Kalenderbezeichnung	Gesamtpreis
	G 692300	€ 29,– / € 29,30 (A) / CHF 49.–	Special-Kalender »Amerikas Küsten«	
	G 692400	€ 29,– / € 29,30 (A) / CHF 49.–	Special-Kalender »Meerestupfer«	
	G 691900	€ 99,– / € 99,90 (A) / CHF 169.–	Panoramakalender »Lichte Weiten«	
	G 692200	€ 69,– / € 69,60 (A) / CHF 115.–	Edition »Der Planet der Tiere«	

***Solange der Vorrat reicht. Summe

Meine Adresse:

Name

Vorname

Geburtsdatum

Straße/Nr.

PLZ

Wohnort

Telefon-Nr.

E-Mail-Adresse

☐ Ja, ich bin damit einverstanden, dass GEO und Gruner+Jahr mich künftig per Telefon oder E-Mail über interessante Angebote informieren.

Ich bin Abonnent eines GEO-Titels und erhalte 10 % Rabatt.
Meine Abonnenten-Nummer:

Der GEO-Abonnentenrabatt ist nicht mit dem 10 %-Rabatt kombinierbar.

☐ Ich zahle bequem per Bankeinzug:

Bankleitzahl

Kontonummer

Geldinstitut

Datum

Unterschrift

☐ Ich zahle per Rechnung.
Rückgaberecht: Wenn Ihnen ein Artikel nicht zusagt, können Sie ihn innerhalb von 14 Tagen an uns zurücksenden.

Kennziffer: 700262

Kampf um Judäa: Als die strenggläubigen Pharisäer gegen ihn aufbegehren, weil er angeblich unreiner Herkunft ist, kennt König Alexander Jannai (Mitte) keine Gnade. An einem einzigen Tag, so berichtet ein Chronist, lässt er 800 Gegner ans Kreuz schlagen (Kupferstich, 17. Jh.)

KRIEG
unter Brüdern

Sie alle sind Juden. Doch nur der Glaube an den einen und einzigen Gott, an die Tora und die Ankunft des Messias eint die Gruppen der Sadduzäer, Pharisäer und Essener, die erbittert um das wahre Judentum streiten. Zu spät erkennt König Alexander Jannai, dass die Rivalität zwischen diesen religiösen Parteien sein Reich zerreißen wird

VON WALTER SALLER UND ANDREAS SEDLMAIR

Die Gräben, die im ersten vorchristlichen Jahrhundert zwischen den verfeindeten Lagern der Juden klaffen, sind abgrundtief. Kein Kompromiss scheint möglich. Denn wie könnte man auch verhandeln über die Forderungen Gottes!

Jahwe hat seinem Volk eine gewaltige Fülle von Geboten und Tabus auferlegt. Sie umspinnen das gesamte jüdische Leben. Aber häufig sind die Vorschriften nicht eindeutig. Und da es keinen obersten Richter oder Religionsführer gibt, der die Gesetze Gottes apodiktisch auslegen könnte, interpretiert sie jede Gruppe von Gläubigen auf ihre Weise.

Aus diesem Grund entbrennen erbitterte Auseinandersetzungen über die richtige Deutung der Gesetze und die wahre Form des Glaubens.

Schroff stehen die Sekten der Sadduzäer, der Pharisäer und der Essener gegeneinander. Sie streiten sich über Speiseregeln, Zeremonien, über Reinheit und Unreinheit. Oder über die Heiligung des Sabbats.

Darf man an diesem Ruhetag Gottes eine Ziege retten, die in den Brunnen gestürzt ist? Oder ist das Arbeit – und damit gemäß der Tora verboten?

Ist das Korn, das ein Heide mahlt, rein? Oder verunreinigt schon der Schatten eines Götzendieners jegliche Speise, auf die er fällt? Welche Zeitspanne muss zwischen dem Genuss von Fleisch und Milch liegen? Und wo ist die Grenze des jüdischen Bilderverbots?

Die einen legen die Gesetze großzügig aus, die anderen streng – und einige extrem rigoros. Manche nehmen selbst Münzen nicht in die Hand (wegen der eingeprägten Bilder) und würden niemals ein mit Statuen geschmücktes Tor durchschreiten. Und für einige sind auch jene Juden, die gemäßigt sind im Glauben, unrein wie Heiden.

Die Sadduzäer

Sie sind weltoffen und schätzen die griechische Lebensart. Die Sadduzäer, die ihren Namen von einem Hohepriester Salomos herleiten, rekrutieren sich aus der priesterlichen Elite Judäas. Mehr als das Seelenheil der Gläubigen interessiert sie der reibungslose Ablauf des Tempelbetriebs, dem sie ihren Wohlstand verdanken (Stich, 18. Jh.)

Es wird gestritten wie kaum je zuvor im Königreich der Juden. Mit Worten – und mit Waffen.

Die Auseinandersetzungen um Gott und die Gesetze werden auch die Frage der Thronfolge erfassen, werden Judäa fast in einen Bürgerkrieg treiben. Und selbst dann werden die Juden nicht ablassen von ihrem Kampf Bruder gegen Bruder, als eine neue Gefahr in Palästina heraufzieht: die Römer, die zu dieser Zeit nach Osten vordringen.

Die Weltmacht wird diese Zerrissenheit für ihre imperialen Interessen nutzen. Der Feldherr Gnaeus Pompeius wird die jüdischen Führer gegeneinander ausspielen, die Macht an sich reißen und das Königreich Judäa zum Vasallen des Imperiums degradieren.

Aber weshalb geraten die Juden zu Beginn des ersten vorchristlichen Jahrhunderts überhaupt derart unversöhnlich aneinander?

SEIT 103 V. CHR. regiert Alexander Jannai in Jerusalem. Er ist ein Kriegerkönig, und während seiner Amtszeit dehnt sich das Reich der Juden aus wie nie zuvor unter der Herrschaft seiner Dynastie, der Hasmonäer, die das Land seit 140 v. Chr. eigenständig regieren.

Alexanders Truppen erobern das Land östlich des Jordans, Teile Galiläas und Gebiete der südlichen Küstenebene mit der Hafenstadt Gaza. Schließlich beherrscht er ein Reich, das dem des legendären Königs David an Größe kaum nachsteht.

Alle Macht im Reich der Juden leitet sich von Gott her. Erste Pflicht des Monarchen – der zugleich auch das Amt des Hohepriesters im Tempel bekleidet – ist es, den Untertanen ein gottgefälliges Leben zu ermöglichen. In dem Staat gibt es kaum eine Trennung zwischen weltlichen und geistlichen Fragen. Alles ist immer auch eine Sache der Religion und ihrer Riten.

Anlässe für einen religiösen wie politischen Protest gibt es unter König Alexander Jannai mehr als genug. Im Volk des militärisch so erfolgreichen Herrschers gärt es. Denn das Haus der Hasmonäer sowie die Priesterschaft des

Tempels, aber auch die führenden Familien des Landes folgen seit einiger Zeit griechischen Gebräuchen und Ideen.

Mehr als 190 Jahre lang – von 332 bis 140 v. Chr. – stand die Region ja unter der Herrschaft hellenistischer Könige (siehe Seite 60). Etliche Mitglieder der jüdischen Eliten sprechen deshalb Griechisch, beschäftigen sich mit griechischer Philosophie, verzieren ihre Häuser mit griechischen Säulen.

Viele fromme Juden aber lehnen die Kultur der Heiden vehement ab. Der jüdische Glaube könne nur dann überleben, wenn er sich konsequent von den fremden Bräuchen abgrenze. Sonst drohe eine kulturelle Überfremdung – und so die Auflösung des Judentums.

Als Reaktion auf die geistigen Erschütterungen, die der Einbruch des Hellenismus in Judäa ausgelöst hat, sind mehrere religiös-politische Parteiungen entstanden: die Sadduzäer, die Pharisäer und die Essener.

Alle drei Gruppen existieren vermutlich bereits um die Mitte des 2. Jahrhunderts v. Chr. Gemein ist ihnen der Glaube an den einen und einzigen Gott, dessen Wort die Tora ist, und an den Messias, der sie eines Tages erlösen wird.

Über alles andere wird gestritten.

Die Sadduzäer zählen vermutlich nur ein paar Hundert Anhänger – doch es sind die Mächtigen im Land: die Angehörigen des priesterlichen Adels, die den Jerusalemer Tempel mit seinen reichen Einkünften aus Abgaben, Steuern, Spenden und Opfern kontrollieren.

Ihren Namen leiten die Sadduzäer von König Salomos Hohepriester Zadok her, und tatsächlich entstammte lange Zeit der jeweils amtierende Hohepriester ihren Reihen. Durch Heirat und Verschwägerung mit anderen adeligen Familien gehören dieser Partei inzwischen nahezu alle Wohlhabenden und Vornehmen Judäas an.

Die Sadduzäer kleiden sich elegant und aristokratisch, sie sind weltläufig, mehrsprachig, und ihr luxuriöser Lebensstil ist hellenistisch geprägt. Sie verzieren ihre Häuser – entgegen den

Die Pharisäer

Nichts fürchten die volksnahen Pharisäer (»Abgesonderte«) mehr als die rituelle Unreinheit. Mit immer neuen Vorschriften jenseits der Tora wollen sie die Menschen zu einem gottgefälligen Leben bringen. Die sadduzäischen Tempelpriester, die viele dieser Regeln ignorieren, werden von ihnen gering geschätzt

(Stich, 18. Jh.)

Weisungen der Tora – mit bildlichen Darstellungen und Wandschmuck und lassen ihre Söhne in griechischer Philosophie unterrichten. Manche von ihnen tragen neben ihrem jüdischen auch einen griechischen Namen.

Anders als Pharisäer und Essener, die an ein von Gott vorbestimmtes Schicksal glauben, sind die Sadduzäer überzeugt von der völligen Freiheit des menschlichen Willens. Die Lehren von der Unsterblichkeit der Seele und der Auferstehung der Toten, wie sie die Pharisäer und zum Teil auch die Essener vertreten, weisen sie zurück.

Für die Sadduzäer ist nur die Tora Gottes Wort. Andere Schriften und mündlich überlieferte Traditionen lassen sie nicht gelten. Sie sind vor allem am reibungslosen Ablauf des Tempeldienstes interessiert, aus dem sie ihre Macht ableiten.

Ob die Juden sich ansonsten fromm und gottesfürchtig verhalten, ist ihnen, anders als den Pharisäern, eher gleichgültig. Und die essenische Besessenheit von der bald kommenden Apokalypse muss ihnen angesichts ihres privilegierten Lebens im Hier und Jetzt eher befremdlich erscheinen.

Die grösste Gruppe ist die Partei der Pharisäer, der mehrere Tausend Gläubige angehören. Hinter ihnen steht ein Großteil der Juden. Sie sind strenggläubig, fremdenfeindlich – und volksnah. Ihren Namen erhielten sie wahrscheinlich von Gegnern, die sie *perushim* nannten, „Abgesonderte".

Anders als die Sadduzäer wollen die Pharisäer allen Juden ein Leben in Reinheit ermöglichen, und das heißt: ein Leben in vollkommenem Einklang mit dem Wort Gottes, wie es sich in der Tora offenbart hat. Deshalb gehören viele Pharisäer dem Stand der Schriftgelehrten an und verbringen ihre Tage damit, die heiligen Texte zu studieren und zu interpretieren.

Die Pharisäer halten neben den Büchern der Tora auch an weiteren heiligen Schriften sowie der mündlichen Überlieferung fest. Aus diesen Quellen leiten sie immer neue religiöse Gebote für alle

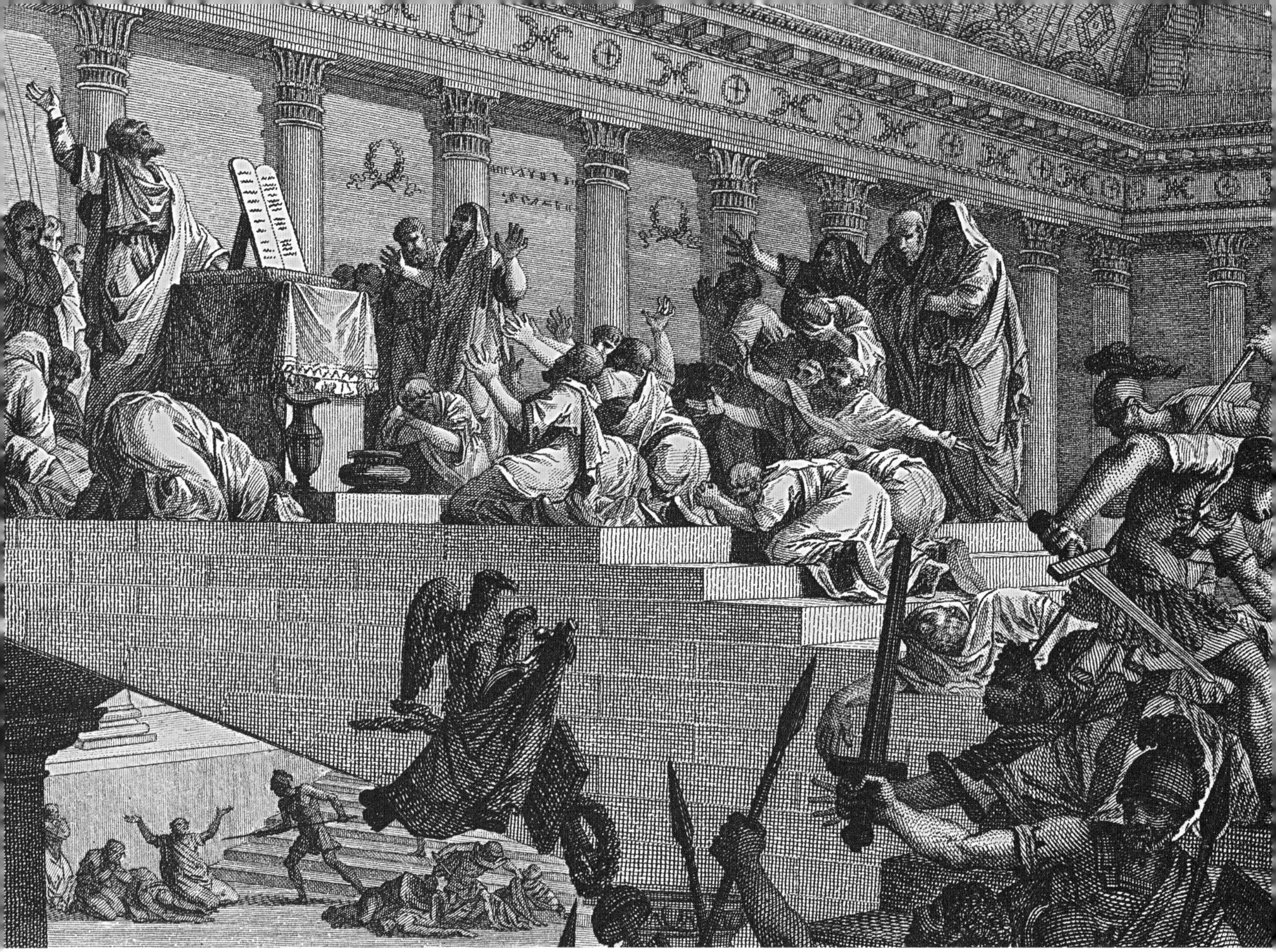

Römer stürmen den Tempel. Neun Jahre nach dem Tod Alexander Jannais kommt es zum Bruderkampf, weil beide Söhne – einer steht den Sadduzäern nahe, der andere den Pharisäern – Thronansprüche erheben. Schließlich wenden sie sich 64 v. Chr. an den römischen Feldherrn Gnaeus Pompeius, der mit seinen Truppen in Damaskus steht: Er soll entscheiden. Doch stattdessen erobert Pompeius Jerusalem

Bereiche des täglichen Lebens ab, verschärfen etwa die Vorschriften zur rituellen Reinheit oder zur Sabbat-Ruhe.

Auf diese Weise vertiefen sie die Frömmigkeit im Volk und umgeben es zugleich mit einem lückenlosen Zaun aus Gesetzen. Denn wer sich ihren Regeln unterwirft, der kann nicht unrein wie ein Heide leben – ja, der kann nicht mehr mit einem Ungläubigen speisen, kann kaum Handel mit ihm treiben oder im gleichen Haus übernachten wie er.

Den Tempel in Jerusalem mit dem zentralen Opferkult, dem alljährlichen Ritual im Allerheiligsten sowie den Massenwallfahrten lehnen die Pharisäer zwar nicht grundsätzlich ab. Doch die hohe Priesterschaft, der ausschließlich Sadduzäer angehören, gilt ihnen nicht viel.

Oft unterweisen die pharisäischen Gelehrten die Gläubigen in Bet- und Versammlungshäusern. Die Idee dazu geht wohl zurück auf die Zeit des babylonischen Exils, als die Juden ohne Tempel waren. Seit dem 2. Jahrhundert v. Chr. richten die Menschen in Judäa immer mehr solcher „Synagogen" ein. Und bald schon sind diese Häuser fest in der Hand der Pharisäer. Denn die Sadduzäer zeigen kein Interesse daran, die Tora unter das Volk zu bringen. So sind es die Pharisäer, die ihr Gesetzesverständnis in der Bevölkerung verankern.

Die dritte Partei schließlich sind die Essener – eine kleine, asketische Bruderschaft, eine messianische Sekte von vielleicht ein paar Hundert Männern. „Essener" bedeutet wahrscheinlich „Fromme".

Die Gemeinschaft teilt ihren Besitz untereinander, und ihre Vorstellungen von ritueller Reinheit sind besonders strikt. Ein Novize kann erst nach mehreren Jahren und nachdem er einen besonderen Reinheitsgrad erreicht hat, zum Essener werden.

Ein starrer Dualismus prägt ihr Denken: Das Gute und das Böse in der Welt bekämpfen sich immer und überall, dazwischen gibt es nichts. Sie sind radikale Gegner von Tempel und Thron, die für sie in die Hände gesetzloser Gotteslästerer gefallen sind. Viele von ihnen kehren Jerusalem den Rücken.

Wahrscheinlich ist es eine Gruppe von Essenern, die um 100 v. Chr. eine Siedlung in Qumran errichtet, am Westufer des Toten Meers. Die Anlage auf staubigem Fels liegt einen Tagesmarsch östlich von Jerusalem und mehr als 300 Meter unter dem Meeresspiegel. Wohl um die 100 Menschen leben dort.

Die Menschen von Qumran sind überzeugt: Bald wird, wie in den heiligen Schriften vorhergesagt, der Messias erscheinen, wird der letzte Krieg gegen die Ungerechten beginnen und schließlich die Welt untergehen.

Und vermutlich verbringen sie all die Jahre des Wartens auf die Ankunft des Gesalbten und die Apokalypse mit dem Abschreiben der Tora und anderer Bücher der hebräischen Bibel, mit kalendarischen Berechnungen, esoterischen Spekulationen und apokalyptischen Visionen. Hunderte von Manuskripten auf Papyrus, Tierhaut und Kupferblech verfassen sie.

Es sind diese Schriftrollen aus den Höhlen von Qumran, die Forscher um die Mitte des 20. nachchristlichen Jahrhunderts entdecken werden.

Weltoffene Machtbewahrer, volkstümliche Frömmler und zurückgezogen lebende Apokalyptiker: In diese drei Gruppen ist die geistige Elite der Juden um das Jahr 100 v. Chr also gespalten. Und schon bald darauf vermischen sich die religiösen Streitereien mit den politischen Kämpfen der Zeit, fließt das Blut zahlreicher Sektenanhänger.

Während der Zeremonie zum Laubhüttenfest im Jahr 94 v. Chr. etwa bewirft eine von Pharisäern angeführte Menge König Alexander Jannai mit Zitronen und beschimpft ihn wegen seiner angeblich unreinen Herkunft.

Dies ist der Auftakt zu Unruhen, die der Monarch gnadenlos niederschlägt: An einem einzigen Tag, so berichtet es der Geschichtsschreiber Flavius Josephus, lässt Alexander 800 Anhänger der Pharisäer kreuzigen.

Erst am Ende seines Lebens im Jahr 76 v. Chr. legt der Herrscher die Fehde mit den Pharisäern bei: Er empfiehlt seiner Frau und Thronfolgerin Alexandra Salome, einen Ausgleich mit der im Volk noch immer beliebten Sekte zu suchen.

Und tatsächlich erlangen die Pharisäer schon bald nach Alexanders Tod gewaltigen Einfluss auf die Regierungsgeschäfte – so sehr, dass manche in ihnen nun die eigentlichen Machthaber sehen.

Auch Johannes Hyrkan, der älteste Sohn Alexandra Salomes, der als Hohepriester agiert und für die weitere Thronfolge vorgesehen ist, unterhält enge Beziehungen zu den Pharisäern.

Die Sadduzäer aber müssen nun die Rache der Pharisäer für die unter Alexander Jannai angeordneten Hinrichtungen fürchten. Deshalb wenden sie sich an Aristobul, den Zweitgeborenen im Königshaus, der bei der Thronfolge leer ausgehen soll. Und schmieden eine Allianz mit ihm.

Dank der Hilfe sadduzäischer Führer sowie von Offizieren und Hofbeamten kontrolliert Aristobul schon bald 22 Festungen in Judäa – die entscheidenden strategischen Stellungen im Land.

Die Essener in ihren abgelegenen Siedlungen ignorieren dagegen den Machtkampf und bauen ganz auf die Apokalypse. Wozu sich einmischen in irdische Streitereien, wenn das Ende der Welt unmittelbar bevorsteht?

Im Jahr 67 v. Chr. stirbt Königin Alexandra. Sofort stehen sich die gegnerischen Parteien kampfbereit gegenüber: Aristobul gegen Hyrkan, Sadduzäer gegen Pharisäer. Das Duell ist schnell entschieden: Bei Jericho muss sich Hyrkan geschlagen geben, Aristobul wird zum König gekrönt. Die ganze Macht liegt jetzt in seinen Händen – und in denen der Sadduzäer.

Hyrkan flieht nach Petra, der Hauptstadt der Nabatäer (siehe Seite 78). Auf Anraten seines mächtigen Beamten Antipater überredet er den dortigen König, mit Truppen gegen Aristobul zu ziehen. Dafür verspricht er dem Monarchen sämtliche Städte des jüdischen Reichs östlich des Toten Meeres. Und tatsächlich: 65 v. Chr. ist Jerusalem umzingelt und der Fall der Stadt abzusehen.

Aber längst ist der Staat der Juden im Visier Roms. Das Imperium hat beschlossen, seine Vorherrschaft auf den Orient auszudehnen: auf Syrien, den Libanon, auf Palästina. Bereits jetzt stehen die Legionen weit im Osten.

Schließlich hört in Damaskus ein Heerführer des Gnaeus Pompeius, des römischen Konsuls und wohl mächtigsten Feldherrn des Imperiums, von dem jüdischen Bruderkrieg – und beschließt, sich in den Konflikt einzumischen.

Als sie von den Plänen der Römer erfahren, brechen die Nabatäer die Belagerung Jerusalems ab und ziehen sich zurück in Richtung Petra. Auf keinen Fall will ihr König in einen Konflikt mit dem Imperium geraten.

64 v. Chr. erscheint Pompeius persönlich in Damaskus. Denn die zwei um den Thron von Judäa kämpfenden Königssöhne haben das übermächtige Rom ersucht, zu entscheiden, wer von ihnen in Jerusalem herrschen soll.

Beide Brüder, begleitet von ihren Anhängern, machen Pompeius in Damaskus ihre Aufwartung.

Damit geben die zwei großen jüdischen Parteien endgültig den Versuch einer Einigung auf: Ihr Streit ist offenbar so erbittert, dass sie sich in einer innerjüdischen Machtfrage lieber einem römischen Feldherrn unterwerfen, als sich untereinander zu einigen. Nun wird Pompeius eine Sekte zum Sieger und die andere zum Verlierer machen.

Die Essener mischen sich nicht ein in den MACHTKAMPF. Sie erwarten ohnehin den nahen Weltuntergang

Der römische Feldherr erkennt vermutlich sofort die Gunst der Stunde: Dieser Krieg der Brüder ist für Rom die Chance, das Königreich der Juden ohne gewaltige Truppenaufmärsche und ohne verlustreiche Belagerungen und Sturmangriffe unter seine Oberherrschaft zu bringen.

Er prüft die Positionen und wägt ab, welcher der Brüder den Interessen Roms am dienlichsten sein mag.

Theologische Vorbehalte gegen eine der Parteien hegt Pompeius wohl kaum. Das Religionsverständnis der Römer ist eines der politischen Vernunft und der imperialen Diplomatie. Fremde Götter nehmen sie einfach in ihr Pantheon auf und stellen sie neben die Gottheiten ihrer Ahnen. Im Imperium gibt es römische, griechische, orientalische Götter sowie Mysterienkulte.

Auch die unterschiedliche Einstellung der beiden Sekten zu nichtjüdischen Kulturen, so hat es den Anschein, beeinflusst die Entscheidung des Römers nicht.

In Damaskus jedenfalls legt Pompeius sich weder auf Aristobul und die religiös gemäßigten, für die heidnische Kultur offeneren Sadduzäer noch auf Hyrkan und die Partei der fremdenfeindlichen, glaubensstrengen Pharisäer fest. Vielmehr bittet er beide Seiten um Geduld – schon bald werde er selbst ins Land der Juden kommen und die Angelegenheit regeln.

Doch Aristobul bringt diese Geduld nicht auf; entgegen einer Absprache mit Pompeius kehrt er nach Judäa zurück, um dort seine militärische Position zu stärken.

Pompeius fasst das als Kriegserklärung auf und zieht nun seinerseits gen Jerusalem.

Schnell wird Aristobul klar, dass seine Aussichten in einem militärischen Konflikt schlecht sind. Denn nun muss er nicht nur gegen die Pharisäer und deren Anhänger kämpfen – und damit gegen einen Großteil der Juden –, sondern auch gegen die Römer.

So ergibt sich der judäische Königssohn ohne langes Zögern der Übermacht, als die Legionen des Pompeius im Jahr 63 v. Chr. vor Jerusalem stehen.

Sogleich öffnen Gefolgsleute der Pharisäer dem Feldherrn die Stadttore und übergeben den Römern den hasmonäischen Königspalast.

Aristobuls Anhänger jedoch gehorchen dem Kapitulationsbefehl ihres Anführers nicht, sondern verschanzen sich im schwer zugänglichen Tempelbezirk. Daraufhin ordnet Pompeius eine Belagerung an und lässt vor den Mauern im Norden des Tempelbergs einen Wall errichten.

Nach gut zwei Monaten befiehlt der römische General, den Tempel zu stürmen. Der jüdische Chronist Josephus notiert: „Der Tempel, dessen Inneres sonst unzugänglich und keinem Auge sichtbar war, wurde schwer geschändet. Pompeius drang mit einer Anzahl seiner Begleiter in das Innere ein und sah, was kein Sterblicher außer dem Hohepriester erblicken durfte. Am folgenden Tag befahl er den Tempeldienern, das Heiligtum zu reinigen, und ließ Gott die vom Gesetze vorgeschriebenen Opfer darbringen."

Aristobul wird gemeinsam mit seinen beiden Söhnen als Geisel nach Rom gebracht.

Hyrkan, der Mann der Pharisäer, erhält dagegen die Weihen des Hohepriesters. Er ist nun der Herr des Tempels. Die Königskrone aber wird ihm verwehrt.

Offiziell ist er zwar unabhängig vom römischen Statthalter in Antiochia. Er darf Recht sprechen und hat die Befehlsgewalt über eigene Hilfstruppen in Judäa. Aber zugleich ist er gegenüber Rom tributpflichtig und außenpolitisch dem Imperium unterworfen.

Zudem verkleinert Pompeius den jüdischen Staat und unterstellt die Städte an der Küste und östlich des Jordans direkt dem Statthalter der neuen römischen Provinz Syrien.

Das Königreich der Juden ist nun, im Jahr 63 v. Chr., ein Klientelstaat der Römer. Ein Vasall des Imperiums.

Zug um Zug festigen die Römer ihre Macht in Judäa. Die Sekten der Sadduzäer und der Pharisäer aber, deren eifersüchtige Machtkämpfe zum Niedergang des jüdischen Königreichs entscheidend beigetragen haben, arrangieren sich schnell mit den neuen Verhältnissen. Sie ziehen sich aus den politischen Streitereien zurück und konzentrieren sich auf ihre religiösen Ziele.

Die Sadduzäer sind auch unter der römischen Oberherrschaft für den Tempeldienst zuständig, während die Pharisäer sich wieder ihrem eigentlichen Anliegen widmen: der Sorge um die richtige Lebensführung, um ein Dasein aller Juden in Reinheit und im Einklang mit Gottes Geboten.

Für die Essener in ihren abgelegenen Siedlungen schließlich ist dieser Wechsel der politischen Machtverhältnisse bedeutungslos: Sie bereiten sich weiterhin auf das nahe Kommen des Messias und das Ende aller Tage vor.

Auch als ab 37 v. Chr. mit Herodes dem Großen erstmals wieder ein König über die Juden herrscht – nun jedoch einer von Roms Gnaden –, bleiben die religiösen Gruppen Judäas weitgehend ruhig (siehe Seite 86).

Erst als der Monarch gegen Ende seiner Regierungszeit verstärkt versucht, seinen Landsleuten römische und hellenistische Ideen und Symbole aufzuzwingen, geraten manche strenggläubigen Pharisäer mit ihm in Konflikt.

Und etwa zehn Jahre nach dem Tod des Herodes spaltet sich eine neue, radikale Bewegung von den Pharisäern ab: die Zeloten. Ihr Name bedeutet „Eiferer". Eiferer für das Gesetz.

Die Zeloten legen die Gesetze Gottes rigoros aus – noch rigoroser als die Essener. Sie wenden sich offen gegen die römische Besatzungsmacht, die das Land inzwischen direkt durch Statthalter, ohne die Hilfe von Vasallenherrschern wie Herodes, regiert.

Wenig später splittern sich von den Zeloten noch fanatischere Gruppen ab, die in einen Guerillakrieg gegen die Römer ziehen (siehe Seite 146). Sie wollen ein jüdisches Reich errichten, das frei ist von Rom und von allen anderen heidnischen Mächten. Bald fallen ihren Attentaten und Überfällen im Lande stationierte Römer zum Opfer – aber auch Juden, die nach der Auffassung der Radikalen mit der Besatzungsmacht kollaborieren.

Mehr und mehr Juden schließen sich diesem Kampf gegen die römische Fremdherrschaft an. So treibt Judäa schließlich 66 n. Chr. in einen Aufstand gegen das Imperium, in dessen Verlauf Jerusalem und der Tempel zerstört werden – und den die Sekten der Sadduzäer, der Zeloten und Essener nicht überstehen.

Die Sadduzäer verschwinden einfach. Weil es keine zentrale Kultstätte, keine Tempelpriesterschaft, keine Armee, keinen Staatsapparat der Juden mehr gibt. Und keine jüdische Herrschaftselite.

Die Bewegung der Zeloten wird in den Schlachten gegen das übermächtige Imperium ausgelöscht.

Auch die Spur der Essener verliert sich im Verlauf dieses Aufstands. Bereits 67 n. Chr. wird ihre mutmaßliche Siedlung am Toten Meer zerstört. Nur die Schriftrollen von Qumran überdauern die Zeiten.

Als einzige Gruppe überstehen die Pharisäer den Krieg und den langen Streit der Sekten. Schon bald werden sie zu den Führern des Judentums. Denn ihre Schriftgelehrten können dem in der Diaspora zerstreuten Volk der Juden in den Synagogen die Gesetze Gottes auslegen und erläutern.

Und so sind die Pharisäer die Vorläufer, ja die ersten Vertreter einer neuen Kraft im Judentum: der Rabbinen. ☐

> Geschickt wissen die Römer die ZERRISSENHEIT Judäas für sich zu nutzen und das Reich der Juden zu erobern

Literaturempfehlungen: *Arnaldo Momigliano, „Die Juden in der Alten Welt", Wagenbach; schildert, wie der hellenistische Einfluss das Reich der Juden verändert hat. Günter Stemberger, „Pharisäer, Sadduzäer, Essener", Katholisches Bibelwerk: kompakte Studie zum Judentum um die Zeitenwende.*

Der studierte Religionswissenschaftler **Walter Saller**, 54, lebt als Autor in Berlin. Israel hat er oft bereist, für GEO zuletzt im Jahr 2004 anlässlich einer Reportage über die wechselvolle Geschichte des Tempelberges. **Andreas Sedlmair**, 45, ist Mitglied des Verifikationsteams von GEO*EPOCHE*.

NZZ
Freude an Qualität
PUBLICIS
Die NZZ als E-Paper
für den iPad.
NZZ am Sonntag
Neue Zürcher Zeitung
NZZ – ZEITUNG FÜR DIE SCHWEIZ
Mildes Urteil
in Kambodscha

NZZ am Sonntag
Neue Zürcher Zeitung

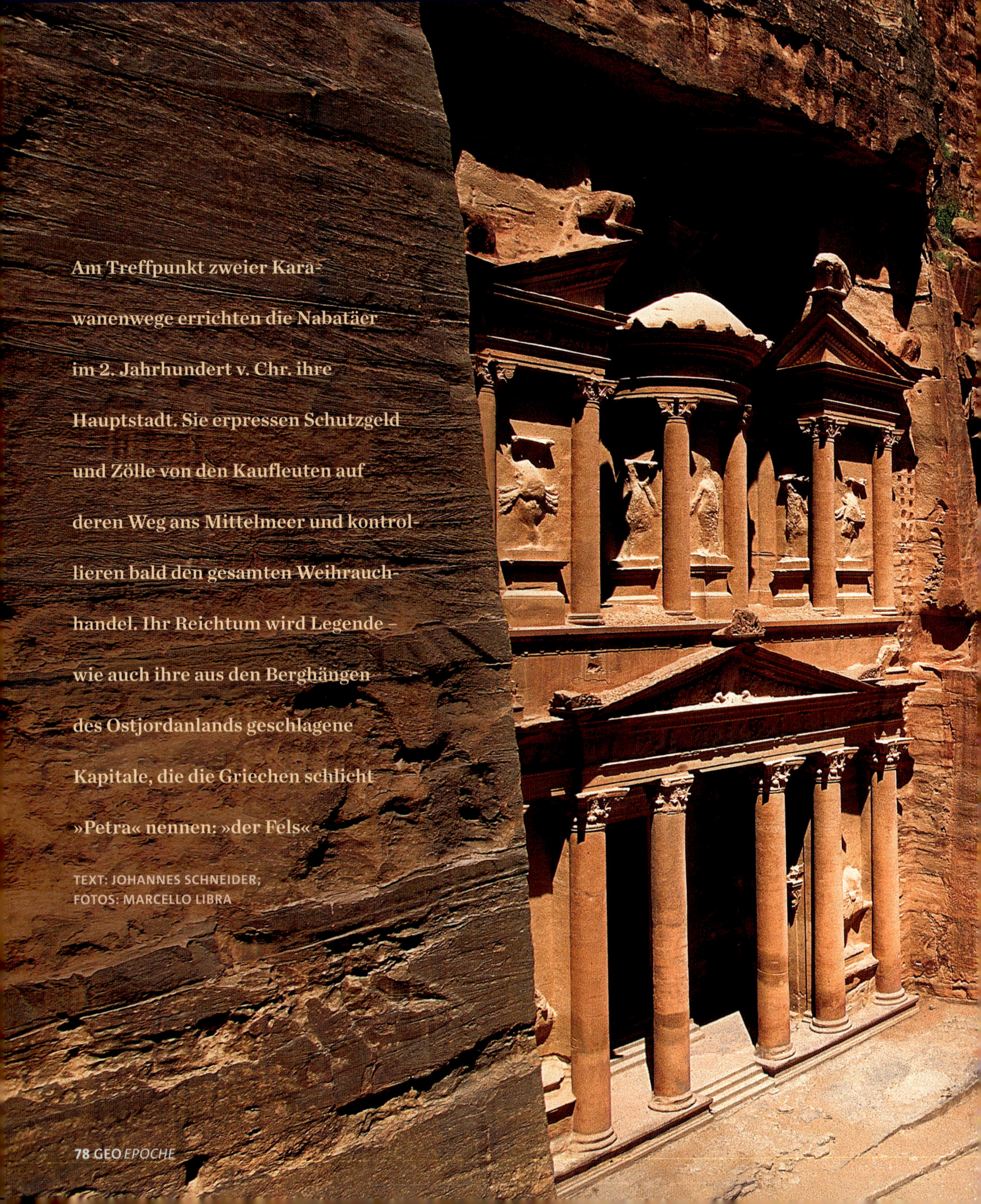

Am Treffpunkt zweier Karawanenwege errichten die Nabatäer im 2. Jahrhundert v. Chr. ihre Hauptstadt. Sie erpressen Schutzgeld und Zölle von den Kaufleuten auf deren Weg ans Mittelmeer und kontrollieren bald den gesamten Weihrauchhandel. Ihr Reichtum wird Legende – wie auch ihre aus den Berghängen des Ostjordanlands geschlagene Kapitale, die die Griechen schlicht »Petra« nennen: »der Fels«

TEXT: JOHANNES SCHNEIDER;
FOTOS: MARCELLO LIBRA

Die Stadt im Fels

PETRA

Fast 40 Meter hoch erhebt sich dieses Säulenportal in Petra. Handwerker aus Alexandria haben es im 1. Jahrhundert v. Chr. wohl als Grabstätte für einen König aus dem roten Sandstein einer Schlucht getrieben

Schon 80 Tage ist die Karawane unterwegs. Ist in schattenloser Gluthitze von Wasserloch zu Wasserloch gezogen. Richtung Norden, Richtung Mittelmeer. Immer wieder mussten die arabischen Händler an Kontrollstationen haltmachen und Zölle auf jene Ware entrichten, von der jedes ihrer Kamele nahezu 200 Kilogramm auf dem Rücken trägt: Weihrauch, eines der begehrtesten Güter der Antike.

Über eine Strecke von fast 3000 Kilometern haben die Händler das wohlriechende Harz transportiert, vom Süden der Arabischen Halbinsel aus durch die Sandwüsten. Und nun: durch das Bergland südlich des Toten Meers. Eine unwirtliche Gegend aus Stein und Staub. Trocken, heiß und fast unzugänglich.

Endlich erreicht die Karawane einen Lagerplatz. Nur mit einigen Tieren ziehen die Händler weiter durch eine enge Felsschlucht, an manchen Stellen kaum drei Meter breit. Kurve um Kurve windet sich der durch Erosion entstandene Spalt zwischen turmhohen Felswänden.

Dann weitet sich die Enge zu einem Talkessel – und gibt den Blick frei auf einen der unwahrscheinlichsten Orte des biblischen Zeitalters.

Auf einer Fläche von 1,5 Quadratkilometern stehen inmitten von Gärten und Bäumen Tausende Steinhäuser und Villen. Gemauerte Kanäle voll klarem Wasser durchziehen das grünende Tal. Entlang einer rund 450 Meter langen, von Läden gesäumten Straße liegen auf erhöhten Terrassen mehrere Tempel mit vorgelagerten Säulenhallen, errichtet aus gewaltigen Steinquadern.

Die großartigsten Bauten der Stadt haben die Bewohner direkt in die steinernen Flanken der Berge getrieben: gigantische Felsmonumente, die sich östlich des Zentrums erheben. Ihre Fassaden, groben Steilwänden abgetrotzt, ragen zum Teil mehr als 40 Meter in die Höhe. Die verzierten Säulen und Reliefs, Kapitelle und Friese schimmern in der Sonne, leuchten in allen Farben.

Die Händler haben Petra erreicht, die Felsenmetropole der Nabatäer. Jetzt, um 70 n. Chr., eine der außergewöhnlichsten Städte der Welt – und der bedeutendste Handelsort für Weihrauch.

ANFANGS STEHEN in Petra nichts als Zelte. Wohl ab dem frühen 4. Jahrhundert v. Chr. schlagen die Nabatäer, ein Stamm räuberischer Nomaden, ihr Lager in den Bergen im Ostjordanland auf.

Woher genau sie kommen, ist bis heute nicht bekannt. Doch zu dem Platz, an dem dereinst Petra entstehen wird, kehren sie immer wieder zurück. Und werden nach und nach sesshaft: wegen der Quellen in der Nähe sowie der unzähligen Höhlen, die Schutz bieten; wegen der Felsen, die den Talkessel zu einer natürlichen Festung machen, in die sie sich zurückziehen können, wenn sie wieder mal eine Karawane überfallen haben.

Regelmäßig ziehen arabische Händler mit Dromedaren durch die Wüste, transportieren Weihrauch, Myrrhe und Balsam aus dem Süden der Arabischen Halbinsel nach Gaza, einer Hafenstadt am Mittelmeer; von dort werden die Waren in die Metropolen Alexandria, Antiochia und Rom verschifft. Eine zweite Handelsroute führt aus Zentralasien nach Gaza; entlang dieser Strecke bringen Mesopotamier Seide ans Meer – und der Rückzugsort der Nabatäer liegt genau dort, wo die beiden Landrouten nach Gaza sich treffen.

Schon bald verleihen die Nabatäer ihre Kamele an die Händler. Zudem verlangen sie von den Karawanen Schutzgeld (was ihnen die Überfälle erspart). Und sie kassieren Zölle, vor allem auf Weihrauch.

Das Pflanzenharz verbrennen Priester auf ihren Altären, es ist eine Zutat für blutstillende Salben, Zahnpasten, Arzneien und Parfüms. Die kleinen Bäume, aus denen es Kundige gewinnen, wachsen fast nur in Südarabien und Ostafrika. Beinahe der gesamte Weihrauchhandel läuft deshalb von dort Richtung Norden – über das Zeltlager der Nabatäer.

Die prachtvollsten Felsbauten errichten die Nabatäer für ihre Toten

Dicht an dicht reihen sich die nabatäischen Grabportale an dieser Felswand in der Nähe der Stadt Hegra. Der 450 Kilometer von Petra entfernte Ort im heutigen Saudi-Arabien ist einer der südlichsten Vorposten des Reiches, das sich um die Zeitenwende im Norden bis nach Damaskus und im Westen bis auf den Sinai erstreckt

Schon Alexander der Große soll vom Wohlstand dieses Stammes gehört haben, als er 332 v. Chr. Gaza einnimmt. Seine Nachfolger, die Ptolemäer aus Ägypten und die Seleukiden aus Syrien, versuchen, das unwirtliche Wüstengebiet zu erobern und den Handel zu übernehmen, aber es gelingt ihnen nicht.

Immer wieder schaffen es die Nabatäer, sich militärisch zu behaupten. Im Kampf gegen den Hasmonäerkönig Aristobul II. belagern sie 65 v. Chr. sogar Jerusalem (siehe Seite 68), aber treten den Rückzug an, als sich eine römische Armee der Heiligen Stadt nähert, denn mit der erstarkenden Weltmacht wollen sie sich nicht anlegen.

40 Jahre später, als Legionäre gegen die Weihrauchhändler im Süden der Arabischen Halbinsel ziehen, stehen sie an der Seite Roms – zumindest scheint es anfangs so. Denn nabatäische Kundschafter führen die 10 000 Soldaten wie vereinbart zu ihren stärksten Handelskonkurrenten, den Sabäern; doch nachdem die Römer den gemeinsamen Feind besiegt haben, lassen die Nabatäer die schwer bewaffneten Legionäre endlose Umwege durch die Wüste laufen. Nur wenige überleben die Odyssee.

Der Reichtum der Nabatäer wächst nun noch schneller. Wirtschaftlicher Erfolg ist bei ihnen hoch angesehen. Und sie stellen ihren Wohlstand zur Schau, investieren ihr Geld in die Quelle ihres Reichtums: ihren Standort.

So wird aus dem Zeltlager nach und nach eine Stadt im Fels.

Vom 2. Jahrhundert v. Chr. an schlagen Handwerker Hunderte Höhlenwohnungen und Familiengräber in die leicht zu bearbeitenden Sandsteinfelsen. Errichten bald auch Tempel, Opferplätze und Statuen; bauen an den Talhängen Häuser und Villen. Und planen Monumente, wie es sie nirgendwo sonst gibt.

Woher die einstigen Nomaden die Idee haben, gigantische Felsgruften zu erschaffen, ist ungewiss. Sicher ist, dass

ihre Grabmäler immer gewaltigere Ausmaße annehmen.

Bereits vor der Zeitenwende werben die Nabatäer Künstler und Steinmetze aus dem fernen Alexandria an. Gemeinsam mit einheimischen Handwerkern begradigen und glätten diese, von Holzgerüsten aus, mit Hämmern, Messern und Sägen zunächst riesige Abschnitte der Felswände am Talrand. Mittels Lot und Schnur teilen sie die geebneten Flächen in Quadrate ein, um Proportionen besser abschätzen zu können. Dann schlagen sie, von oben nach unten vorgehend, Fassaden aus dem Stein, versehen sie mit Stuck und bemalen sie schließlich in leuchtenden Farben.

Selbst in einer besonders engen Schlucht erschaffen sie auf diese Weise ein gigantisches Portal, fast 40 Meter hoch und 28 Meter breit. Jeweils sechs Säulen und Halbsäulen mit verzierten Abschlüssen markieren dessen zwei Etagen. Zwischen den Säulen prangen Relieffiguren, Amazonen etwa und die geflügelte griechische Siegesgöttin Nike.

Wohl durch die fremden Künstler, aber auch durch die vielen Händler, die den Ort besuchen, ist der überall am Mittelmeer verbreitete hellenistische Stil in der Felsenstadt bekannt – und die namenlosen Baumeister kombinieren ihn nun mit einheimischen Formen zu einer einzigartigen neuen Kunst.

So schlagen sie dorische Friese in den Stein und ergänzen sie durch runde Blütenmuster, mit denen sie schon ihre frühen Höhlengräber verziert haben.

Hinter dem Portal in der Schlucht treiben die Arbeiter eine zwölf Meter tiefe Halle in den Felsen und schließen Kammern an den Raum an – Platz für Sarkophage: Das Gebäude ist wahrscheinlich ein Königsgrab, eine von insgesamt wohl fünf Herrschergrüften.

Denn inzwischen herrschen Monarchen über das Handelsimperium. Ihr Reich erstreckt sich entlang der Karawanenrouten über Hunderte von Kilometern, spannt sich zur Zeit seiner größten Ausdehnung von Damaskus bis

Petras Händler lagern keine Waren, sie bestimmen nur deren Preis

Erst die Römer, die das Nabatäer-Reich 106 n. Chr. annektieren, errichten im sogenannten Großen Tempel von Petra eine Versammlungshalle (links im Bild). Gleich nebenan erstreckt sich einer der drei Marktplätze im Zentrum der Stadt, in der Händler aus Syrien, Ägypten, Rom und Griechenland ihre Preise absprechen, vor allem den Kurs für Weihrauch

Als Hauptgott verehren die Nabatäer Duschara, den Bewohner der Felsen

Jahrhundertelang schlagen die Nabatäer in Petra Tempel und Gräber, aber auch Höhlenwohnungen aus dem Fels. Selbst als die Römer die Stadt übernehmen, bleibt sie ein Zentrum des Handels. Erst als wichtige Güter immer häufiger über das Rote Meer transportiert werden, kommt schleichend der Niedergang. Im 7. Jahrhundert wird Petra aufgegeben und vergessen

in den Nordwesten des heutigen Saudi-Arabien. Und so erschaffen die Nabatäer auch an anderen Orten ihre typischen Felsmonumente, etwa in Hegra, einer Transitstation im Süden ihres Herrschaftsgebiets.

Das kulturelle und wirtschaftliche Zentrum aber bleibt ihre erste Stadt, die bald bis nach Rom und Athen bekannt ist als Petra, griechisch für: „der Fels".

Um 70 n. Chr. leben rund 30 000 Menschen in Petra. Um die Bewohner in der kargen Landschaft ernähren zu können, leiten die Nabatäer Wasser aus Quellen kilometerweit über steinerne Röhrenleitungen auf neu angelegte Getreidefelder. Allein die „Moses-Quelle", die der Gottesgesandte auf seinem Weg ins Gelobte Land durch eine Berührung mit seinem Stab zum Sprudeln gebracht haben soll, speist eine Zisterne von 300 000 Liter Fassungsvermögen.

Im Zentrum der Stadt feilschen Händler aus Ägypten, Rom, Syrien und Griechenland um Preise, vor allem um den für Weihrauch. Rechnungen und Verträge schreiben sie auf Aramäisch, der Sprache des Vorderen Orients, bezahlt wird unter anderem mit nabatäischen Münzen. Vom Weihrauch selbst ist indes nur wenig zu sehen – Petra ist kein Lagerplatz, sondern eine Weihrauchbörse. Hier wird der Weltmarktpreis der Luxusware festgelegt.

Noch nach Stammestradition fällt ein Ältestenrat bei den Nabatäern die wichtigen Entscheidungen und spricht Recht. Der König ist nicht mehr als ein *primus inter pares*. Die Unterstützung der reichsten Familien erkauft er sich, indem er lukrative Ämter vergibt, Kamele verschenkt, prunkvolle Feste ausrichtet.

Und obwohl die einstigen Nomaden ägyptische, griechische und auch römische Götter in ihre Religion aufnehmen und durch Statuen verherrlichen, bleiben sie im Glauben ihrer Tradition verhaftet: Ihr Hauptgott ist Duschara, Bewohner der Felsen, Herrscher über

Wer Weihrauch über Land ans Mittelmeer bringen will, muss Petra passieren

die Natur. Ihm und anderen Schutzgöttern zu Ehren schächten sie Ziegen und verspeisen das Fleisch in Festsälen.

Etwa 300 Jahre lang blüht Petra. Dann aber ist die Zeit des erfolgreichen außenpolitischen Taktierens vorbei: Im Jahr 106 n. Chr. ergeben sich die Nabatäer einer römischen Armee.

Doch auch unter dem Imperium wächst die Felsenstadt zunächst weiter. So wird die Hauptstraße gepflastert und mit einem Torbogen versehen; das Amphitheater, das noch unter nabatäischen Herrschern erbaut wurde, lässt Rom auf 8000 Plätze erweitern.

Den Niedergang Petras verursacht am Ende nicht ein militärischer Feind – sondern wirtschaftlicher Wandel.

Bereits um die Zeitenwende beginnen die Ägypter, die Monsunwinde zu nutzen und Handelsgüter von Südarabien direkt zu ihren Häfen an der Nordwestküste des Roten Meeres zu verschiffen. Langsam nimmt der Handel über die alten Landrouten ab: Petra verliert das Handelsmonopol, sein Reichtum schwindet. Nach einem Erdbeben im Jahr 363 n. Chr. wird die Stadt nur teilweise wiederaufgebaut. Im 7. Jahrhundert verödet sie endgültig.

Es dauert mehr als 1000 Jahre, bis ein junger Schweizer 1812 ihre Überreste entdeckt, den Mythos Petra im Abendland wiederbelebt – und einen Ansturm von Historikern, Archäologen und Touristen auslöst, der bis heute andauert.

In die Ruinen einer unwahrscheinlichen Metropole. □

***Literaturempfehlung:** Manfred Lindner (Hg.), „Petra und das Königreich der Nabatäer", Delp; profunde Aufsatzsammlung zur Archäologie der Felsenstadt und der Geschichte ihrer Erbauer.*

Johannes Schneider, 29, fand es erstaunlich, welche Bedeutung der Weihrauchhandel in der Antike hatte – und dass es einem einzigen Nomadenstamm gelang, ihn fast vollständig zu kontrollieren. Der vielfach ausgezeichnete italienische Fotograf Marcello Libra, Jg. 1959, hat die Felsenstadt in Szene gesetzt.

HERODES

Der verkannte TYRANN

Die Römer machen ihn im Jahr 40 v. Chr. zum König von Judäa. Wer sich fortan gegen ihn stellt, riskiert sein Leben; das gilt selbst für die eigene Ehefrau, die eigenen Söhne. Die Bibel schildert Herodes den Großen zudem als Kindermörder. Dabei deutet vieles darauf hin, dass er nicht der Dämon und Feind Gottes war, als den ihn die Überlieferung gebrandmarkt hat

VON MATHIAS MESENHÖLLER

Für nichts ist Herodes mehr geschmäht worden als für seinen angeblichen Befehl, alle Knaben im Alter bis zu zwei Jahren in Bethlehem und Umgebung zu töten. Er soll ihn gegeben haben, nachdem er von drei Sterndeutern, Weisen aus dem Morgenland, erfahren hatte, dass der wahre König der Juden geboren worden sei. Tatsächlich aber ist der Kindermord nur aus der Bibel überliefert – und hat wohl nie stattgefunden. In der Darstellung des Italieners Matteo di Giovanni aus dem Jahr 1482 überwacht Herodes das Töten persönlich

Schwer gepanzerte Soldaten dringen in ein Städtchen ein. Schreiend flehen Mütter um Erbarmen, bergen schützend ihre Säuglinge. Vergebens. Ein Neugeborenes nach dem anderen spießen die Männer auf lange Stangen. Schlagen Türen und Fenster ein, hetzen Hunde auf die Fliehenden, zerren sie aus den letzten Winkeln. Ein Massaker, eine Apokalypse.

So malt der Niederländer Pieter Bruegel 1566 den Kindermord zu Bethlehem, und ähnlich setzen zahlreiche Künstler vor und nach ihm die Untat in Bilder. Einige halten in ihren Szenerien auch den angeblichen Auftraggeber des Mordes fest: König Herodes von Judäa. Sie alle stützen sich auf eine der grausamsten Erzählungen des Neuen Testaments.

SEINEN GEGNERN GILT HERODES ALS GEHORSAMER KNECHT DER RÖMER

Dem Evangelisten Matthäus zufolge erscheinen eines Tages fremde Sterndeuter im Palast des Herodes und fragen nach einem neugeborenen König der Juden; eine seltene Himmelskonstellation zeige das Ereignis an.

Herodes erschrickt. Er weiß genau, um wen es sich handeln muss: um den Messias – jenen König, der das jüdische Volk befreien wird.

Der alternde Tyrann fürchtet um seine Macht. Also verstellt er sich, heuchelt Freude und fragt Gelehrte nach dem prophezeiten Geburtsort des Erlösers. Dann schickt er die fremden Sterndeuter nach Bethlehem, damit sie den Konkurrenten für ihn aufspüren. Die drei Weisen finden das Christuskind.

Gott aber warnt sie – und die drei ziehen heimlich ab, ohne den Monarchen zu informieren. „Als Herodes merkte, dass ihn die Sterndeuter getäuscht hatten“, schreibt Matthäus, „wurde er sehr zornig, und er ließ in Bethlehem und der ganzen Umgebung alle Knaben bis zum Alter von zwei Jahren töten.“

Ein einziger Satz – und doch genug, um einem Mann den Ruf des Kindermörders anzuhängen: Herodes, der König der Juden, der dem kaum geborenen Messias nach dem Leben trachtet. Herodes, der Gegenspieler Gottes.

Wären da nicht die Zweifel. Denn es existiert kein weiterer Beleg für den Kindermord. Keine Quelle, keine Leichenfunde, nichts.

Was es gibt, sind zwei Abhandlungen des jüdischen Historikers Flavius Josephus, die auch die Herrschaft des Herodes schildern und die etwa zur gleichen Zeit wie das Matthäus-Evangelium entstanden sind, um etwa 80 n. Chr.

Flavius Josephus weiß von keinem Kindermord. Doch auch er schildert einen skrupellosen, von den Römern eingesetzten König, der sich nicht scheut, aus Machtgier Widersacher, seine Frau, die Söhne umzubringen. Der noch im Sterben ein Massaker unter der jüdischen Elite befiehlt, damit nach seinem Tod die Trauer der Menschen echt sei.

Späteren Jahrhunderten gilt Herodes daher als prunksüchtiger, brutaler Egomane, ohne jeden Respekt für das Recht, das Leben, Gott. Als Ungeheuer.

Wer aber war dieser König wirklich, der zu den mächtigsten Regionalfürsten im römischen Imperium zählte und als Dämon in die Erinnerung eingegangen ist? Was trieb den Herrscher an, der als gnadenloser Tyrann bekannt, als Mäzen und Friedensherrscher aber vergessen wurde? Der den Juden ihren Tempel im vollen Glanz wiedergab und der dennoch sowohl in der jüdischen wie auch christlichen Tradition als ein Gottloser gilt, als willfähriges Geschöpf der Römer.

Niemand weiß es genau: Obwohl einiges über seine Regierung, seine Taten und Bauten bekannt ist, bleibt sein Wesen im Dunkeln. Aber es gibt Spuren.

ROM, IM JAHR 40 V. CHR.

In feierlicher Prozession ziehen die Konsuln und hohen Amtsträger des Reiches den Kapitol-Hügel hinauf. Ihnen folgen die Machthaber Oktavian und Mark Anton. Und zwischen den beiden schreitet ein vornehmer Flüchtling aus Judäa: Herodes, der etwa 33-jährige Sohn des angesehenen jüdischen Adeligen Antipater.

Die Prozession erreicht Roms zentrales Heiligtum, den Tempel für Jupiter, Juno und Minerva. Gemeinsam bringen die Versammelten dem Götterherrn Opfer dar – auch der Mann aus Judäa, dem sein Glaube das eigentlich verbietet. Damit setzen sie einen gerade gefassten Entschluss in Kraft: Rom erkennt Herodes als König von Judäa an, als „Verbündeten und Freund“ des Weltreichs.

Mark Anton und Oktavian, die beide ein scharfes Auge für politische Talente haben, sehen in Herodes den richtigen Mann, Roms gefährdete Macht im Nahen Osten wiederherzustellen: hart, schlau, kultiviert. Und unbedingt loyal.

Auch Herodes weiß um seine Qualitäten: Er ist Erbe einer einflussreichen Familie, an Tatkraft und Weitsicht vielen aus der alten Elite seiner Heimat hoch überlegen. Und doch: Er ist ein Geflohener, aus Judäa vor Kurzem vertrieben von Gegnern des Imperiums.

Dass nun dank römischer Hilfe seine Rückkehr und sein Aufstieg nach ganz oben so rasch besiegelt ist, kann er zuvor kaum erhofft haben.

Und es ist ja auch eine gewagte Wahl. Denn Herodes ist vielen in Judäa nicht nur wegen seiner Nähe zu Rom suspekt – er ist zudem ein Idumäer.

Und die gelten den Juden als so etwas wie minderwertige Verwandte. Die Idumäer, die im Süden Judäas siedeln, zwischen Gaza und dem Toten Meer, sollen von Esau abstammen – jenem Bruder des Erzvaters Jakob, der kanaanäische Heidinnen zu Frauen nahm und dessen Nachkommen dann zu Heiden wurden.

Gegen Ende des 2. Jahrhunderts v. Chr. hat Judäa die Idumäer unterworfen. Seither haben viele den Glauben ihrer Bezwinger angenommen, werden aber weiterhin als „Halbjuden“ missachtet.

Gleichwohl gelingt manchem Konvertiten eine politische Karriere. Einer von ihnen ist der hochadelige Antipater.

Als in den 60er Jahren v. Chr. innerhalb der herrschenden Dynastie der Hasmonäer ein Bruderzwist um den jüdischen Thron ausbricht (siehe Seite 68), steigt Antipater zum engen Berater eines der beiden Rivalen auf. Und als wenig später römische Legionen bis zum Euphrat vordringen, dann nach Süden, auf Syrien und Palästina zuschwenken, erfasst niemand die Situation so nüchtern wie Antipater: Wer sich gegen Rom stellt, geht unter – wer die Legionen auf seiner Seite hat, kommt empor.

Es gelingt ihm, Roms Unterstützung zu erlangen und seinem Kandidaten die Herrschaft in Jerusalem zu sichern.

Zum eigentlichen starken Mann in Judäa aber wird Antipater selbst.

Die Römer trauen dem ebenso tüchtigen wie loyalen Idumäer, der ihre Operationen in der Region diplomatisch unterstützt, zuverlässig mit Rat, Geld und Waffen hilft. Im Jahr 47 v. Chr. erhält Antipater das römische Bürgerrecht und ausgedehnte Vollmachten als „Verwalter“ neben dem nominellen Herrscher. Die nutzt er, um die Karriere seiner Söhne zu fördern.

Schon mit etwa 25 Jahren wird sein Zweitgeborener Militär- und Zivilgouverneur der Region Galiläa: Herodes.

Es sind keine Porträts überliefert von dem zweiten Sohn des Antipater. Aber doch Ereignisse, die ein frühes Bild seines Charakters zeichnen.

Denn das an die römische Provinz Syrien grenzende Galiläa im Norden des jüdischen Reichs ist ein Hort frommer Eiferer, die Antipater und dessen Politik der Kollaboration verabscheuen. Von Höhlen aus terrorisieren sie Dörfer und Städte jenseits der Grenze in Syrien, aber auch Roms Parteigänger in Galiläa selbst. In Jerusalem sehen große Teile der dortigen Priesteraristokratie die Anschläge der Rebellen mit Sympathie.

Herodes hingegen, kaum eingesetzt, lässt seine Soldaten Jagd auf sie machen. Er setzt den Anführer und etliche Kämpfer fest. Von Rechts wegen gehören sie vor Gericht gestellt. Zu viel Umstand, entscheidet Herodes – und lässt die Gefangenen kurzerhand hinrichten.

In Syrien jubeln die Menschen, die Römer werden auf den jungen Mann aufmerksam.

Ganz anders in Jerusalem. Über Leben und Tod hat allein der Sanhedrin zu entscheiden: der Hohe Rat des priesterlichen Adels (der Antipater und seiner Sippe ohnehin misstraut). Das gewaltsame Vorgehen des Herodes sehen die Aristokraten als Machtanmaßung.

Nun zitieren sie den jungen Mann selbst vor den Sanhedrin: Er soll sich rechtfertigen.

Herodes erscheint, umgeben von seiner Leibwache, „in Purpur gekleidet und mit geschniegeltem Haar“, wie Josephus schreibt. Das bedeutet: Er tritt nicht als Privatmann auf, sondern in einer Art römischer Amtstracht.

Die Jerusalemer sollen wissen, mit wem sie sich da einlassen. Zudem mahnt der Statthalter von Syrien den Rat, dass Rom kaum Verständnis hätte, würde in Judäa ein Verbündeter belangt.

Ob die Verhandlungen daraufhin mit einem Freispruch enden, oder Herodes die Möglichkeit erhält, vor ihrem Ende zu fliehen, ist unsicher.

Gewiss ist, dass er in den folgenden Jahren in Syrien den Römern dient. Er geht den Weg seines Vaters, als Mann des Imperiums. Nur rücksichtsloser: Schon einmal hat er die jüdische Elite ja herausgefordert – und so wird er dort, wo Blutvergießen Erfolg verspricht, nicht zögern, erneut die Befehle zu geben.

Zumal die andere Seite kaum zimperlicher ist. Im Jahr 43 v. Chr. wird Antipater vergiftet, von einem Feind der Römer. Es sind Jahre der Unordnung: In Rom selbst haben hohe Adelige den Diktator

Kinderkörper formen dieses Porträt des Herodes aus dem 17. Jahrhundert. Von dem Sohn eines jüdischen Adeligen aus Idumäa, der mit etwa 33 Jahren von den Römern zum König erklärt wird, gibt es kein authentisches Bildnis

Die drei Weisen aus dem Morgenland berichten Herodes, sie hätten den Stern gesehen, der die Geburt eines neuen Königs anzeige. Daraufhin bittet der Herrscher sie, ihm zu melden, wenn sie das Kind gefunden haben, denn er wolle ihm huldigen. Doch die Bibel lässt keinen Zweifel daran, dass er den möglichen Konkurrenten um den Thron in Wirklichkeit ermorden lassen will (Gemälde von Conca Sebastiano, nach 1719)

Julius Caesar ermordet; der anschließende Bürgerkrieg erfasst auch Judäa. Die Caesar-Erben Oktavian und Mark Anton können sich dort behaupten und setzen nun auf Antipaters Söhne.

Doch im Jahr 40 v. Chr. fallen von Osten die Parther über Syrien und Palästina her. Sie vertreiben die Römer und setzen in Jerusalem einen willfährigen Abkömmling des alten Hasmonäer-Geschlechts als König und Hohepriester ein. Herodes muss fliehen.

Er schlägt sich bis nach Ägypten durch und schifft sich dort, trotz heftiger Winterstürme, nach Rom ein. Hat er den Plan, sich selbst als neuen König Palästinas ins Spiel zu bringen? Ungewiss. Sicher ist, dass Oktavian und Mark Anton ihren Vorteil darin erkennen.

Herodes scheint so bedingungslos loyal zu sein, wie sein Vater es war; sein taktisches Talent, sein Mut und starker Wille sind erwiesen. Den Römern gilt das mehr als dynastische Herkunft. Dieser Mann kann jener Gegenkönig werden, den sie für die Auseinandersetzung mit den Parthern brauchen.

Und so zieht Herodes nach wenigen Wochen in Italien inmitten der Großen des Imperiums hinauf zum Kapitol, um es feierlich zu besiegeln: Rom hat ihn als König der Juden anerkannt.

Seinen Platz in Judäa allerdings muss er sich erst noch erkämpfen.

FRÜHJAHR 37 V. CHR.

Die Truppen des Herodes liegen vor Jerusalem. In den vergangenen zwei Jahren hat er, nach Palästina zurückgekehrt, Söldner und Gefolgsleute um sich gesammelt und den Kampf gegen den Hasmonäer-König begonnen. Blutig waren die Schlachten, in denen ihn Rom bislang nur mit wenigen Einheiten unterstützt hat. Jetzt wartet er auf weitere römische Truppen. Die Römer haben die Parther weiter im Norden geschlagen, in Judäa sind die letzten Bastionen des Widerstands gefallen – bis auf Jerusalem.

Während seine Soldaten die Belagerung vorbereiten, besucht Herodes seine Familie, um eine lange angebahnte Ehe zu schließen. Seine Braut ist die Hasmonäer-Prinzessin Mariamne: Herodes heiratet in die verzweigte Herrscherdynastie ein, um seiner Machtübernahme weitere Legitimität zu verschaffen. Er weiß, Waffengewalt ist nicht alles.

Dann kehrt er zurück zum Heer. Kurz darauf treffen Römer mit Belagerungsmaschinen ein. Insgesamt fünf Monate dauern die Kämpfe. In zähem Ringen werden Mauern zerstört und wiedererrichtet, Minengänge gegraben, Ausfallgefechte geschlagen. Schließlich überwinden die Angreifer die Befestigungen.

Von dem harten Widerstand erbittert, fallen die römischen Legionen mordend und plündernd in Jerusalem ein, erschlagen Männer, Frauen, Kinder, Greise. Inmitten des Infernos machen die Schergen des Herodes Jagd auf die Parteigänger des Hasmonäer-Königs. Der Monarch selbst ergibt sich und wird später von den Römern hingerichtet.

Ob Herodes tatsächlich – wie Josephus berichtet – mit Flehen und Drohen einschreitet und Geld gibt, um den römischen Truppen ihr Beuterecht abzukaufen und der Gewalt ein Ende zu machen, ist umstritten.

Wahrscheinlich gelingt es ihm immerhin, die Eroberer von der Schändung des Tempels abzuhalten: Er weiß, welch gewaltigen Schatten ein solcher Auftakt über seine Herrschaft werfen würde.

Mitleid treibt ihn kaum. Zu Dutzenden lässt Herodes Aristokraten des Sanhedrin, ein Zentrum möglichen Widerstands, hinrichten und deren Vermögen einziehen. Ganz so, wie wenige Jahre zuvor Oktavian und Mark Anton in Italien gewütet haben – von deren Gnaden er nun über Jerusalem und das jüdische Land zwischen dem Toten Meer und dem See Genezareth herrscht.

Konkurrenz muss Herodes jetzt nur noch durch den Hohepriester fürchten. Den Juden gilt dieses Amt von jeher als die eigentliche Herrscherwürde; den Königstitel haben sich die Hasmonäer, die seit Generationen den Hohepriester stellen, erst um 100 v. Chr. zugelegt.

Doch wegen seiner nichtpriesterlichen Abstammung kann Herodes das Amt selbst nicht ausfüllen. Also muss er es zumindest kontrollieren.

Oder besser noch: abwerten.

Deshalb beruft er einen unbekannten Mann aus der jüdischen Diaspora, angeblich der Abkomme einer uralten Priesterfamilie. Vor allem aber: ein Niemand ohne Hausmacht.

Doch der an sich geschickte Schachzug trägt Streit in seine Familie. Denn es gibt einen dynastisch würdigeren Anwärter: einen Hasmonäer-Prinzen. Es ist Aristobul, ein Schwager von Herodes, der Bruder seiner Frau Mariamne.

Deren Mutter findet sich mit dem Aufstieg des Idumäers ohnehin schwer ab. Sie muss den Schwiegersohn wegen dessen Machtfülle akzeptieren, verachtet ihn aber. Dass nun ihr Sohn übergangen werden soll, erbittert sie zutiefst.

Dem Historiker Flavius Josephus zufolge gewinnt sie die Unterstützung der ägyptischen Königin Kleopatra, die wiederum ihren Liebhaber Mark Anton veranlasst, den König unter Druck zu setzen. Und tatsächlich: Herodes lenkt ein und ernennt nun doch den Schwager zum Hohepriester (möglicherweise aber erkennt er auch einfach nur, dass es die politischen Verhältnisse in Judäa zu diesem Zeitpunkt stabilisieren wird, den Hasmonäer zu berufen).

Als Aristobul im Jahr 36 v. Chr. zum ersten Mal bei einem großen Fest vor das Volk tritt – ein blühender Jüngling im prächtigen Ornat, der voller Anmut

Auch wenn der Kindermord von Bethlehem nur eine biblische Legende ist (oben ein Gemälde von Giovanni und Vincenzo Pagani, 1517), so ordnet Herodes bei anderen Gelegenheiten häufig die Tötung von Untertanen an. Unter anderem lässt er Dutzende Mitglieder des höchsten jüdischen Rates umbringen, weil sie gegen seine Rom-freundliche Politik opponieren könnten

ALS DÄMON IST ER BEKANNT, ALS MÄZEN VERGESSEN

die Riten vollzieht –, jubeln ihm die Menschen begeistert zu.

Sieht Herodes darin eine Gefahr? Weckt der Jubel seinen Neid?

Noch vor Ablauf eines Jahres jedenfalls kommt der junge Hohepriester im Schwimmbecken eines Königspalasts ums Leben. Für seine Verwandten steht sofort fest, dass es Mord war. Doch Herodes trauert öffentlich und bereitet Aristobul ein glänzendes Begräbnis, um seine Unschuld an dem angeblichen Badeunfall zu demonstrieren.

Gewiss ist, dass von Beginn seiner Herrschaft an Intrigen die Atmosphäre am Hof in Jerusalem prägen. Und dass sich auch der Herrscher nie sicher fühlen kann. Immer wieder offenbaren Spitzel Verschwörungen gegen ihn – und die unter der Folter erpressten Geständnisse der Beschuldigten scheinen ein ums andere Mal den Verdacht zu bestätigen. Herodes kennt auf solche Ränke bald nur eine Antwort: den Tod.

Mindestens zwei weitere Schwager lässt er in den folgenden Jahren hinrichten, dazu höchste Würdenträger, zahlreiche Helfershelfer – und 29 v. Chr. sogar seine Frau Mariamne: Ehebruch und Verschwörung lautet der Vorwurf.

Lässt ihn der vermeintliche Verrat seiner Frau endgültig zu einem unter Verfolgungswahn leidenden Tyrannen werden? Der bald darauf auch die Schwiegermutter beseitigt, Morde an engen Freunden befiehlt, am Ende gar drei seiner eigenen Söhne töten lässt? So jedenfalls schildert es Flavius Josephus.

Ist König Herodes ein Psychopath?

Oder nicht eher ein Kind seiner Zeit?

Denn auch in den Palästen von Alexandria, Damaskus und Rom wird das Spiel um Macht, Ansehen und Reichtum mit bedenkenloser Härte geführt. Wer sich daran beteiligt, weiß, dass er sein Leben riskiert. Und oft bleibt es nicht bei einzelnen Morden, stürzt persönlicher Ehrgeiz ganze Völker in verheerende Kriege und Bürgerkriege.

Die Liebe zum Ruhm bestimmt das Handeln der Hochgeborenen. Sie ist Teil der römischen und mehr noch der griechisch geprägten Reiche im östlichen Mittelmeerraum. Schon die Hasmonäer orientierten sich an dieser Leitkultur.

Anders als bei traditionell denkenden Juden und auch Arabern dieser Zeit bedeutet „Ehre" für die hellenistischen Eliten nicht unbedingte Loyalität zum Stamm, zur Sippe, zu den Gesetzen der Väter – sondern vor allem individuellen Glanz: einen Namen als Feldherr, als Bauherr und Mäzen, als mächtiger und prunkender Herrscher. Die Mittel, diesen Ruhm zu erringen, sind Mut, taktisches Geschick, Rücksichtslosigkeit.

Herodes ist in dieser griechisch-römischen Elitenkultur zu Hause: ein instinktiver Machtmensch in einer von Machtmenschen bestimmten Welt.

Und so handeln auch seine Verwandten bei Hof, die gegen ihn intrigieren, in der Hoffnung, selbst an die Macht zu gelangen. Seine einzige Chance, so muss Herodes es sehen, die Macht zu bewahren sowie den Zerfall des Reiches in Anarchie und Bürgerkrieg zu verhindern, liegt in schonungsloser Härte – gegen jeden echten oder vermeintlichen Gegner.

Im Jahr 32 v. Chr. reißt genau ein solcher Wille zur Hegemonie die mediterrane Welt abermals in den Krieg: Oktavian und Mark Anton treten an, die Alleinherrschaft über das Imperium auszukämpfen.

Als Gefolgsmann des Mark Anton wäre auch Herodes verpflichtet, Truppen zu stellen – er führt jedoch mit Einverständnis seines Schirmherrn Krieg gegen benachbarte Araberstämme.

Es ist ein Feldzug, der Herodes rettet.

Denn Oktavian vernichtet den Gegner; Mark Anton und Kleopatra werden Selbstmord begehen.

30 V. CHR.

Herodes segelt nach Rhodos – unsicher, was er zu erwarten hat: Auf der Insel hält Oktavian Quartier, nun der Alleinherrscher eines Imperiums, das vom Rhein bis zum Euphrat reicht. Wenig später wird er den Ehrennamen Augustus tragen, „der Erhabene".

Herodes tritt ohne sein Königsdiadem vor den Sieger, schlicht gekleidet, wie ein Privatmann. Mit seinem Schutzherrn, sagt er, sei auch er besiegt.

Indes möge der Imperator bedenken, nicht wem – sondern wie er gedient habe: treu, verlässlich, entschieden.

Gut möglich, dass Oktavian bereits selbst auf diesen Gedanken gekommen ist. Vor ihm steht ein bewährter Vasall, der eine notorisch unruhige Region im Griff zu haben scheint und regelmäßig hohe Tribute zahlen, zudem Hilfstruppen und Proviant stellen kann. Es gibt keinen Grund, Herodes auszutauschen – und auch kaum Alternativen.

Der Römer bestätigt den König im Amt, erneuert den Ehrentitel „Verbündeter und Freund des römischen Volkes" und setzt ihm das Diadem wieder auf.

Die Stellung des Idumäers ist gefestigter denn je. Mehr noch: Oktavians Vertrauen in Herodes ist so groß, dass er dessen Reich in den folgenden Jahren immer neue Landstriche hinzufügt: Teile der Provinz Syrien, Gebiete weniger fähiger Vasallen, Feindesland – florierende Küstenstädte und Palmenplantagen, aber auch karge, unbefriedete Gegenden, die Herodes erst kolonisieren muss.

Am Ende umfasst sein Herrschaftsgebiet die Mittelmeerküste von Gaza bis fast zum heutigen Haifa, den größten Teil des Landes um den Jordan bis zu dessen Quellflüssen sowie weite Wüstengebiete östlich des Stroms.

Und Herodes zeigt sich des vergrößerten Reichs würdig. Er lässt komplexe Systeme aus Wasserleitungen und Staubecken bauen, um dürres Land fruchtbar zu machen, siedelt einheimische Landlose und auswärtige Bauern als königliche Kolonisten an.

Die Bauern, Hirten, Fischer und Handwerker, die die Mehrheit seiner Untertanen ausmachen, genießen nach Jahrzehnten des Kriegs und Bürgerkriegs nun Frieden. Straßen und Karawanenrouten sind sicher; der Handel bringt gute Profite.

Unter dem Protektorat des Augustus steigt Herodes binnen weniger Jahre zum mächtigsten Regionalfürsten im Osten des Imperiums auf. Und schon bald begibt er sich daran, diesen Rang weithin sichtbar zu machen; er gibt große Bauprojekte in Auftrag.

In Jerusalem und Jericho errichtet er neue, prächtige Paläste. Zudem lässt er die im Land angelegten Festungen erweitern. Die stärkste von ihnen ist Masada, eine Bergfeste am Westufer des Toten Meeres. Noch von den Hasmonäern erbaut, gilt sie als nahezu uneinnehmbar. Gleichwohl lässt Herodes die Burg auf dem Gipfelplateau des steil emporragenden Felsens mit einer fast 1,5 Kilometer langen, sieben Meter hohen und vier Meter dicken Mauer sowie zahlreichen Türmen verstärken.

Da ihm der alte Palast im Norden der Anlage als zu schäbig erscheint, vergrößert und verschönert Herodes ihn spektakulär: Eine Abfolge teils natürlicher, teils in den Fels gehauener und gemauerter Terrassen senkt sich den Hang hinab. Der König lässt sie mit Stiegenhäusern verbinden, eine von Säulen umstandene Aussichtsplattform, Gebäude, ein Badehaus darauf anlegen.

Mauern und Fels werden getüncht, sodass der Unterschied kaum mehr zu erkennen ist; kostbare Mosaiken zieren die Böden, Malereien und teures Zedernholz vom Libanon die Wände.

Masada vereint, was Herodes zeigen will: Stärke und Pracht. Doch die Festung ist eine gleichsam private Anlage.

Wahren Glanz erwirbt ein Großer erst mit freigebigen Geschenken und Stiftungen, mit öffentlichen Bauten. Es gibt daher kaum eine Gegend Judäas und kaum eine Region des östlichen Mittelmeers, der Herodes keine Wohltat erweist; vor allem zahlreiche griechische Inseln und Städte bedenkt er in der Absicht, über sein Reich hinaus, durch den gesamten Osten des Imperiums zu strahlen.

Er baut Badehäuser, Brunnen, Säulengänge, Marktplätze. Einen Aquädukt in Laodicäa, ein marmornes Straßenpflaster in Antiochia, ein Theater für Damaskus, einen Tempel auf Rhodos – die Liste ist lang. Sie kündet Zeitgenossen und Nachwelt von der Macht und den Ressourcen des Königs Herodes von Judäa.

Tatsächlich sind seine Mittel gewaltig. Herodes, schon durch sein Erbe reich geworden, hat die Vermögen oppositioneller Aristokraten sowie die riesigen Ländereien der Hasmonäer an sich gebracht. Seine Plantagen bei Jericho liefern Dattelwein und Balsam für die Parfümherstellung, in seinen Häfen werden Weihrauch und kostbare Gewürze von arabischen Karawanen auf Schiffe nach Westen umgeschlagen und mit kräftigen Zöllen belegt; das Land wirft stattliche Steuern ab.

Nach dem Tod des Herodes wird das Reich unter seinen drei Söhnen aufgeteilt. Herodes Antipas, der die Regionen Galiläa und Peräa erhält, lässt der Bibel zufolge Johannes den Täufer inhaftieren, nachdem dieser ihn kritisiert hat. Wenig später enthauptet ein Scharfrichter den Endzeitprediger – und der Herrscher überlässt dessen Kopf seiner Enkelin Salome (unten, Gemälde von Antoniazzo Romano, um 1490)

Zudem hat Herodes als Vasall den römischen Frieden zu achten – und spart viel Geld, das er sonst für Feldzüge und Eroberungen ausgeben müsste. Das Reich wächst weitgehend friedlich, durch die Schenkungen des Augustus.

UM 20 V. CHR.

Jetzt beginnt Herodes sein bis dahin gewaltigstes Bauprojekt: eine Stadt, geschaffen wie aus dem Nichts. Er wählt eine verfallene Küstensiedlung, die Augustus ihm überlassen hat, um dort eine große, moderne Hafenmetropole zu errichten, wie sie seinem Reich noch fehlt.

Caesarea – benannt nach Augustus, dem neuen Caesaren – soll die zweite Hauptstadt seines Reiches werden.

Zwischen zwei kleinen Landspitzen heben Arbeiter auf dem Festland eine große Grube aus, drei bis vier Meter tief: das künftige Hafenbecken. Sie legen einen Kai und Piers an.

Dann versenken sie, von den Landspitzen ausgehend, große Felsblöcke im Meer und treiben so zwei starke Molen hinaus. Rechts und links der Durchfahrt ragen schon bald Kolossalstatuen und ein Leuchtturm auf. Auf den breiten Molen finden Mauern und Wehrtürme Platz, Gewölbe für Schiffsmannschaften.

Nach Abschluss der Arbeiten wird die Baugrube geflutet. Der Hafen erhält zwei innere Becken, ausgestattet mit Liegeplätzen, Werften, Docks.

Es ist einer der größten Häfen am Mittelmeer, vielleicht größer als der des athenischen Piräus. Und erbaut mit der neuesten römischen Technik, insbesondere dem massenhaft verwendeten, auch im Wasser bindenden Beton; selbst das Material für dessen Herstellung lässt Herodes aus Italien heranschaffen.

Die Stadt, die Herodes um diesen Hafen errichten lässt, ist eine Mischung aus hellenistischer und römischer Welt – und soll Staunen erregen.

Direkt am Hafen erhebt sich eine weitläufige künstliche Hügelanlage, darauf ein großer Tempel mit Kultstatuen des Augustus und der Roma, der göttlichen Versinnbildlichung Roms. Er ist ebenso wie die anderen meerseitigen Bauten aus weißem Marmor gefügt und von See wie von Land weithin sichtbar.

AM MEER ERSCHAFFT ER EINE ZWEITE HAUPTSTADT

Die Straßen der eigentlichen Stadt bilden ein Schachbrettmuster, viele Mauern sind bunt verputzt; es gibt eine Kanalisation und Aquädukte, die Frischwasser heranführen.

Und weil jede wichtige römische Stadt über ein Theater verfügt, in dem Schauspiele und Musik aufgeführt werden, über eine Bahn für Pferde- und Wagenrennen sowie ein Amphitheater für Gladiatorenkämpfe und Tierhatzen, stattet Herodes auch Caesarea mit diesen Einrichtungen aus.

Der neue Ort ist ein grandioses Werk – monumental selbst nach den Ansprüchen dieses auf Monumentalität versessenen Königs. Eines fast manischen Baumeisters des eigenen Glanzes, in seiner Schaffenskraft übertroffen nur von wenigen seiner Zeit.

Dafür aber riskiert Herodes, in seinem Stammland nicht mehr verstanden zu werden. Zwar herrscht er um das Jahr 20 v. Chr., nach den vielen Übertragungen durch Augustus, längst über ein Gemisch von kleineren Volksgruppen unterschiedlicher Sprachen und Religionen. Doch der Kern ist jüdisch. Und dort, in Judäa, sehen viele die Bauwut des Königs mit Misstrauen: die Stiftungen und Geschenke an die Heiden, die Tempel voller Götterbilder.

Ist der auftrumpfende König nicht selbst ein halber Heide, von Geburt, vor allem aber dem Benehmen nach?

Und wer sagt denn, dass sich nicht auch hinter den Mauern seiner Paläste verbotene Menschen- und Tierbilder finden, dass dort die jüdischen Speise- und Reinheitsgebote noch geachtet werden? Presst er nicht die eigenen Leute aus, um die Fremden ehrfürchtig zu stimmen?

Viele beargwöhnen den Monarchen, und nicht wenige hassen ihn. Für seine Gegner bleibt Herodes ein illegitimer Machthaber aus einer unwürdigen Familie.

Auf Kritik an seiner Herrschaft reagiert der König empfindlich. Er verfügt ein generelles Versammlungsverbot, lässt seine Geheimpolizei Missmutige und Aufsässige einkerkern, foltern und töten. Mag sein, dass Herodes die Fanatiker schlicht nicht versteht; dass sie ihm töricht und unzivilisiert vorkommen.

Denn in gewissem Sinne lässt er sich als Modernisierer begreifen, der seinem Land und Volk Anschluss an die mediterrane Weltkultur schaffen will – und zu diesem Zweck kurzerhand lange tradierte Einrichtungen beseitigt.

Den alten priesteradeligen Gerichts- und Staatsrat, den Sanhedrin, entmachtet er und schafft sich einen Kronrat nach hellenistischen Vorbildern: Wann immer es ihm gefällt, ruft der König politische Freunde und Verwandte zusammen, um deren Meinung zu hören – oder seinen Willen bestätigen zu lassen.

Das Hohepriesteramt besetzt er mit wechselnden Marionetten; um die Regel, dass es auf Lebenszeit verliehen werden soll, schert er sich nicht.

Ähnlich eng kontrolliert er die Armee, Kelten, Germanen sowie Thraker vom Balkan bilden die Leibwache – Krieger, die aus der Fremde kommen und allein von ihrem Soldherrn abhängig sind.

Zudem bietet Herodes Heiden die Chance, Karriere in seiner Verwaltung zu machen – etwa dem Griechen Ptolemaios, der ihm als Finanzminister dient –, und umgibt sich mit Gelehrten und Intellektuellen wie dem Philosophen Nikolaos von Damaskus.

Andererseits: Zumindest in Judäa achtet Herodes auf die jüdischen Gesetze. Er hält im Allgemeinen das Bilderverbot ein, auch wo die Öffentlichkeit ausgesperrt bleibt – undenkbar, dass er im jüdischen Kernland eine Augustus- oder Roma-Statue aufrichten ließe.

Seine Schwiegersöhne müssen sich beschneiden lassen; die scharfe römi-

sche Fischsauce *garum,* die er wie Obst, Wein und vieles andere aus Italien importiert, wird dort eigens für ihn koscher hergestellt.

Die Frauen, die er nach Mariamnes Hinrichtung heiratet, sowie die Ehen, die er für seine Söhne arrangiert, verbinden ihn mit wichtigen Familien des Reichs. Und längst nicht mit jedem Schriftgelehrten liegt der König im Streit. Selbst zu manchen radikalen Sektierern unterhält er freundschaftliche Beziehungen.

Denn dies ist sein drittes Talent, neben dem zu brutaler Unsentimentalität und dem Genius der Selbstinszenierung: den Griechen ein Grieche zu sein, den Juden ein Jude – und Augustus ein vertrauenswürdiger Freund (wie auch dessen Schwiegersohn Agrippa, dem zweiten Mann des Imperiums).

Beider Freundschaft erlaubt ihm wiederum, den vielen jüdischen Diaspora-Gemeinden in Kleinasien und Griechenland das Privileg zu sichern, nach ihren traditionellen Gebräuchen zu leben – auch dort, wo die Stadtoberen dies als Ärgernis empfinden.

All das erkauft Herodes teuer, mit fürstlichen Geschenken und Tributen. Die Steuern sind hoch, und sie werden rigide eingetrieben. In Hungerjahren jedoch erlässt er sie, importiert auf eigene Kosten Getreide. Die Zölle auf Luxusgüter belasten vor allem Kaufleute und Fremde, nicht die einfachen Leute. Und selbst seine ehrsüchtigen, verschwenderischen Bauten bringen zugleich Tausende in Lohn und Brot.

18 V. CHR.

Herodes, inzwischen Mitte Fünfzig, tritt vor eine Versammlung seiner Untertanen und preist seine bisherige Herrschaft. Judäa lebe in Frieden und Wohlstand wie nie zuvor, hebt er an.

Der Anlass der Rede ist gewichtig: Soeben hat er mit einem Bau begonnen, der ihm endlich auch als jüdischem König und Diener Jahwes unsterblichen Ruhm einbringen soll. Er macht sich daran, den großen Tempel in Jerusalem wieder in vollem Glanz zu errichten.

Einst hat König Salomo dem Gott der Juden ein Haus gebaut, das jedoch 587 v. Chr. die Babylonier zerstörten. Seit

Gegen Ende seiner Amtszeit im Jahr 4 v. Chr. hat Herodes das Reich der Juden zu stattlicher Größe geführt. Es erstreckt sich vom heutigen Libanon im Norden bis an den Südrand des Toten Meeres. Die wenigsten Gebiete hat er erobert, die meisten sind Schenkungen von Kaiser Augustus: als Dank für den treuen Vasallen Roms

516 v. Chr. steht auf der gleichen Anhöhe in Jerusalem wieder ein Tempel, doch es ist kaum mehr als ein form- und schmuckloser Behelfsbau.

Nun lässt Herodes gigantische Gesteinsmassen bewegen, um zunächst die alte Fundamentfläche zu verdoppeln – es dauert allein acht Jahre, den Tempelberg umzuschichten. Bis zu 18 000 Menschen gleichzeitig arbeiten auf der Anlage; es ist eines der gewaltigsten Bauvorhaben seiner Zeit. Eigens werden Priester zu Handwerkern ausgebildet, um das Allerheiligste einzurichten, das kein Ungeweihter betreten darf. Als der Tempel um das Jahr 10 v. Chr. in Gebrauch genommen werden kann, übertrifft er an Pracht alles, was Jerusalem bis dahin kannte (siehe Seite 102).

Der neue Tempel ist mehr als eine eindrucksvolle Kultstätte. Er rückt Herodes in die Nähe der größten Könige Israels, Davids und Salomos: Erstmals dehnt sich das Reich wieder so weit aus wie unter den beiden legendären Herrschern – und in der Mitte, wo jahrhundertelang eine Wunde klaffte, steht wieder ein Tempel für Israels Gott Jahwe. Nur größer, imposanter. Mit dem Reich und dem Tempel hat Herodes den Juden ihre kostbarsten Güter zurückgegeben.

Sieht er sich selbst als Messias, den in der Tora verheißenen Erlöserkönig?

Wenn es so ist, dann hat er von dieser Rolle keine rein jüdische Auffassung: Herodes blickt auf das Werk des Augustus, seines übermächtigen Freundes, der nach kriegerischen Jahrzehnten der Welt Frieden und Wohlstand gebracht hat und deshalb als gottähnlicher Herrscher verehrt wird, als Vater eines goldenen Zeitalters.

Hat er, Herodes, dazu nicht seinen Teil beigetragen? Ist er nicht der wichtigste Gefolgsmann des römischen Herrschers im Osten: jener Fürst, der die neue, heilsame Ordnung in einer unruhigen Region sichert und repräsentiert – selbst ein kleiner Augustus?

Und zeigen seine Macht, der Frieden, die Wohlfahrt, zeigt der Tempel nicht, dass der Himmel ihn auserwählt hat, alles wirklich werden zu lassen, das Israel verheißen war – unter dem Schirm des mächtigen römischen Imperiums?

Er mag so gedacht haben.

Doch die Frommen in Judäa sehen es immer noch anders. Sie wollen nichts wissen von einem römischen Frieden. Frevel und Fremdherrschaft, Götzendienst und Gewalt, kurz: Sünde – das ist alles, was sie erkennen. Dereinst, sind sie gewiss, wird der wahre Messias kommen und den Römerknecht und anmaßenden Idumäer vom Thron stoßen.

Doch noch regiert er. Auch wenn er im Alter von Krankheiten gepeinigt wird, auch wenn sich die Komplotte an seinem Hof wieder häufen.

Möglicherweise wird er in diesen Jahren wirklich nervenkrank, wandelt sich seine Furcht vor Verschwörungen in offene Paranoia. Sicher ist, dass die Spannungen in seinem Reich zunehmen, religiöser Eifer und Hoffnungen auf den Erlöser grassieren.

Und dann kommt es zum Eklat.

Lateinamerikas Herz schlägt in zwei Ländern: Peru und Bolivien.

olle Rebbe

Neu, jetzt auch mit DVD erhältlich*

*Heft ohne DVD: 8,00 € (A: 9,00 €/CH: 15,80 CHF). Heft mit DVD: 15,90 € (A: 17,90 €/CH: 33,00 CHF).

www.geo-special.de

Peru und Bolivien entdecken mit GEO

Über einem der Jerusalemer Tempeltore prangt ein goldener Adler. Herodes betrachtet ihn als sein Weihgeschenk an Jahwe – zugleich aber wohl als Zeichen seines Ruhms und nicht zuletzt als eine Anspielung auf die Schutzmacht, der er und sein Land alles zu verdanken haben: Der Adler ist das geheiligte Symbol des Römischen Reichs, des Imperators und seiner Legionen.

Der strengen Religionspartei der Pharisäer aber ist er von Beginn an zuwider. Denn die Tora, das jüdische Gesetz, verbietet Tierbilder.

Als zu Anfang des Jahres 4 v. Chr. das Gerücht geht, der nun etwa 73-jährige, kranke König liege im Sterben oder sei bereits tot, stürmt eine Gruppe fundamentalistischer Religionsschüler auf den Tempelberg.

Ein Trupp lässt sich an Seilen vom Dach des Heiligtums herab und beginnt mit Äxten auf den verhassten Adler einzuschlagen. Immer mehr Menschen strömen hinzu. In frommer Raserei zerstören die Fanatiker das goldene Tier. Da marschieren Soldaten auf und treiben die Leute auseinander; rund 40 Aufrührer werden verhaftet.

Herodes, tatsächlich sterbenskrank, tobt vor Wut. Er versammelt die Vornehmsten des Volkes und hält eine zornige, verbitterte Rede: Obwohl er mehr erreicht habe für den Tempel und für das Volk als seine Vorgänger in all der Zeit ihrer Herrschaft, ernte er nicht Lob und Dank, sondern Missachtung, Unverschämtheit und Ignoranz – bis hin zur Tempelschändung.

Was soll geschehen mit den Frevlern? Niemand in der Versammlung wagt es, den Monarchen noch weiter zu reizen. Sie fordern eine strenge Bestrafung.

In der Nacht zum 13. März werden zwei Pharisäer und etliche Rädelsführer lebendig verbrannt, weitere Schuldige hingerichtet. Der Hohepriester selbst wird abgesetzt und ein neuer ernannt.

Herodes muss dennoch ahnen, dass er gescheitert ist. Trotz aller Erfolge, ungeachtet seines Ruhms und Reichtums: Viele seiner Untertanen fürchten, hassen und verachten ihn. Sie wollen kein Großreich vieler Völker und Religionen, sondern einen jüdischen Staat. Keinen königlichen Tempel, sondern die buchstabengenaue Befolgung der biblischen Gesetze. Keinen römischen Frieden, sondern Unabhängigkeit. Und: Fieberhaft erwarten sie den wahren Messias.

NOCH IM TODESJAHR WIRD SEIN REICH GETEILT

Derweil befiehlt Herodes vom Sterbebett aus eine letzte Hinrichtung. Sein Sohn, der Kronprinz Antipater, wird bezichtigt, in ein Komplott verwickelt zu sein. Ob Antipater einer Verleumdung zum Opfer fällt, muss Spekulation bleiben. Herodes jedenfalls lässt sich von der Schuld seines Sohnes überzeugen – und ist selbst im Angesicht des eigenen Todes nicht bereit zur Gnade. Im März wird Antipater hingerichtet.

Kurz darauf stirbt der König.

Sein Leichnam wird auf eine goldene, mit Edelsteinen besetzte und von einem Purpurteppich bedeckte Bahre gelegt. Auch der tote Körper selbst ist in Purpur gekleidet, mit Diadem und goldenem Kranz bekrönt; zu seiner Rechten liegt das Szepter. So geben ihm seine Truppen und sein Hof das letzte Geleit zum Grab im Herodeion – jener Palastanlage südlich von Jerusalem, die der König nach sich selbst benannt hat. Schon zu Lebzeiten hat er sich dort eine Begräbnisstätte herrichten lassen: um noch im Tod seinen Ruhm und Glanz zu mehren.

Das Herodeion erhebt sich am Ort eines frühen Sieges des Herodes. Auch hier ist eine Hügelspitze geebnet, sind starke Mauern und Treppen aus Marmor angelegt worden, führt ein Aquädukt Wasser heran. Auch das Herodeion verfügt über Bäder, Gärten, luxuriöse Wohnräume, gebietet über eine neugegründete Siedlung. Hier, so mag der König es sich ausgemalt haben, könnten seine Nachfolger einkehren und an seinem Grab dem überragenden Gründervater einer mächtigen Dynastie die Ehre erweisen.

Doch noch im Todesjahr des Herodes wird das Königtum erschüttert, begehren Untertanen auf, von religiösem Unmut angetrieben; die Römer kreuzigen Tausende.

Augustus teilt das Reich zwischen den drei überlebenden Söhnen des Monarchen. Und als die sich nicht bewähren, unterstellt der Kaiser zehn Jahre später die Zentralregion des Landes direkter römischer Verwaltung.

Herodes, der Verbündete, war ihm ein Freund, doch dessen Nachruhm muss nun hinter der Pragmatik imperialer Macht zurückstehen.

Der Hafen von Caesarea wird versanden und die Stadt schließlich verfallen; ebenso der Tempel, die Festung Masada, das Herodeion, von dem später kaum mehr als einige Grundmauern und ein vulkangleicher Kegel in karstiger Landschaft zeugen.

Schlimmer noch ergeht es dem historischen Andenken ihres Schöpfers. Schon bald sehen die jüdische wie die christliche Tradition in ihm nicht einen glänzenden Monarchen, einen Friedensfürsten und Zivilisationsbringer, einen König Israels wie wenige vor und keinen nach ihm – sondern einen Verräter seines Volkes, einen Gottesfeind und Mörder, ja einen Wahnsinnigen.

In einer biblischen Sammlung von Weisheiten, die Herodes' großem Vorgänger Salomo zugeschrieben wurde, heißt es: „Doch dann dachte ich nach über alle meine Taten, die meine Hände vollbracht hatten, und über den Besitz, für den ich mich bei diesem Tun angestrengt hatte. Das Ergebnis: Das ist alles Windhauch und Luftgespinst."

So blieb auch Herodes dem Großen statt ewiger Ehre nur: ein berüchtigter Name. ☐

***Literaturempfehlungen:** Linda-Marie Günther, „Herodes der Große", Wissenschaftliche Buchgesellschaft; trennt auf nüchterne, aber gut lesbare Weise Wahrheit und Mythos. Abraham Schalit, „König Herodes", de Gruyter; der Klassiker zum Thema Herodes, wenn auch in einigen Interpretationen überholt.*

Mathias Mesenhöller, 41, arbeitet als Historiker am Geisteswissenschaftlichen Zentrum Geschichte und Kultur Ostmitteleuropas in Leipzig. Herodes der Kindermörder war ihm aus dem Kindergottesdienst bekannt. Im Zuge der Recherche hat er stattdessen einen großen, verzweifelten Herrscher entdeckt – und war zunehmend von ihm gefesselt.

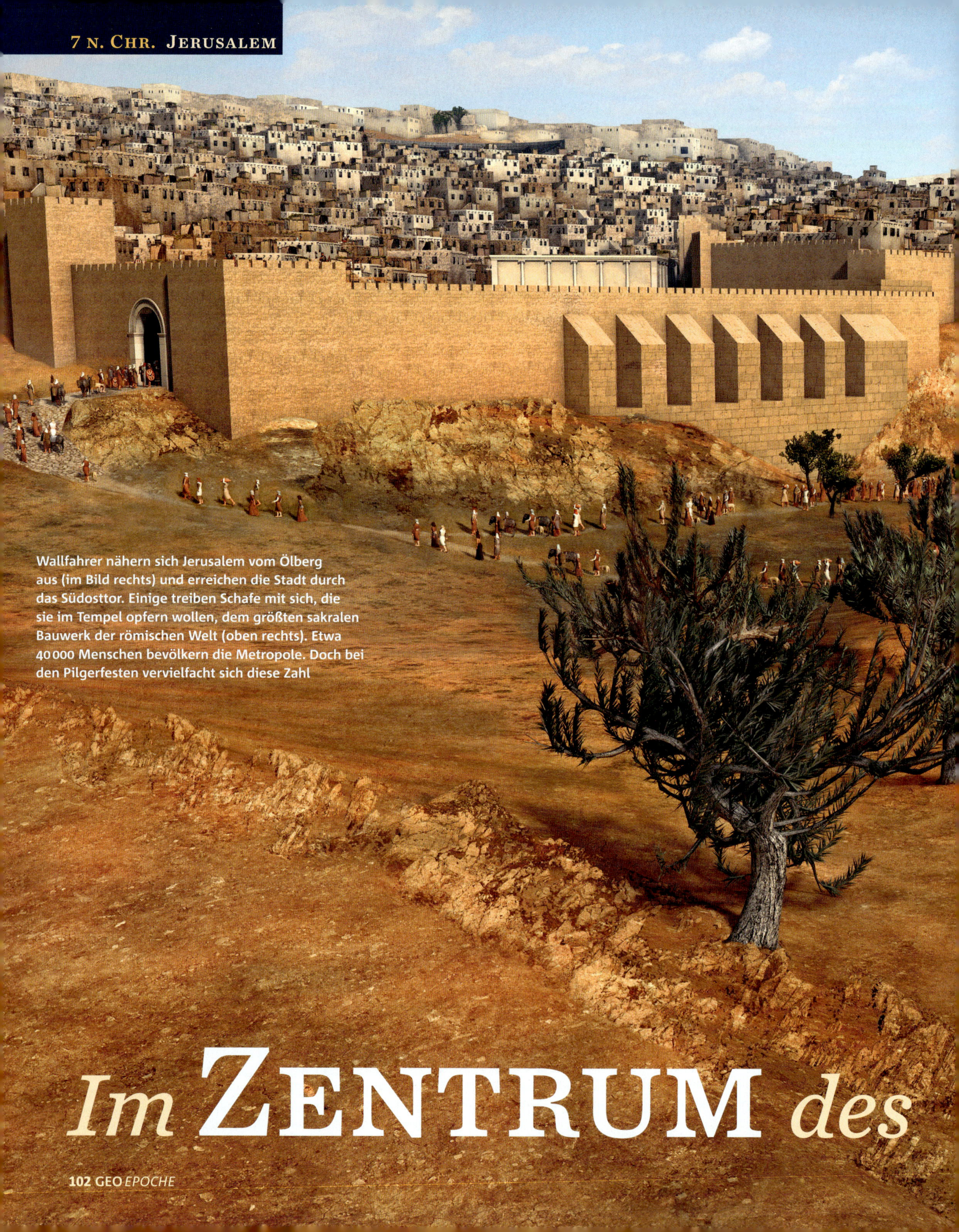

Wallfahrer nähern sich Jerusalem vom Ölberg aus (im Bild rechts) und erreichen die Stadt durch das Südosttor. Einige treiben Schafe mit sich, die sie im Tempel opfern wollen, dem größten sakralen Bauwerk der römischen Welt (oben rechts). Etwa 40 000 Menschen bevölkern die Metropole. Doch bei den Pilgerfesten vervielfacht sich diese Zahl

Im ZENTRUM *des*

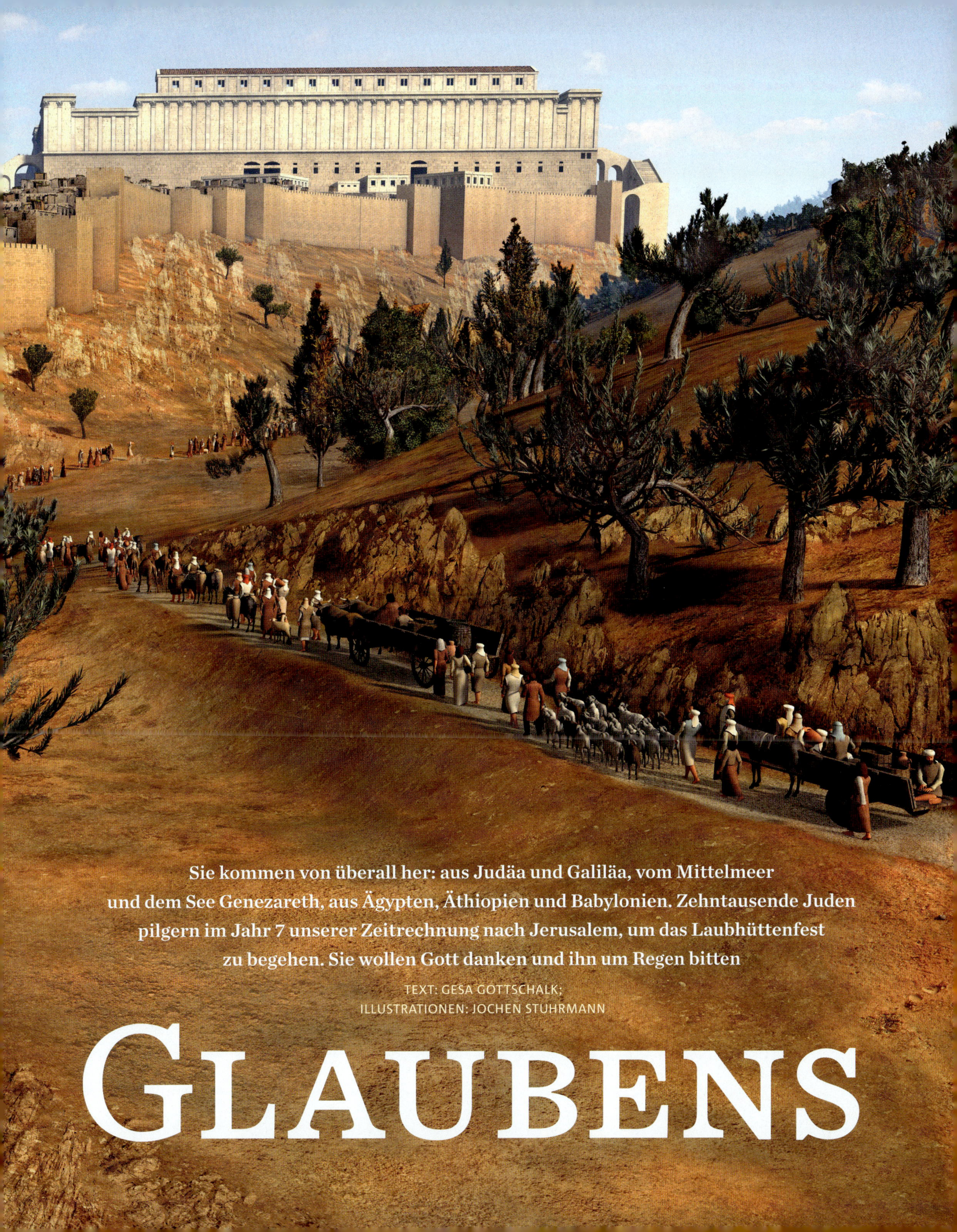

Sie kommen von überall her: aus Judäa und Galiläa, vom Mittelmeer und dem See Genezareth, aus Ägypten, Äthiopien und Babylonien. Zehntausende Juden pilgern im Jahr 7 unserer Zeitrechnung nach Jerusalem, um das Laubhüttenfest zu begehen. Sie wollen Gott danken und ihn um Regen bitten

TEXT: GESA GOTTSCHALK;
ILLUSTRATIONEN: JOCHEN STUHRMANN

GLAUBENS

Nachdem die Pilger das Südosttor durchschritten haben, ziehen sie auf einer breiten Straße durch das Gassengewirr der Unterstadt Richtung Tempel. Sie passieren ein Badehaus (rechts unten), das von jener Quelle gespeist wird, deren Wasser der Hohepriester für die tägliche Morgenzeremonie während des Laubhüttenfestes am Tempelaltar schöpft. Auf den Häusern stehen kleine Hütten, gedeckt mit Palmwedeln – Symbole für Gottes Fürsorge und Herbergen zugleich: Viele von ihnen hat die Stadt für die zahllosen Wallfahrtsgäste während der sieben Tage andauernden Feierlichkeiten errichten lassen. Reichere Pilger kommen oft bei Bekannten in den großen Anwesen der Oberstadt unter (oben links)

Die kleinen Straßen winden sich die Ostseite des Ölbergs hinauf, durch Weiler wie Betfage und Bethanien. Hunderte Pilger steigen an diesem Herbsttag den Berghang empor, staubbedeckt vom langen Weg durch die Steinwüste: Männer und Frauen aus Galiläa, Familien aus Jericho, Bauern aus der Umgebung, die Lämmer mit sich treiben. Denn die ersten männlichen Jungen der Mutterschafe sollen im Tempel geopfert werden.

Eine spätere Zeitrechnung wird dies das Jahr 7 nach Christus nennen. Für die jüdischen Pilger aber ist es das Jahr 3768 – und das Jahr 2 der römischen Besatzung. Ein Jahr ist vergangen, seit Kaiser Augustus den unfähigen Sohn und Nachfolger Herodes des Großen nach Rom zitiert und später verbannt hat; seither ist Judäa der römischen Provinz Syrien unterstellt.

Die meisten Menschen, die den Ölberg erklimmen, sind im vergangenen Jahr gezählt worden, auf Befehl des syrischen Legaten Quirinius: Er wollte wissen, wie viel Kopfsteuer aus diesem neuen Teil des römischen Reiches zu erwarten ist, ein Denar pro Einwohner.

Und mancher Pilger kennt sicherlich die Gerüchte von religiösen Eiferern, die gegen die Römer kämpfen wollen. Judas der Galiläer etwa verdammt die neue Steuer und geißelt jegliche Verehrung des römischen Kaisers: Keiner Gottheit und keinem Menschen dürfe neben Jahwe gehuldigt werden. Schon sammeln sich militante Fromme um den Galiläer, wächst das Grüppchen, langsam noch, zu einer Bewegung an.

Doch wer die 1200 Meter aus dem Jordangraben erklommen hat, wer die Passhöhe erreicht, der denkt zumindest einen Augenblick lang nicht mehr an Politik und fremde Mächte. Plötzlich liegt sie vor den Pilgern: die Heilige Stadt, der Mittelpunkt des Judentums.

Viele Reisende haben seit Tagen nur abgeerntete Felder gesehen, knorrige Olivenbäume, die flachen Steinbauten der Bauern, Ziegenherden, Weinstöcke, an denen die letzten nicht gelesenen Trauben vertrocknen. Ein Land, das auf den Herbstregen wartet.

Jetzt blicken sie hinab auf eine der prachtvollsten Kapitalen des römischen Imperiums. Zehn Maß Schönheit verteilte Gott an die Welt, so wird es dereinst im babylonischen Talmud heißen, und neun Maß erhielt Jerusalem.

Keine Stadt Judäas gleicht ihr. Die Abendsonne, die hinter dem gegenüberliegenden Hügel untergeht, zeichnet Licht und Schatten auf die steinernen Mauern der Stadt. Im Westen ragt der Palast des Herodes empor, des größten Bauherrn von Judäa. Seit elf Jahren ist der König tot, doch Jerusalem erinnert noch überall an ihn.

Drei mächtige Türme bewachen seinen Palast: Phasael, Hippicus und Mariamne. Der Bau liegt unmittelbar an der Stadtmauer, die Herodes mit vielen Wachtürmen verstärken ließ.

Die Mauer umfasst die gesamte Kapitale – läuft Täler entlang, die Jerusalem zum Teil wie ein natürlicher Graben umschließen, erklimmt Hügel, überquert das Tyropoion-Tal, das das Gassenlabyrinth der Unterstadt durchschneidet, erstreckt sich am Fuß des Ölbergs und umschließt auf der anderen Seite der Stadt die größte Herrlichkeit von allen: den Tempel. Die Wohnstatt des einzigen Gottes, das heilige Zentrum der Heiligen Stadt im Heiligen Land.

Herodes hat die Grundfläche des Tempelgeländes verdoppeln lassen – jetzt ist es die größte Sakralanlage der römischen Welt. Auf einem gewaltigen, annähernd rechteckigen, mit Steinen senkrecht ummauerten Fundament – dem Tempelberg – ruhen die Außenmauer sowie die Tempelgebäude, die von ihr umschlossen werden.

Bis zu 40 Meter ragt der Steinkoloss empor, auf einem Areal von mehr als 140 000 Quadratmetern. Im Abendlicht leuchten die Fassaden der Tempelbauten aus weißem Marmor, mancher Betrachter mag sich an einen schneebedeckten Hügel erinnert fühlen.

Über die Außenmauern erhebt sich strahlend das Heiligtum in der Mitte des Tempelbergs. Die goldenen Spitzen auf seinem Dach funkeln.

Doch die Pracht des sakralen Gebäudes wird von einem für Juden höchst frevelhaften Bau gestört: der Burg Antonia an der Nordseite des Tempelbergs. Herodes hat sie errichtet, um seine Untertanen zu kontrollieren. Eine Kohorte Soldaten ist dort stationiert, direkt neben dem heiligsten Ort des Judentums.

Die Pilger steigen hinab in das Kidron-Tal, einen steilen Graben östlich der Mauern Jerusalems. Sie kommen an Monumentalgräbern vorbei – die Stadt ist von Nekropolen umgeben. Denn nichts ist unreiner als der Tod, deshalb darf innerhalb der heiligen Mauern niemand bestattet werden, darf ein Leichnam nicht einmal über Nacht in Jerusalem bleiben.

Doch der Weg ins Kidron-Tal ist eher tröstlich als bedrückend: Wer hier zur ewigen Ruhe gebettet ist, liegt im Angesicht des Tempels. Vor allem die Grabmale der Reichen und Mächtigen, der Toten aus den Familien der Hohepriester, säumen den Weg der Pilger.

Hier – etwa auf dem Landgut Gethsemane, dem „Ort der Olivenpresse“ – spenden Olivenbäume Schatten, bieten Wiesen Platz zum Lagern, öffnen sich kühle Höhlen und Grotten, in denen die Pilger übernachten können, auch Zelte hat die Stadt aufschlagen lassen. In der Nähe verkaufen Händler Opfertiere.

Einige Pilger biegen deshalb vom Weg ab und suchen sich bereits hier einen Platz für die Nacht.

ERST NACH DER RITUELLEN REINIGUNG MACHEN

SICH DIE PILGER AUF ZUM HEILIGTUM

Die anderen nähern sich der Stadtmauer. Der Hohe Rat, in dem Männer aus der Oberschicht Recht sprechen und Verwaltungsaufgaben für die Römer übernehmen, hat vorgesorgt für die Gäste, hat Bäume pflanzen lassen als Sonnenschutz, die Straßen und Wege rechtzeitig ausgebessert und kostenlose Schlafplätze eingerichtet.

Die 40 000 Einwohner Jerusalems sind es gewöhnt, dass sich mehrmals im Jahr ihre Zahl vervielfacht. Dreimal jährlich sollen männliche Juden zum Tempel pilgern, so befiehlt es die Tora: an Passa im Frühling, wenn an den Auszug aus Ägypten erinnert wird, zu Schawuot im Frühsommer, an dem die Gläubigen die Weizenernte feiern, und zum Laubhüttenfest Sukkot im Herbst.

Zu diesem sieben Tage dauernden Fest strömen die Pilger nun in die Stadt, und wie immer sind es mehr als zu den anderen Feiern. Denn wer hat schon Geld und Muße, um im Frühling während der Aussaat eine Reise zu machen? Oder im Sommer, während der Ernte?

Nun aber sind die Trauben verlesen, alle Früchte gepflückt, und das Getreide ist eingebracht. Auch Bauern und Landarbeiter können jetzt die Höfe für einige Tage den Frauen und Alten überlassen und ihre Pflicht vor Gott erfüllen.

Es ist eine angenehme Pflicht: Viermal in sieben Jahren sollen die Gläubigen einen Zehnt ihrer Ernte in Jerusalem verbrauchen, als Opfer – und als Festessen.

Keine Feier ist fröhlicher und ausgelassener als das Laubhüttenfest. In den kommenden sieben Tagen werden die Menschen Gott für die Ernte danken und ihn um Regen bitten. Die Nächte werden viele von ihnen in Hütten aus Zweigen verbringen, gedeckt mit Palmwedeln und Weinreben.

Diese Tradition geht vermutlich auf die Unterkünfte der Erntearbeiter zurück, inzwischen aber haben die Gelehrten sie umgedeutet: Auf diese Weise soll der Fürsorge Gottes während des Auszugs aus Ägypten gedacht werden.

Wer in der Nähe wohnt, hat seine Tiere mit sich getrieben. Doch die meisten Pilger tragen den Zehnt in einem Lederbeutel am Gürtel: Sie werden mit ihrem Geld morgen in Jerusalem Opfertiere erwerben.

Im Kidron-Tal trennen sich wahrscheinlich die Wege der Pilger. Die meisten folgen der Stadtmauer nach links in die Unterstadt, auf der Suche nach einem einfachen Schlafplatz. Einige Reiche biegen dagegen nach rechts ab, um am Tempel vorbei in die Oberstadt zu gelangen. Möglicherweise betreten sie die Stadt durch das Nordtor.

Die gewaltigen Holztore stehen offen, auf den Türmen halten Soldaten Wache. Im Schatten des Torbogens sitzen Geldwechsler, einige Männer stehen herum und widmen sich dem Glücksspiel.

In der Oberstadt kommen viele wohlhabende Pilger in den Villen von Freunden oder Verwandten unter. Welch ein Unterschied zu den bäuerlichen Gehöften, die sie auf dem Weg nach Jerusalem gesehen haben! Die Reichen der Stadt, die Zolleintreiber, Gutsbesitzer und der Hohepriester, leben modern.

Die jahrhundertelange Herrschaft hellenistischer Machthaber mag wenig Einfluss auf die bäurische Lebensweise in Galiläa gehabt haben, die Städter aber hat sie verändert. Sie kleiden sich wie die Griechen, mit einem Unterkleid und einem zum Mantel drapierten Tuch darüber, sie sprechen Griechisch, und sie philosophieren über die Tora, als sei sie ein Werk von Platon oder Aristoteles.

Herodes hat hier sogar ein Theater nach hellenistischem Vorbild bauen lassen, in dem griechische Tragödien gegeben werden – in den Augen konservativer Juden eine Gotteslästerung.

Latein spricht zwar kaum jemand, nur einige militärische Ausdrücke durchsetzen die Sprache. Ihre Villen aber haben die Reichen nach römischem Modell gebaut.

An diesem Tag im Jahre 7 begrüßt wohl auch der Besitzer des Hauses gegenüber der Südwestecke des Tempelgeländes seine pilgernden Gäste. Es ist eines der größten Gebäude der Oberstadt – Überreste werden Archäologen zwei Jahrtausende später freilegen.

Die Frau des Hauses mag sich besonders zurechtgemacht haben für diesen Tag: das Gesicht weiß gepudert, Augenbrauen und Wimpern geschwärzt, die Adern an den Schläfen blau hervorgehoben, auf dem Kopf eine Krone aus Gold.

Vielleicht hat sie ihre Locken mit Bienenwachs hochfrisiert. Diese Frisur ist derart kompliziert gesteckt, dass eine religiöse Vorschrift es der Frau verbietet, die Haare am Sabbat zu lösen – sie würde damit gegen die Verbote des „Bauens“ und „Abbauens“ verstoßen: Tätigkeiten die, wie andere Arbeiten auch, am Ruhetag untersagt sind.

Die wohlhabenden Pilger, so lässt sich vermuten, folgen ihren Gastgebern einige Stufen hinab ins Vestibül mit einem prächtigen Mosaik in Form einer Rosette. Sie bewundern sicherlich die roten und gelben Fresken in einem Raum und den Stuck auf Wänden und Decken eines anderen. Dann treten sie in den großzügigen Innenhof.

Vielleicht steht hier eine Laubhütte für die Pilger, die Gastgeber können die Besucher aber auch problemlos im Inneren unterbringen: Die Villa bietet auf zwei Stockwerken Platz für die rund 20 Personen, die hier wohnen. In einem Wasserbecken können die Reisenden den Straßenstaub abwaschen, ehe sie sich zur Nachtruhe begeben.

In einem wichtigen Punkt unterscheidet sich die Villa von den Häusern der römischen Oberschicht: Sie ist von keinerlei Statuen geschmückt, und ihre Mosaiken und Fresken zeigen Blumen oder abstrakte Muster. Denn so weltlich

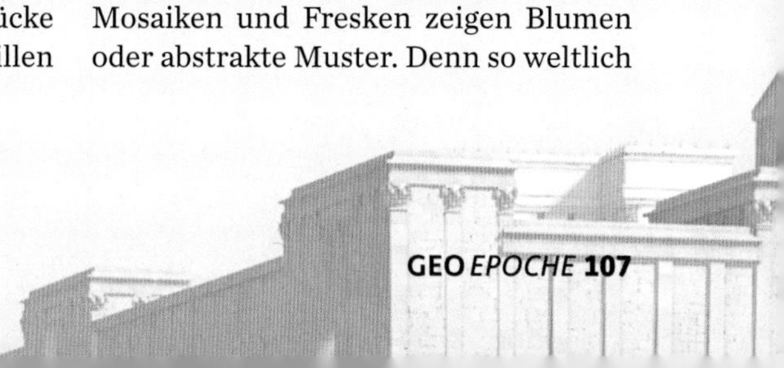

Imposant liegt der von Herodes vergrößerte Tempel auf seinem Fundament über der Stadt. Die Treppenstufen, die etwa zum Hulda-Tor hinaufführen (unten rechts), haben unterschiedliche Längen, sodass die Wallfahrer gezwungen sind, ehrfurchtsvoll zu schreiten. Aus der Oberstadt erreichen Gläubige den von mächtigen Säulenhallen eingefassten Tempelplatz über eine Brücke (links, Mitte). Damit während des Pilgerfestes keine Unruhen ausbrechen, haben die römischen Besatzer rund 250 Soldaten auf den Dächern der Umgänge aufmarschieren lassen. Die Krieger sind in der Festung Antonia stationiert. Die liegt – für viele eine Provokation – unmittelbar am Tempelgelände (links oben)

Die inneren Tempelgebäude liegen jenseits einer unscheinbaren Steinbalustrade (unten links), hinter die bei Todesstrafe kein Nicht-Jude treten darf. Jüdische Frauen müssen in einem Vorhof warten (rechts), während die Männer vor dem goldverzierten eigentlichen Tempel Priestern ihre Tiere für das Brandopfer übergeben. Das Allerheiligste im hinteren Teil des Bauwerks betritt niemand außer dem Hohepriester – und auch der nur einmal im Jahr

Mitten auf dem Tempelplatz hetzen RADIKALE

die Menschen in der Oberstadt auch sein mögen – das strenge jüdische Bilderverbot halten auch sie noch ein.

Am nächsten Morgen waschen sich die Pilger, die in der Villa übernachtet haben, ehe sie in eine der Mikwen steigen. Gleich mehrere dieser Ritualbäder hat der Bauherr in den Keller mauern lassen. Sie werden aus Zisternen gespeist, denn nur gesammeltes Regen- oder Flusswasser ist kultisch rein, geschöpftes Wasser dagegen nicht.

Zunächst aber genießen die Gäste das Vergnügen des römischen Bads. Im Vorraum, der an den Hof angrenzt, legen sie die Kleider auf einer Bank ab, waschen sich die Füße in einem kleinen Becken und steigen dann in die mit heißem Wasser gefüllte Sitzbadewanne.

Nach dem Bad gelangen die Pilger über eine Treppe ins Untergeschoss des Hauses. Von hier aus haben sie Zugang zu zwei Mikwen, die noch mal tiefer liegen. Die eine hat zwei Türen: Die Pilger betreten das Ritualbad unrein auf der einen Seite und verlassen es, nachdem sie vollständig im Wasser eines vier mal fünf Meter großen Beckens untergetaucht sind, rein auf der anderen Seite.

Nach dem rituellen Bad kleiden sich die Pilger in frische Gewänder. Jeder nimmt einen Strauß aus vier Pflanzen: Palmwedel und Zitrone, Myrte und Weide. Dann machen sie sich auf den Weg zum Tempel.

Sie kommen an Werkstätten vorbei, in denen Handwerker die Luxusgegenstände der Reichen sowie Kultobjekte für den Tempel fertigen. Hier werden Leuchter geschmiedet und Gefäße aus Kalkstein hergestellt, der als Naturprodukt gilt und deshalb in den Augen der Religionswächter durch nichts verunreinigt werden kann. Hier blasen Spezialisten kostbare gläserne Flakons und Karaffen oder drehen die berühmten dünnen Jerusalemer Keramiken, die auf den Tischen der Villen stehen.

Der Weg ist kurz, schnell ist der Tempel erreicht. Über eine Brücke betreten die Wallfahrer das Heiligtum. Von ihr aus schauen sie auf das Gewimmel in der Unterstadt hinab.

Die ärmeren Pilger haben die Nacht in einer jener Laubhütten verbracht, die der Hohe Rat etwa auf den Plätzen der Stadt oder auf den flachen Dächern im Labyrinth der Davidstadt errichten ließ, des ältesten Teils von Jerusalem.

Die einfachen Häuser hier haben weder Bäder noch Mikwen, keine Fresken und Mosaiken. Doch sie besitzen einen geschützten Innenhof, ihre Dächer sind mit Reisig oder Stroh gedeckt und verputzt. Über Leitern sind die Gäste hinaufgelangt und haben dort geschlafen.

Jetzt bahnen sie sich ihren Weg durch die Gassen der Unterstadt. Die Straßen sind voller Menschen, die zum Tempel drängen – unter ihnen viele Juden aus der Diaspora. Aus Alexandria, aus Rom, aus Athen und Damaskus, aus Äthiopien und Babylonien sind sie angereist, und manche haben in einer der Synagogen übernachtet, die ihre Heimatgemeinden in Jerusalem unterhalten. Jetzt mischen sie sich mit Bauern aus Galiläa, Samaria und Judäa, mit Seeleuten aus Caesarea am Mittelmeer und Fischern aus Kapernaum am See Genezareth.

Ein dreisprachiges Stimmengewirr umgibt die Pilger. Die Städter und die Juden aus dem Ausland sprechen griechisch. Auch die einheimischen Bauern verstehen diese Sprache, benutzen untereinander aber lieber das vertraute Aramäisch. Und gelegentlich schnappen sie im Vorübergehen einen hebräischen Satzfetzen auf. Sie kennen die Sprache der Tora nur aus der Synagogenschule und wissen, wer so in der Öffentlichkeit redet: radikale religiöse Eiferer.

Auf den Plätzen, in den Nischen sitzen Bettler. Auch Frauen sind darunter, zumeist Witwen. Denn viele fromme Juden bemühen sich, kurz vor ihrem Tod in die Heilige Stadt zu reisen, um hier zu sterben; ihre Ehefrauen bleiben dann meist mittellos in Jerusalem zurück.

Etwas abseits sitzen andere Frauen, die sich einen Schleier über das Gesicht gezogen haben – niemand soll erkennen, wer hier seinen Körper anbietet. Jetzt, am Morgen, werden sie kaum auf Kunden hoffen können: Die Pilger wollen nun den Tempel betreten, und gemäß der Tora macht Samenerguss den männlichen Körper unrein.

Männer, Frauen, Kinder mit den rituellen Sträußen in der Hand betreten die von Läden gesäumte Hauptstraße Jerusalems. Vor sich erblicken sie die Tempelmauer. Sie wirkt noch viel eindrucksvoller als gestern von der Passhöhe aus und scheint über ihnen, ja über dem Tal zu schweben.

Herodes hat das Tempelgelände nach Süden hin verlängern lassen, dazu mussten seine Baumeister im Kidron-Tal einen Höhenunterschied von 40 Metern überwinden. Vor den Blicken der Pilger verborgen sind die übereinanderliegenden Gewölbe, auf denen die südöstliche Ecke des Tempels ruht.

Die Wallfahrer werden heute im Tempel in immer heiligere Bereiche vordringen. Mit jedem Tor, das sie durchqueren, nimmt die sakrale Bedeutung zu: zunächst der gewaltige Tempelplatz innerhalb der äußeren Umfriedung; dann in dessen Mitte hinter Mauern weitere Höfe; schließlich der eigentliche Tempel, dessen goldverzierte Fassade die Pilger schon vom Ölberg aus gesehen haben.

Die Menschen treffen sich auf dem Platz vor der südlichen Außenmauer, mancher hat sich hier mit Bekannten verabredet. Staunend stehen die Besucher vor den mächtigen Steinen der Wand: Die größten sind mehr als drei Meter hoch und 14 Meter lang, viele wiegen jeweils mehrere Hundert Tonnen.

GEGEN DIE RÖMISCHEN BESATZER

Vor den Pilgern steigt die Südtreppe zum Tempel hin an. Hier beginnt der letzte Teil ihrer Wallfahrt, die im Hebräischen „Hinaufsteigen“ heißt, und nun steigen sie wirklich auf zum Heiligtum.

Die 30 Stufen sind aus dem Fels gehauen und mit Platten bedeckt. Jede zweite ist dreimal so tief wie die anderen, sodass die Pilger zum feierlichen Emporschreiten gezwungen sind – ein Trick, den Herodes von griechisch-römischen Heiligtümern kopiert hat.

Dann gehen die Menschen durch das Hulda-Tor mit seinen zwei Bögen. Aus der morgendlichen Sonne treten sie in einen Gang unter der Südmauer ein.

Als sich ihre Augen an den Dämmer gewöhnt haben, erkennen sie über sich kunstvoll geschmückte Kuppeln. Am Ende des Gangs führen Rampen nach oben – und plötzlich stehen die Pilger geblendet auf dem großen Tempelplatz.

Der ist zugleich Marktplatz und wichtigster Versammlungsort Jerusalems. Säulenhallen umgeben die riesige Fläche an allen vier Seiten. Im Rücken der Wallfahrer, an der Südseite, erhebt sich die größte, die königliche Säulenhalle.

Vier Reihen von je 40 Säulen formen diesen dreischiffigen Bau, dessen Mittelschiff 30 Meter in die Höhe ragt. Unter den Dächern aus Zedernholz sind Tische, Buden und Zelte aufgeschlagen. Hier überschreien Geldwechsler einander mit den günstigsten Kursen.

Vor sich haben sie verschiedene Währungen aufgestapelt: griechische Drachmen, römische Denare und Sesterzen. Denn im Tempel wird nur ein Geldstück angenommen – der tyrische Schekel.

Dabei verletzt die in der phönizischen Stadt Tyros geprägte Münze eigentlich religiöse Gefühle: Auf einer Seite ist der Gott Melkart abgebildet, auf der anderen Seite ein Adler, sein heiliges Tier. Ein klarer Verstoß gegen das Gebot, keinen anderen Gott zu haben neben Gott, sowie gegen das jüdische Bilderverbot.

Und wer das Silberstück genau betrachtet, liest auf Griechisch: „Münze aus der heiligen Stadt Tyros.“ Dabei gibt es für gläubige Juden nur ein religiöses Zentrum: Jerusalem.

Die Priester aber sehen über diese Mängel hinweg, denn der tyrische Schekel gilt dank seines gleichbleibenden Silbergehalts und Gewichts als besonders stabile Währung.

Einen halben tyrischen Schekel Tempelsteuer verlangen sie von jedem männlichen Juden zwischen 20 und 50 Jahren – das ist doppelt so viel wie die jährliche Kopfsteuer der Römer.

Die meisten Gläubigen entrichten sie klaglos, auch wenn es keine geringe Summe ist: Für den Gegenwert erhält man ein Lamm oder ein neugeborenes Eselsfohlen. Ein Weinbergarbeiter muss dafür vier Tage lang arbeiten.

Die Pilger ziehen Münzen aus ihren Lederbeuteln und tauschen sie ein. Sie wollen mit dem Geld nicht nur ihre jährliche Abgabe leisten, sondern suchen sich nun bei den Viehhändlern, die in der Königshalle ebenfalls ihre Zelte aufgeschlagen haben, Opferlämmer aus. Wer es sich leisten kann, hat bereits außerhalb der Stadtmauern einen Stier oder einen Hammel gekauft. Und wem selbst ein Lamm zu teuer ist, der ersteht nun in der Säulenhalle ein Paar Tauben, das anerkannte Opfer der Armen.

Manche Frauen tragen Säuglinge im Arm. Sie wollen das Pilgerfest nutzen, um ihr Kind auszulösen, wie es das Gesetz gebietet. Denn die ersten Früchte eines Baumes, die ersten Lämmer oder Kälber eines Muttertiers sowie die ersten Söhne einer Familie müssen Gott dargebracht werden, so fordert es die Tora – oder man opfert an ihrer Stelle etwas anderes, meist Tauben. Das aber ist nur im Tempel von Jerusalem möglich.

Das Lamm am Strick, die Tauben schützend gegen die Brust gedrückt, machen sich die Gläubigen nun auf den Weg über den bunt gepflasterten Vorplatz. Links und rechts glänzen im Schatten der Säulenhallen Rüstungen, die bei Kriegszügen erbeutet wurden, sowie ausgestellte Weihegaben.

An manchen Stellen stehen Pilger in Gruppen beisammen, und aus der Ferne ist kaum zu erkennen, ob sich die Menschen um einen Schriftgelehrten scharen, der ihnen den Sinn der religiösen Gebote erklärt, oder ob sie einem jener radikalen Prediger lauschen, die seit einiger Zeit überall im Land gegen die Besatzer wettern.

Denken die Besucher daran, dass die Römer vor elf Jahren die Säulenhallen in Brand gesetzt haben, weil sich dort nach dem Tod des Herodes Juden verschanzt hatten – Aufrührer gegen die verhasste Königsfamilie und deren römische Oberherren?

Die Wallfahrer werden die Besatzer jedenfalls keinen Augenblick lang vergessen: Auf der anderen Seite des Platzes, jenseits der Tempelgebäude und der hinteren Säulenhalle, erheben sich die Türme der Burg Antonia.

Und auf den Dächern der Säulenhallen, die durch Treppen mit der Burg verbunden sind, hat – wie immer an Festtagen – die hier stationierte Kohorte Stellung bezogen.

In langen Reihen stehen etwa 250 Soldaten dort oben, die Hälfte der Kohorte, den Speer in der Hand, und blicken auf die Pilger hinab, auf die herumrennenden Kinder, auf die Gruppen, die hier und dort zusammenstehen. Falls eine Unruhe ausbricht, sollen sie die Treppen in den Tempelhof hinuntereilen.

Auch Coponius, der römische Präfekt von Judäa, ist wahrscheinlich aus der Hafenstadt Caesarea nach Jerusalem gereist. Er hält sich nur an hohen Feiertagen in der Stadt auf. Den Tempelberg wird er kaum betreten, er weilt in einem ehemaligen Palast des Herodes.

Doch die Besucher werden sich sicher nicht lange mit den Römern beschäfti-

gen: Zu freudig ist das Ereignis – schließlich nennen manche Juden Sukkot „das Fest", als gäbe es nur dieses eine.

Welch ein Anblick! Gläubige aus der gesamten bekannten Welt versammeln sich hier, fast alle mit duftenden Zitronen und grünen Weidenzweigen, manche tragen Blumen im Haar.

Vor etwa 15 Jahren bereits hat Herodes den erweiterten Tempel eingeweiht. Doch nach wie vor sehen die Pilger Gerüste, auch wenn an diesem Festtag keine Hämmer und Sägen zu hören sind: Noch Jahrzehnte wird man am Tempel weiterbauen.

Die Wallfahrer erreichen eine niedrige Balustrade mit mehreren Durchgängen. Achtlos gehen sie an den Tafeln vorbei, die auf Griechisch und Latein alle Heiden warnen: „Kein Fremder darf diese Grenze und diese Tempelmauer überschreiten. Wer dabei aufgegriffen wird, ist selbst schuld, wenn ihn der Tod erwartet."

Doch auch die Pilger vom Volk Israel gelangen nicht ungehindert weiter. Männer aus dem Hause Levi, einem der legendären zwölf Stämme Israels, überprüfen dort die Besucher.

Nur diese Leviten dürfen als Tempeldiener arbeiten. Sie sehen sich die Opfertiere an und kontrollieren, ob jemand Hautausschlag hat. Er muss sich den Priestern vorstellen, denn Aussätzige dürfen sich dem Altar nicht nähern.

Hinter der Einfriedung müssen die Wallfahrer 14 Stufen hinaufsteigen und stehen dann erneut vor einer Mauer. Sie umschließt den eigentlichen Tempel. Vier Tore öffnen sich in der Wand (auf der gegenüberliegenden, der nördlichen Seite des Heiligtums liegen noch einmal vier Tore, ein neuntes aus korinthischem Erz weist Richtung Osten). Ihre Türflügel sind mit Gold und Silber überzogen.

Wer mit seiner Familie angereist ist, durchschreitet wohl erst das Tor ganz rechts und gelangt auf den „Vorhof der Frauen": einen Platz, der ebenfalls von Säulenhallen umgeben ist. In seinen Ecken sind, wiederum mit Säulen, vier kleinere Höfe abgetrennt.

Einer davon ist für die Nasiräer vorgesehen – Männer, die ein heiliges Gelübde abgelegt haben: Mindestens

Mehr als 100000 Gäste beherbergen die etwa 40000 Jerusalemer während des Pilgerfestes. Die meisten Menschen leben in den gedrängten Vierteln der Unterstadt ❶. Die Davidstadt ❷, der älteste Teil der Metropole, ist vermutlich um 1800 v. Chr. entstanden, fast zwei Jahrtausende vor dem wuchtigen herodianischen Tempel ❸. Um den Königspalast des

Herodes 4 erstreckt sich die weit jüngere Oberstadt 5, mit modernen Häusern im römischen Stil. Die dort lebenden Reichen besuchen das Theater 6, manche leisten sich Grabmäler im Kidron-Tal östlich des Tempels 7. Nach der Zeitenwende wächst Jerusalem zunächst weiter. Neue Viertel entstehen vor allem im Norden 8. Ganz im Süden liegt der Schiloach-Teich 9, aus dem der Hohepriester das Wasser für die Morgenzeremonie während des Laubhüttenfestes entnimmt

30 Tage lang schneiden sie sich nicht die Haare, trinken weder Alkohol, noch essen sie Essig oder Rosinen und berühren keinen Toten. In ihrem Hof können sie jede Unreinheit vermeiden, ehe sie die Zeit ihres Gelübdes mit einem Opfer beenden.

In einem anderen der vier Eckhöfe warten jene, die von den Leviten als aussätzig eingeschätzt worden sind. Priester gehen zwischen ihnen umher und begutachten sie. Tempeldiener holen Öl, Wein und Holz für den Opferdienst aus den anderen beiden Ecken, die als Lagerräume genutzt werden.

Hinter der westlichen Mauer des Vorhofs erhebt sich der eigentliche Tempel. Ein Stück seiner 50 Meter hohen vergoldeten Fassade können die Pilger von hier aus erblicken.

Die Männer steigen nun 15 Stufen Richtung Tempel hinauf und gelangen durch ein mächtiges, kostbar geschmücktes Tor in einen schmalen Hof.

Die Töchter und Frauen der Pilger bleiben im Vorhof zurück. Da sie wegen ihrer Menstruation im Verdacht stehen, unrein zu sein, dürfen sie sich dem Allerheiligsten nicht weiter nähern. Einige Mütter übergeben ihren Männern die Tauben für das Erstgeborenen-Opfer.

In dem schmalen Hof hinter dem Tor drängen sich die Pilger mit ihren Tieren vor weiß gekleideten Priestern. Die übernehmen Lämmer und Tauben und gehen durch einen Durchlass in der niedrigen Mauer, die den Platz vor dem Tempel noch einmal unterteilt; den Bereich dahinter dürfen einfache Gläubige nicht betreten.

Gut 1800 Priester und Leviten arbeiten an diesem Festtag auf dem Gelände. Schon im Morgengrauen hat sie ein Gong zum ersten Gottesdienst gerufen. Sie haben auf dem Altar direkt vor dem Tempel, einem acht Meter hohen Quader aus unbehauenen Steinen, der über eine Rampe zugänglich ist, das tägliche Opfer vollzogen: Jeden Morgen und jeden Abend wird ein Lamm geschlachtet.

Die meisten Priester aber sind mit den vielen privaten Opfern beschäftigt. Unweit des Altars schlachten sie jetzt die Tiere. Das Blut, Symbol des Lebens, gehört Gott. Die Priester sprengen es an die Altarwände.

Dann verbrennen sie die Tiere: die Tauben vollständig, von den größeren Tieren nur das Fett und einige Innereien. Einen Teil des Fleisches behalten die Priester, den Rest geben sie den Pilgern zurück. Die werden das Fell ihrem Gastgeber schenken, das Fleisch noch an diesem Abend essen.

Vielleicht verharren die Gläubigen noch einen Moment, um den Tempel zu betrachten, dem sie niemals näher kommen werden.

Hinter der goldverzierten Fassade, das wissen sie, liegt das Heiligtum: ein Raum mit einem Räucheraltar und einem siebenarmigen Leuchter. Und dahinter, durch einen Vorhang abgetrennt, das Allerheiligste.

Hier stand, bevor die Babylonier den Tempel zerstörten, die Bundeslade: jene Holztruhe mit den Gesetzestafeln, die Moses der Tora-Überlieferung nach auf dem Berg Sinai erhalten hat – der greifbare Beweis des Bundes zwischen Gott und Israel. Nur ein leerer Felsen mit einer dicken Staubschicht ist geblieben, und nur ein Mensch darf ihn ansehen: der Hohepriester, der einmal im Jahr am Versöhnungstag das Allerheiligste betritt, um stellvertretend für alle Juden ein Sühneopfer darzubringen.

Die Pilger verlassen nun die Tempelgebäude, doch kehren sie ihnen nicht einfach den Rücken. Sie umkreisen die hohe Mauer, die die Bauten umschließt, und verneigen sich dabei 13 Mal.

Dann gehen sie über den Vorplatz wieder hinaus nach Jerusalem.

Nachdem sie das geschlachtete Tier in ihrer Unterkunft abgegeben haben, erkunden die Gäste die Stadt. Sie werden zum Tempel zurückkehren, immer wieder in den kommenden Tagen, schließlich ist er der Mittelpunkt des Festes. Aber wie oft im Leben kommen die von weither Angereisten schon nach Jerusalem?

Vermutlich durchstreifen sie das neue Viertel im Nordwesten der Stadt, das Herodes durch eine zweite Stadtmauer hat einfassen lassen. Schmiede hämmern dort auf ihre Werkstücke, Woll- und Kleiderhändler preisen ihre Ware an. In der Oberstadt liegt das Viertel der Wäscher und Bleicher, anderswo durchqueren die Pilger die Gassen der Metzger und Bäcker.

Wenn die Besucher die Stadt verlassen, um dem Gedränge für kurze Zeit zu entfliehen, sehen sie die Töpfer, die ihre Öfen wegen des Rauchs vor der Stadtmauer aufstellen müssen. Auch die Gerber arbeiten außerhalb Jerusalems, um die Bewohner nicht mit dem Gestank ihrer Laugen zu belästigen.

Wohin? Auf dem schattigen Areal des Gutes Gethsemane können sich die Wallfahrer vom Lärm der Stadt erholen, sich auch an den Teichen nördlich des Tempels erfrischen und in den Grotten ausruhen. Doch die Lebensfreude in Jerusalems Straßen wird sie bald wieder in die Stadt zurücklocken: In den Straßen stehen Musikanten, die Menschen tanzen zu Flöten und Trommeln. Viele Häuser sind mit Blumen und Reben geschmückt.

Am Abend kehren die Pilger zurück in ihre Herbergen, auf die Dächer, in die Laubhütten oder die Villen. In Ober- und Unterstadt feiern sie gleichermaßen ein Festessen. Zusätzlich zum Opfertier haben sie gekauft, was ihr Lederbeutel hergab, um ihren Zehnt zur Ehre Gottes zu verzehren: Früchte, Fladenbrote, süßes Dattelmus.

Sie haben sich nach der religiösen Vorschrift die rechte Hand gewaschen und einen kurzen Segen über das Essen gesprochen. Der kommt von Herzen: Zwar können sich wohlhabende Juden an jedem Sabbatabend Fleisch leisten, doch die meisten Pilger haben sich seit Monaten fast nur von Brot und Getreidebrei ernährt, von Oliven, Feigen und Fisch. Freudig greifen sie deshalb an diesem Abend in die großen Schüsseln.

Die Wache auf der Säulenhalle wird inzwischen abgelöst worden sein, beruhigt schlafen können die Römer aber nicht: Schon bald kehren die Gläubigen wieder zum Tempel zurück – an Sukkot wird auch in der Nacht gefeiert.

Lampen mit Jungfernöl, dem ersten, reinsten Öl, das bereits beim Zerquetschen der Oliven entsteht, wenn man sie für die eigentliche Pressung vorbereitet, erleuchten nun die Höfe des Tempels.

An den Wänden stecken Fackeln. Die Leviten stehen auf den 15 Stufen vor dem Tor im Hof der Frauen.

Sie spielen auf Doppelpfeifen aus Schilfrohr und schlagen die Leier dazu. Ausgelassen tanzen und singen die Gläubigen, Männer und Frauen gemeinsam. Nicht immer geht es dabei im Halbdunkel so gottesfürchtig zu, wie die Frommen es sich wünschen.

Doch die Priester sorgen dafür, dass die Feier nicht zu einem weltlichen Fest ausartet: Die ganze Nacht hindurch rezitieren sie die „15 Lieder des Hinaufgehens". Die Gläubigen stimmen ein, sie schütteln ihre Gebinde aus viererlei Pflanzen.

Als sich der Himmel über dem Tempel wieder grau färbt, erklingen silberne Trompeten. Die Priester marschieren über den Vorhof der Frauen, hinaus durch das Tor im Osten, wo die Sonne über der Säulenhalle aufgeht.

Dort kehren die Männer dem Gestirn den Rücken zu, wenden sich um zur goldenen Tempelfassade, die in den ersten Strahlen aufgleißt, und rezitieren ein Glaubensbekenntnis an den einen Gott.

Dann führen sie die Gläubigen hinaus aus dem Tempel, durch die Unterstadt zum Schiloach-Teich im südöstlichen Winkel Jerusalems.

Allen voran schreitet der Hohepriester Hannas in einem blauen Gewand, auf der Brust den Schild mit den zwölf Edelsteinen, einer für jeden Stamm Israels. Ihm folgen die Priester und die Gläubigen.

Ehrfurchtsvoll betrachten sie Hannas, den einzigen Menschen, der einmal im Jahr das Allerheiligste betreten darf, jenen Ort, an dem der Gott Israels wohnt. Nur am Sabbat, am Neumondstag und zu den großen Festen lässt sich Hannas im Tempel sehen.

Doch in die Ehrfurcht vor dem Amt mischen sich andere Gefühle. Die Pilger wissen, dass der Mann mit dem Brustschild nach dem Gesetz kein Hohepriester sein dürfte. Schon Herodes hat Günstlinge auf diesen Posten gesetzt, die nicht immer eine hohepriesterliche Herkunft vorweisen konnten. Und die römischen Herren folgen seinem Beispiel. Hannas ist nicht seiner Vorfahren wegen höchster Priester, sondern weil der syrische Statthalter Quirinius ihn in dieses Amt eingesetzt hat.

Und das heilige Gewand, das er trägt? Es ist vor Beginn des Laubhüttenfestes in einer feierlichen Prozession von seinem Aufbewahrungsort geholt worden: der Burg Antonia, wo es jeweils zwischen den Festen in einem versiegelten Steinkasten liegt – also inmitten von römischen Ungläubigen.

Der Mann, der dort zum Schiloach-Teich hinabgeht, ist in den Augen der meisten Juden deshalb bloß ein Handlanger der Römer. Viele hassen ihn.

Und doch folgen sie ihm, denn die Zeremonie, die er allmorgendlich während des Festes vollzieht, entscheidet in ihren Augen über das kommende Erntejahr.

Der Schiloach-Teich, ein großes Becken, fängt das Wasser der Gichon-Quelle auf. Schon das Verhalten der Quelle zeigt ihre Göttlichkeit, sie sprudelt unregelmäßig, und manche sagen, sie versiege am Sabbat und halte den Ruhetag ein.

Wie an jedem Morgen während des Laubhüttenfestes füllt Hannas einen goldenen Becher mit gut einem Liter Wasser. Dann kehrt die Prozession zurück zum Tempel.

Die Stufen der Straße entlang des Teiches sind gebaut wie die Treppe zum Hulda-Tor, erneut zwingen sie die Wallfahrer zum feierlichen Schreiten. Auf dem Weg durch die Stadt schließen sich wohl viele Pilger, die in der Nacht nicht im Tempel waren, dem Festzug an.

Als die Priester und die männlichen Israeliten mit dem Wasser in den inneren Tempelhof gelangen, erklingt erneut eine Trompete: ein langer Ton, dann ein Tremolo, dann wieder ein langer Ton.

Der Hohepriester steigt die Stufen zum Brandopferaltar hinauf. Zwei silberne Schalen mit Abflüssen sind an der linken Seite des Altars befestigt.

Jetzt folgt der wichtigste Teil jedes der sieben Tage des Laubhüttenfestes: Hannas gießt das Wasser aus dem Schiloach-Teich in die beiden Schalen. Das Wasser verschwindet durch deren Abflüsse hinab in eine Grube unter dem Fundament des Tempels.

Dort wird es sich, so glauben die Zuschauer, mit den Wassern der Tiefe vereinigen und bewirken, dass Gott reichlich Regen für Israel schickt.

BERUHIGT KÖNNEN die Bauern nun Jerusalem wieder verlassen. Einige Besucher bleiben volle sieben Tage, andere kehren nach dem ersten Wasseropfer in ihre Dörfer zurück. Mit ihrer Teilnahme am Tempelfest haben sie geholfen, für den wichtigen Regen zu sorgen.

Denken sie auch an die fernere Zukunft? Die Stimmung in Jerusalem war friedlich, doch die Pilger haben die römischen Soldaten gesehen, haben die religiösen Erneuerer und ihre Tiraden gegen die Ungläubigen gehört. Wie lange wird der Frieden halten?

In den Jahrzehnten darauf werden jene Zeloten immer mehr erstarken, die mit Terror gegen die Römer vorgehen. Bei einem Pilgerfest im Jahr 48 wird ein Soldat die Gläubigen von der Säulenhalle herab mit nacktem Hintern provozieren – und gemeinsam mit seinen Kameraden unter den aufgebrachten, mit Steinen werfenden Juden auf dem Tempelplatz ein Blutbad anrichten.

Schließlich, im Jahr 66, werden sich Aufständische gegen die Römer erheben und den Tempelplatz erobern. Sie werden den Mitgliedern einiger der einflussreichen jüdischen Familien Kollaboration mit den Römern vorwerfen und sie ermorden.

Und manche der erstgeborenen Söhne, die jetzt auf dem Rücken ihrer Mütter in ihr Heimatdorf zurückschaukeln, werden schließlich, als alte Männer, erleben, wie die römische Armee im Jahr 70 n. Chr. den Tempel zerstört: das Heiligtum, die Wohnstatt Gottes, den religiösen Mittelpunkt Israels. Jenen Monumentalbau, der ihren Vätern auf ihrer Pilgerfahrt so riesig und vollkommen schien, gebaut für die Ewigkeit.

Und ihren fernen Nachfahren wird nur ein Teil des westlichen Fundaments bleiben, eine einzige Mauer aus den riesigen Steinen der Baumeister unter Herodes, um das Schicksal des jüdischen Tempels zu beklagen. □

Literaturempfehlungen: *Eckart Otto, „Das antike Jerusalem", C. H. Beck; prägnante Darstellung der Stadtgeschichte von den Anfängen bis zur byzantinischen Zeit. Jürgen Schefzyk und Wolfgang Zwickel, „Judäa und Jerusalem. Leben in Römischer Zeit", Katholisches Bibelwerk; reich bebilderter Ausstellungskatalog mit archäologischem Schwerpunkt.*

Gesa Gottschalk, 29, ist Autorin in Hamburg. Die Beschäftigung mit der vielfältigen, sich überlagernden Geschichte Jerusalems hat sie darin bestärkt, die Stadt bald selbst zu besuchen. Der Illustrator **Jochen Stuhrmann** wird auf Seite 169 ausführlich vorgestellt.

JESUS

Wohl im Jahr 33 unserer Zeit stirbt in Jerusalem ein jüdischer Wanderprediger am Kreuz, hingerichtet wegen Aufruhrs. Wer ist dieser geheimnisvolle Mann, dessen Wirken die größte Religion der Welt begründet?

Dieser Mensch ist nicht zu fassen. Heute ist er in Kapernaum am See Genezareth, morgen in Chorazin oder Magdala. Übermorgen taucht er im unteren Galiläa auf, dann jenseits der Ostgrenzen – in den Gegenden von Caesarea Philippi oder Gadara. Ein Gerücht, ein Flimmern, eine Fata Morgana.

Er hinterlässt keine Schriften, keine Briefe, keinen Codex. Inwieweit er überhaupt lesen und schreiben kann, ist ungewiss. Was von ihm bleibt, kursiert hauptsächlich von Mund zu Mund: Sprüche und Anekdoten, wieder und wieder erzählt, von Leuten, die oft ebenso unstet und wenig gelehrt sind wie er selbst.

Als man die Berichte in die uns überlieferte Form bringt, Jahrzehnte nach seinem Tod, kann sich keiner mehr genau erinnern, wie es wirklich war.

Doch wer sich heute dem historischen Jesus nähern will, dem bleibt zunächst nichts anderes, als diese unsicheren Berichte, die Evangelien, zur Grundlage zu nehmen – denn andere Quellen gibt es nicht für Jesus.

Er verkündet kaum einmal Dogmen oder Gesetze, sondern spricht in Gleichnissen und Rätseln – „damit die Blinden sehend und die Sehenden blind werden“.

Die Trennung zwischen rein und unrein, die fromme Gruppen wie die Pharisäer verteidigen, scheint ihn nicht zu interessieren: Er übertritt die kultischen Hygienegebote, sucht Kontakt zu den Geächteten der Gesellschaft.

Er liebt nicht das Eindeutige, sondern das Paradox: Er lehrt Demut – aber lässt sich mit duftenden Salben einreiben, die ein Vermögen kosten. Er lehrt Gewaltlosigkeit und Verzicht auf Widerstand – aber beharrt doch darauf, nicht den Frieden zu bringen, sondern das Schwert.

Das größte Paradox aber ist das, was er verkündet: ein Reich, das keines ist. Es regiert nur den, der daran glaubt. „An äußeren Zeichen“, sagt er, ist es nicht zu erkennen. Es hat kein Territorium und keine Städte, keine Grenzbäume und keine Zollschranken. Es hat keinen Mittelpunkt. Es ist nichts als Peripherie.

Es ist im Himmel – und zugleich auf Erden. Es wird bald kommen – und ist doch schon da. „Man kann auch nicht sagen: Seht, hier ist es!, oder: Dort ist es!“, sagt er. „Denn: Das Reich Gottes ist schon mitten unter euch.“

SCHON SEINE GEBURT ist eine einzige Verwirrung. Vermutlich kommt er zwischen dem sechsten und vierten Jahr vor unserer Zeitrechnung auf die Welt. Eini-

TEXT: JÖRG-UWE ALBIG;
BILDER: GIOTTO DI BONDONE

ge behaupten, er sei in dem judäischen Dorf Bethlehem geboren worden – doch wahrscheinlich stammt er aus Nazareth, einem kleinen Ort in Galiläa.

In diesem Hügelland lebt ein dickköpfiger Menschenschlag: Ein Galiläer namens Judas ist es, der wenige Jahre nach Jesu Geburt einen Aufstand gegen die Römer führt. Hier wird ein aramäischer Dialekt gesprochen, der jeden, der sich damit in Jerusalem hören lässt, zum Trottel macht; selbst der Talmud mokiert sich über einen „dummen Galiläer".

Und Nazareth ist Provinz dieser Provinz. „Aus Nazareth? Kann von dort etwas Gutes kommen?", fragt ein Zweifler im Johannes-Evangelium, als er von Jesus hört. Nazareth – das ist ein Bauerndorf; ein paar Obst- und Gemüseterrassen, Weinberge und Viehweiden; 200, vielleicht 400 Einwohner.

Ob es tatsächlich dort lag, wo später ein prächtiger Wallfahrtsort entsteht, ist ungewiss. Archäologen werden jedenfalls Weinpressen finden, Werkstätten für Steingefäße, Zisternen, Mühlsteine und Kornspeicher. Die Welt der Großstädte – die moderne, hellenistische Kultur von Tiberias oder Sepphoris, die rigiden Schachbrettmuster der Straßen, die Theater, in denen man griechische Stücke spielt – ist nur wenige Kilometer und doch Kontinente entfernt.

Die Bauern von Nazareth wohnen in strohgedeckten Häusern aus Feldsteinen und Lehm, manche in ausgebauten Höhlen. Sie leben von Brot, Oliven und Wein; manchmal gibt es Bohnen und Linsen, bisweilen Pökelfisch, Fleisch nur an Feiertagen. Wer seine Kindheit überlebt – nur die Hälfte hat dieses Glück –, wird selten älter als 40 Jahre.

Die Menschen fristen ihr Leben als Pächter oder als Kleinbauern, ständig in Angst vor Missernten und ruinöser Verschuldung. Bei Landverlust droht der Abstieg zum Mietarbeiter, Bettler oder Räuber. Mancher Bauer muss sein Saatgut essen, um nicht zu verhungern, und sich verschulden, um neues zu kaufen. Wenn er Pech hat, bleibt ihm nur noch, seine Kinder auf dem Sklavenmarkt in Tyros zu verkaufen – oder sich selbst für sieben Jahre an einen reichen Mann.

Zu ihren Versammlungen treffen sich die Juden in einem Privathaus oder einem Innenhof. Ein spezielles Synagogengebäude gibt es nicht. Dass auch Jesus ein Jude ist, verrät schon sein Name: Der Name Jehoschua, aramäisch Jeschua, bedeutet „Gott hilft".

Im Markus-Evangelium werden vier Brüder genannt – Jakobus, Joses, Judas und Simon – und mindestens zwei Schwestern, deren Namen nicht überliefert sind. Jesus ist der älteste Sohn.

Seine Eltern, Josef und Maria, gehören keineswegs zu den Ärmsten. Josef ist *tekton*, ein Bauhandwerker, der mit Holz und Steinen hantiert – und damit immerhin genug verdient, um jedes Jahr mit der Familie zum Passafest ins teure Jerusalem zu pilgern. Ob Jesus den Beruf vom Vater gelernt hat, bleibt ungewiss – immerhin wird er in seinen Gleichnissen gern von „Splittern" und „Balken" reden; vom „Stein, den die Bauleute verworfen haben" und der zum „Eckstein" wird. Und als er schließlich seine Familie verlässt, um für eine Zeit lang in die Wüste zu gehen, folgt er einem Brauch, der von Kindern reicher Leute gepflegt wird.

> Mit Anfang 30 beginnt Jesus zu PREDIGEN – und lässt dafür seine Familie im Stich

Schon von alters her ist die Wüste ein Ort des Eigensinns. Den Weg durch die Ödnis zogen die Israeliten der Bibel nach einst der Knechtschaft in Ägypten vor, und jetzt verbergen sich Widerstandskämpfer gegen die römischen Besatzer in Höhlen unter judäischem Sand. Denn die Einöde ist auch ein Ort der Hoffnung: „Bahnt für den Herrn einen Weg durch die Wüste", heißt es beim Propheten Jesaja.

In dieser Wüste schließt sich Jesus einem Mann namens Johannes an, den alle „den Täufer" nennen. Johannes ist ein Dissident, ein Asket, der ein Gewand aus Kamelhaaren trägt und von Heuschrecken und wildem Honig lebt. Viele sehen in ihm den zurückgekehrten Propheten Elia aus dem 9. Jahrhundert v. Chr., der nach jüdischem Verständnis als Letzter dem Messias vorausgehen soll. Vielleicht predigt Johannes deshalb dort, wo der Überlieferung zufolge Elia in den Himmel entrückt wurde: nahe der Mündung des Jordans ins Tote Meer.

Sein Donnerwort verkündet nicht weniger als das Ende der Welt – und ein Gottesgericht, das selbst Fromme treffen werde. Die Rettung bestehe im Bekenntnis der Sünden, dem Gelöbnis zur Besserung und der „Taufe" im Jordan.

Auch Jesus hat sich von Johannes taufen lassen. Doch die Lehre, die er danach über die Dörfer trägt, zielt nicht nur auf das Jenseits. Das „Reich Gottes" steht nicht am Horizont, sondern hat bereits begonnen: „Ich sah den Satan wie einen Blitz vom Himmel fallen", erklärt er. Die Macht des Bösen, deutet er damit an, sei bereits gebrochen.

„Im 15. Jahr der Regierung des Kaisers Tiberius", schreibt der Evangelist Lukas, beginnt Jesus seine eigene Prophetentätigkeit (das wäre um das Jahr 28 herum, vermutlich aber war es etwas später). Vergebens versuchen seine Mutter und seine Brüder, so der Evangelist Markus, ihn mit Gewalt zurückzuholen: „Sie sagten: Er ist von Sinnen."

Es ist ein konsequenter Schritt für einen, der die Befreiung von allen irdischen Fesseln versprechen wird. Seine ersten Anhänger findet er im Fischerdorf Kapernaum am See Genezareth.

Kapernaum ist fast dreimal so groß wie Nazareth – und viel verkehrsgünstiger gelegen. In der Nähe zieht die Via Maris vorbei, eine Fernstraße, die von Syrien bis Ägypten führt. Und auch der See ist ein Verkehrsweg, der das Dorf mit vielen anderen verbindet.

Trotzdem ist es ein Nest; ein Gewirr von schief und kunstlos umbauten Innenhöfen. Es gibt keine gepflasterten Straßen, nur krumme Lehmwege, an deren Rändern das Abwasser steht. Es gibt kein Badehaus und keine Latrine. Versammlungen werden auf Brachplätzen oder am Seeufer improvisiert.

Doch genau so muss ein Ort beschaffen sein, der Jesus entspricht. Denn Jesus, der Lehrer, hat vermutlich nie ein Lehrhaus besucht, um die Schriften zu studieren, und er denkt gar nicht daran, eine Schulrichtung zu begründen.

Jesus, ältester Sohn eines Handwerkers aus der Region Galiläa, schließt sich im Alter von etwa 30 Jahren dem asketischen Prediger Johannes an, der ihn im Jordan tauft. Um 1305 malt der Italiener Giotto di Bondone diese Szene als Teil eines Freskenzyklus zum Leben des Heilands

Seine Weisheit ist mobil, seine Gemeinde lebt auf der Straße: „Folge mir nach!", sagt er – und sie folgen ihm nach. Er reißt sie heraus aus Familie und Beruf; selbst für das Begräbnis eines Vaters ist da keine Zeit mehr: „Lass die Toten", sagt er, „ihre Toten begraben!"

Es sind beileibe nicht die Entwurzelten, die er um sich schart. Es sind Kleinunternehmer dabei, ein Zöllner, die Frau eines Beamten. Es gibt auch reiche Gönner, die daheimbleiben und die Bewegung von fern unterstützen. Doch wer mit Jesus umherzieht, reist mit leichtem Gepäck – „kein Brot, keine Vorratstasche, kein Geld im Gürtel, kein zweites Hemd und an den Füßen nur Sandalen".

Diese Wanderschaft ist keine Vagabunderie. Keine asketische Übung, kein Bettelmönchstum. Sie ist eine Absage an das Feste. In Zweiergruppen ziehen die Anhänger Jesu über die Dörfer, um ihre Botschaft weiterzugeben, voll Vertrauen in ihren Auftrag und in Gottes Hilfe – „wie Schafe mitten unter die Wölfe".

Wenn sie ein Haus betreten, grüßen sie: „Friede diesem Haus!" Sie essen und trinken, was man ihnen vorsetzt, übernachten, wo man ihnen ein Lager gibt.

Sie fasten nicht, sondern genießen das Leben: „Können denn die Hochzeitsgäste trauern", sagt Jesus, „solange der Bräutigam bei ihnen ist?" Und nimmt in Kauf, dass die Dörfler über ihn lästern: „Dieser Fresser und Säufer, dieser Freund der Zöllner und Sünder!"

Die Gefolgsleute Jesu verkünden seine Lehre nicht nur, sondern stellen sie dar: die Schwerelosigkeit, das Abwerfen allen Ballasts, die Abkehr von allen Gewissheiten. Als wären sie „Vögel des Himmels“, die nicht säen, nicht ernten, keine Vorräte horten und die Jesus als Vorbild preist. Als wären sie „Lilien, die auf dem Feld wachsen“ und nicht spinnen noch arbeiten – „doch ich sage euch: Selbst Salomo war in all seiner Pracht nicht gekleidet wie eine von ihnen“.

Das ist eine Aufhebung der Schwerkraft – all dessen, was die Menschen an den Boden fesselt, an den Alltag und die Gewohnheit. So sind auch die acht Naturwunder, 17 Heilungen und sechs Exorzismen, die man in den Evangelien gezählt hat, nicht so sehr Reklametricks – sondern Belege dafür, dass selbst die Gesetzmäßigkeiten der Natur ab jetzt nicht mehr zwingend gelten.

„Wenn ich aber die Dämonen durch den Finger Gottes austreibe“, sagt Jesus, „dann ist doch das Reich Gottes schon zu euch gekommen.“ Wenn er, wie es heißt, auf Wasser geht, Stürme stillt, Wasser in Wein verwandelt oder mit fünf Broten und zwei Fischen 5000 Männer samt ihren Frauen und Kindern satt macht – dann geht es ihm nicht um Überwältigung, sondern um die Behauptung, dass solche Dinge möglich sind.

Ein Jahr lang (nach Johannes' Darstellung könnten es auch mehr als zwei Jahre sein) zieht Jesus durch das galiläische Land. Seine Jünger tun, was auch Jesus tut: Sie predigen, heilen, treiben Dämonen aus.

Und doch sind sie Gleiche unter Gleichen: „Ihr wisst, dass die, die als Herrscher gelten, ihre Völker unterdrücken, und die Mächtigen ihre Macht über die Menschen missbrauchen“, schärft Jesus ihnen ein. „Bei euch aber soll es nicht so sein, sondern wer bei euch groß sein will, der soll euer Diener sein, und wer bei euch der Erste sein will, soll der Sklave aller sein.“

Das geht über den Angriff auf die Naturkräfte hinaus. Es ist die Verneinung der Macht. Ein Nein zur Macht des Eigentums – zu einer Zeit, in der die Kluft zwischen Arm und Reich gewaltig aufreißt: „Eher geht ein Kamel durch ein Nadelöhr, als dass ein Reicher in das Reich Gottes gelangt.“

Ein Nein auch zur Macht der Familie: Wer „nicht Vater und Mutter, Frau und Kinder, Brüder und Schwestern“ gering achtet, kann nicht sein Begleiter sein.

Und ein Nein zur Macht des Patriarchats: Frauen spielen in der Bewegung wichtige Rollen, beschaffen Nahrung, Geld und Unterkünfte, reisen mit umher.

Das ist unerhört für eine Gesellschaft, in der eine Frau in der Regel nicht erben oder sich scheiden lassen, nicht aus der Tora lesen und nicht als Zeugin vor Gericht aussagen darf, in der Mädchen verkauft und verheiratet werden können wie Sklaven.

So predigt Jesus, Spross eines Bauhandwerkers, die Auflösung: von Strukturen, Hierarchien, Grenzen. Sein „Reich Gottes“ ist Anti-Materie – das Gegenteil von dem Stein, aus dem Tempel, Paläste und Städte sind.

Sein „Rette uns vor dem Bösen“ ist ein Mantra der Emanzipation: von der Angst, von der Herrschaft des Geldes, vom Terror des Ego. Und eine Absage an die Dominanz der römischen Besatzer und ihrer jüdischen Klientel-Könige, die von der Kolonialmacht abhängen, für sie Steuern eintreiben und das Tagwerk der Unterdrückung verrichten.

Vor allem Herodes der Große, Sohn eines zum Judentum konvertierten Idumäers und einer jüdischen Mutter, hat die Macht in Stein gegossen. Ganz Judäa und Galiläa hat er mit Städten nach griechisch-römischem Modell überzogen, hat die prächtigen Fassaden der Stadt Caesarea errichtet und ihren Hafen Sebastos. Das Land hat er ausgepresst, um das Imperium zu feiern – in Burgen und Prunkbauten, in der Oasen-Residenz von Jericho oder dem Palast zu Masada.

Seine Glanztat aber ist der Ausbau des 587 v. Chr. zerstörten und 516 v. Chr. neu geweihten Jerusalemer Tempels: ein pharaonisches, auf Jahrzehnte angelegtes Großprojekt.

Der König hat Senken auffüllen und so den Baugrund des Tempelbergs verdoppeln lassen. Er ließ Gewölbebögen errichten, die den erweiterten Baugrund stützten, ließ fast 20 Meter tief ins Muttergestein graben, um ein Fundament zu legen, und aus Sandsteinquadern, von denen die größten mehr als 500 Tonnen wiegen, gewaltige Mauern fügen. Bei Sonnenaufgang erglühen die Steine in rotem Schimmer, und tagsüber glänzt das Mauerwerk, als wäre es aus Marmor.

Wie eine Sonne bescheint das eigentliche Tempelgebäude die Stadt. „Fremden, die sich dem Gebäude näherten, erschien es aus der Distanz wie ein schneebedeckter Berg“, wird der jüdische Historiker Flavius Josephus seine Leser selbst im prächtigen Rom zum Staunen bringen: „Denn wo er nicht mit Gold verziert war, leuchtete er in blendendem Weiß.“

Seit Salomos Zeiten ist der Tempel steinerne Reinheit. So unantastbar ist sein Nimbus, dass das Vorhaben des Seleukidenherr-

Der neue Prediger aus Galiläa gewinnt immer mehr Anhänger – nach der Bibel auch durch Wunder, die er vollbringt. Den ins Leichentuch gewickelten Lazarus erweckt Jesus aus einem Höhlengrab

Vermutlich im Frühling des Jahres 33 zieht Jesus nach Jerusalem, ins Zentrum der Macht und des jüdischen Glaubens. Die Stadt feiert Passa, das wichtigste Pilgerfest. Will der Galiläer hier vor allen sein Gottesreich ausrufen? Die Begleiter jedenfalls sehen den auf einem Esel Einreitenden bereits als »Messias«, den Erlöser

schers Antiochos IV., ihn einem heidnischen Gott zu weihen, im Jahr 167 v. Chr. den Juden den Anlass lieferte, die Besatzer mit Gewalt zu vertreiben – und ein Priesterkönigtum einzusetzen, das fortan die Befolgung der religiösen Gebote sicherstellte (siehe Seite 60).

Und als 63 v. Chr. der römische Feldherr Pompeius Judäa dem Imperium einverleibte, blieb der Tempel Zeichen dieser Reinheit, dieser Exklusivität, dieses Abscheus vor jeder Befleckung.

Weil sich Jesus um diese Abgrenzungs-Hygiene nicht kümmert, sondern das Gottesreich mitten in den Schmutz der Welt tragen will, wird er lange als Anti-Jude gelten, als Bekämpfer oder Überwinder des jüdischen Gesetzes.

Dabei versteht er seine Lehre nicht als Gegenprogramm zur Tora, sondern als deren Radikalisierung: „Ich bin nicht gekommen, um aufzuheben", sagt er von sich, „sondern um zu erfüllen."

Schon der jüdische Gott stand ja auf der Seite der Verlierer – als Gott, der Unterdrückte aus der Knechtschaft befreit hat. Auch das „Reich Gottes" ist kein neues Konzept: Bereits der Prophet Daniel hatte die Vision einer „ewigen, unvergänglichen Herrschaft", die „einer wie ein Menschensohn" auf Erden errichten werde.

Doch jetzt gewinnt das „Reich Gottes" im Kontrast zu den steinernen Bollwerken der Günstlinge Roms, zu den erstarrten Kultformen der sadduzäischen Priesterkaste, die mit den Besatzern kollaboriert, neue Dringlichkeit. Und so kommt es, dass Jesus die direkte Kon-

Kurz nach seiner Ankunft in Jerusalem provoziert Jesus im Vorhof des Tempels, des heiligsten Ortes der Juden, einen Eklat. Er wirft die Tische jener Händler um, die die Gläubigen mit Opfertieren versorgen – eine Attacke gegen die Erstarrung der herrschenden Religion

frontation sucht: mit Jerusalem, der Stadt des Zentrums, der Hierarchie und der Erstarrung.

NIRGENDWO STEHT geschrieben, weshalb Jesus gerade in diesem Frühling – wohl im Jahr 33 – nach Jerusalem zieht. Einige Theologen spekulieren, er sei mit seiner Mission in Galiläa unzufrieden gewesen. Andere glauben, er habe den Konkurrenzkampf mit den Anhängern Johannes des Täufers gescheut. Vielleicht haben auch die Warnungen, der galiläische Herrscher Herodes Antipas trachte ihm nach dem Leben, von denen Lukas berichtet, seinen Aufbruch beschleunigt. Jedenfalls steht das Passafest vor der Tür, das wichtigste der drei jüdischen Wallfahrtsfeste – eine erstklassige Gelegenheit zur Verkündigung.

Von Kapernaum aus bricht Jesus mit Jüngern, Anhängern und Verwandten gen Süden auf. Wahrscheinlich meidet er das Kernland Judäas, um nicht das Aufsehen der zentralen Behörden zu erregen. Er umgeht auch das Hochland Samarias, wo häufig Wegelagerer auf Pilger lauern. Vermutlich überquert er den Jordan an einer Furt bei der Stadt Skythopolis, die nicht mehr zum Herodes-Machtbereich, sondern zur Provinz Syrien gehört, zieht das östliche Flusstal hinab durch Peräa bis nach Bethabara, gegenüber von Jericho.

Die Wanderung dauert wohl fast eine Woche. Sie führt nicht über Pflasterstraßen, sondern über gestampfte, von Steinen gesäumte Erde. Die Alten und Kinder reiten auf Eseln und Maultieren; das

Wetter ist mild, man kann im Freien schlafen; hier und da liegt ein Dorf oder ein Brunnen an der Strecke, und die Gruppe nutzt die Gelegenheit, zu predigen und zu heilen. Bei Bethabara überquert sie erneut den Jordan, erreicht die Dattelhaine von Jericho, wandert dann auf steilem, gewundenem Pfad westwärts durch das Gebirge, wo das Massiv des Ölbergs aus der Wüste wächst.

Vom östlichen Rand Jerusalems aus zieht sie in die Stadt ein. Dass dieser Einzug viel Aufsehen erregt, ist kaum anzunehmen. Ein glorioser Empfang würde die römischen Behörden alarmieren und die Mission beenden, noch ehe sie begonnen hat. Nichts spricht dagegen, dass Jesus auf einem jungen Esel einreitet, wie es die Evangelien beschreiben.

Gut möglich auch, dass einige Zuschauer Mäntel und Zweige auf den Weg werfen und „Hosanna" rufen: „Gesegnet sei er, der kommt im Namen des Herrn!" Doch für die römischen Soldaten sieht der Einzug wohl einfach aus wie der Jubel von Pilgern, die endlich am Ziel sind.

Denn in dem Menschenmeer, das zu Passa die Stadt überschwemmt, geht jeder Einzelne unter. Wo sonst 40 000 Menschen wohnen, drängt sich jetzt ein Mehrfaches dieser Zahl durch die Gassen, wogt über die Hügel, bevölkert die Herbergen und Gasthäuser und lärmt in unzähligen Sprachen. Aus allen Teilen des Landes kommen die Pilger, auch aus Alexandria, Griechenland und Mesopotamien, selbst aus Gallien oder Rom.

Für diejenigen aber, die Jesu Einzug begleiten, ist jener Retter erschienen, den sie den „Messias" nennen. Und Jesus verwahrt sich nicht dagegen – auch wenn er sich an keiner Stelle der Evangelien selbst als Messias, „Gesalbter", bezeichnet. Diesen Titel (griechisch: „Christos") werden ihm christliche Gemeinden erst später verleihen. Und wenn er sich kurz vor seinem Tod zum „Sohn Gottes" erklären wird, beansprucht er damit womöglich gar keine Einzigartigkeit: Im Alten Testament bedeutet diese Bezeichnung eine besonders enge Beziehung zu Jahwe.

Wenn Jesus überhaupt Anspruch auf einen Ehrentitel erhebt, dann auf den des „Menschensohns" – der in der Vision des Propheten Daniel die „ewige, unvergängliche Herrschaft" bringt. Doch die Verkündung ebendieser Herrschaft wird ihm zum Verhängnis werden: Denn für die Menge, die seinen Einzug feiert, klingt sie wie ein Anspruch auf politische Macht.

In Jerusalem aber sind die Machthaber auf der Hut in diesen Tagen. Schließlich feiern die Juden beim Passa die Befreiung vom ägyptischen Joch – eine explosive Erinnerung, die sich jederzeit in Wut auf aktuelle Knechtschaft verwandeln kann.

Nach dem Bericht des Historikers Josephus hat schon das Fest des Jahres 4 v. Chr. eine Katastrophe ausgelöst: Mit Wutschreien und Steinen habe damals die Menge gegen die Besatzung protestiert – woraufhin der Herodes-Sohn Archelaos das Militär auf die Gläubigen hetzte, 3000 von ihnen töten ließ und den Rest in die Berge jagte.

> Die Römer fürchten UNRUHEN – und beobachten die Pilger genau

Deshalb hat der römische Präfekt Pontius Pilatus jetzt die Sicherheit zur Chefsache erklärt: Eigens für die Festtage ist er aus Caesarea in die Stadt gekommen und überwacht das Geschehen von der Burg Antonia aus, gleich oberhalb des Tempelgeländes.

Jesus verliert keine Zeit. Ohne das übliche Reinigungsritual steigt er am Tag nach seiner Ankunft die Treppe zum Doppeltor des Tempels hinauf, durchschreitet das leuchtend bunt dekorierte Vestibül und betritt über eine lange Rampe den Tempelplatz.

Er sieht aus dem Innenhof die Rauchwolken der Opfer zum Himmel steigen, riecht den süßlichen Duft von brennendem Fett und Fleisch, von Wein und Öl, von Weihrauch und Gewürzen. Er riecht den Kot von Rindern, Ziegen, Schafen und Geflügel, hört das Blöken der Schafe und das Muhen der Kühe. Und vielleicht versetzen ihn die ländlichen Aromen für einen Moment in seine galiläische Heimat zurück.

Dann plötzlich, inmitten dieses Trubels, unter den Kolonnaden des äußeren Tempelvorhofs, stößt er die Tische der Geldwechsler und die Stände der Taubenverkäufer um. Kein Aufseher schreitet ein. Doch mit einer solchen Tat provoziert Jesus seine Festnahme.

Denn dieser Vandalismus ist keine „Reinigung" des Heiligtums, wie es das Johannes-Evangelium und mit ihm die Christen darstellen werden; kein Protest gegen Kommerz und Profanisierung – sondern: ein Attentat. Schließlich korrumpieren die Händler den Kultbetrieb nicht, sondern machen ihn erst möglich, da sie Opfertiere liefern und die heiligen Münzen bereitstellen, mit denen die Tempelsteuer entrichtet werden muss.

Nein, Jesu Gewaltakt ist ein Angriff auf den Tempel selbst.

DER TEMPEL – ist er nicht Symbol für den gefangenen Gott? Ist er nicht Stillstand und Starrheit, Festung und Grab? Sind nicht seine hierarchischen Kreise, seine Säulengänge, seine Konzentration auf das Allerheiligste, das nur der Hohepriester einmal im Jahr betreten darf, ein klassisches Modell der Ausgrenzung?

Eine Schranke trennt den „Vorhof der Heiden" vom Heiligtum ab. Jeder Nicht-Jude, der sie überschreitet, hat sein Leben verwirkt: „Kein Fremder darf diese Grenze und diese Tempelmauer überschreiten", mahnt eine Inschrift. „Wer dabei aufgegriffen wird, ist selbst schuld, wenn ihn der Tod erwartet."

Womöglich belässt es Jesus nicht bei seiner dramatischen Aktion. In den Evangelien ist auf merkwürdig unterschiedliche Weise davon die Rede, dass er eine Zerstörung des Tempels prophezeit habe. Nach Johannes fordert er die Gläubigen sogar auf, den Tempel selbst niederzureißen – „in drei Tagen werde ich ihn wieder aufrichten". Johannes, besänftigend: „Er aber meinte den Tempel seines Leibes." Das Skandal-Potenzial der Worte Jesu spricht für deren Authentizität – denn der Versuch, sie zu entschärfen, zeigt, in welche Verlegenheit sie die Evangelisten stürzen.

Dabei ist die Idee, dass Gott nicht hinter Steinen wohnt, gar kein Ausbruch

Nach seiner Tat vor dem Tempel bleibt Jesus zunächst frei. Er mietet einen Saal, um mit seinen engsten Anhängern zu speisen, tischt Wein auf und verteilt Brot – als Gegenentwurf, so meinen Theologen, für den Opferkult im Tempel. Doch dieses Abendmahl wird sein letztes sein

aus jüdischem Denken. „Du willst mir ein Haus bauen, damit ich darin wohne?", hat schon rund 1000 Jahre vorher der Prophet Nathan im Namen Gottes den König David belehrt. „Seit dem Tag, als ich die Israeliten aus Ägypten heraufgeführt habe, habe ich bis heute nie in einem Haus gewohnt, sondern bin in einer Zeltwohnung umhergezogen." Und bei Jesaja spricht Jahwe: „Der Himmel ist mein Thron und die Erde der Schemel für meine Füße. Was wäre das für ein Haus, das ihr mir bauen könntet?"

Doch für eine Stadt, die von dem Tempel lebt, ist Jesu Anschlag ein böser Affront. Der Tempel ernährt ja nicht nur Tierhändler und Geldwechsler, sondern auch Gastwirte und Marktleute. Er gibt Handwerkern Arbeit und Gerbern, welche die Häute der Opfertiere verwerten. Hunderttausende Lämmer werden, so der Historiker Josephus, allein beim Passafest in Jerusalem geschlachtet – auch wenn manche Forscher diese Zahl für übertrieben halten.

Vor allem aber profitieren die Priester und der Hohepriester, die zur Partei der Sadduzäer gehören. Sie stehen unter dem Schutz der römischen Präfekten und beherrschen den Sanhedrin, den obersten Rat der Juden. Die Pharisäer, die zweite große Richtung, haben in Jerusalem dagegen nur wenig Einfluss.

Menschensohns nachvollzogen wird, sondern als Feier der Gottesherrschaft).

Solange Jesus sich darauf beschränkt hat, durch Galiläa zu streifen und die Tora auf eigenwillige Weise auszulegen, konnte ihn die religiöse Aristokratie gewähren lassen. Sein Angriff auf die Festung des Kults aber macht ihn zur Gefahr. Und dies wäre ein guter Grund, Jesus aus dem Weg zu räumen.

Doch klar ist auch, dass eine öffentliche Festnahme vor den Augen Tausender ländlicher Pilger, von denen viele zu seinen Anhängern zählen könnten, nicht zweckmäßig wäre. Und so können Jesus und seine Jünger noch einige Tage unbehelligt ihre Mission fortsetzen, predigen tagsüber im Tempel und an den Reinigungsbecken der Pilger, heilen Besessene und Kranke am Schiloach- und am Bethesda-Teich, kehren nachts zu ihrem Lager am Ölberg zurück.

Unbehelligt mietet Jesus einen Saal für ein letztes Mahl, bricht das Brot, teilt Wein aus. Und verblüfft seine Anhänger noch einmal, glaubt man dem Evangelisten Johannes, mit einer Verkehrung der Ordnung: Nach dem Essen wäscht er den verdutzten Jüngern die Füße.

Es ist, als wolle er seinen Jüngern mit dem Abendmahl einen Ausgleich für den Opferkult des Tempels bieten, den er gerade so zornig in die Schranken gewiesen hat. Manche Theologen spekulieren, dass er bei der Austeilung des Brotes nicht „Das ist mein Leib“ sagt, sondern „Das ist der Leib“ – nämlich gewaltfreier Ersatz für das blutige Tieropfer.

Erst später wird die christliche Lehrmeinung diese Tischgemeinschaft als Symbol eines anderen Opfers deuten, des Kreuzestods Jesu nämlich, das den „neuen Bund“ zwischen Gott und Menschen besiegelt habe (auch wenn das Mahl noch in der syrischen „Didache“, dem ältesten erhaltenen christlichen Katechismus, nicht etwa als Erinnerung an den Tod des

Doch vielleicht ist es dieses Mahl, das in Judas Iskariot, einem seiner engsten Vertrauten, den Plan keimen lässt, den Aufenthaltsort des Meisters an den Hohepriester zu verraten. Womöglich hat es in ihm die Sorge genährt, Jesus wolle einen neuen Kult ausrufen – und das Judentum in die Spaltung treiben.

Jedenfalls wird Jesus wenige Stunden später in der Nähe des Landguts Gethsemane von einem Trupp festgenommen und in die Stadt verschleppt.

Ob er seinen nahen Tod vorausgesehen hat oder noch immer auf den rechtzeitigen Beistand der Gottesherrschaft wartet, ist kaum zu entscheiden. Dass zumindest die Jünger durch die Ereignisse überrascht sind, zeigt deren Flucht. Sie entkommen vermutlich auf die oberen Hänge des Ölbergs oder in Richtung Bethanien. Nur von den Frauen, die keine Verhaftung zu befürchten haben, bleiben einige in Jerusalem.

Die Tempelwache bringt den Gefangenen nicht, wie sonst üblich, ins Gefängnis der römischen Kaserne. Sie wirft ihn auch nicht in den Kerker des Sanhedrins, des Hohen Rats der Juden. Sie schafft ihn in das Privathaus des Hohepriesters Kajaphas, wo Jesus sofort vernommen wird. Noch vor dem Festtag soll die Angelegenheit erledigt sein.

Dass es zu einer regulären Gerichtsverhandlung kommt, wie Markus und Matthäus schreiben, ist wenig wahrscheinlich. Nur einer hat das Recht, Kapitalprozesse zu leiten: Pontius Pilatus, Präfekt und oberster Gerichtsherr der Provinz Judäa. So beschränkt sich das Geschehen im Haus des Kajaphas wohl, wie auch Lukas bezeugt, auf ein Verhör, das die Anklage vorbereiten soll.

Jesu Aktion und seine Prophetien gegen den Tempel reichen aber kaum aus, um die römische Justiz zum Todesurteil zu drängen. Mehr Erfolg verspricht es, den Lästigen politischer Vergehen zu bezichtigen. Heißt es nicht, Jesus nenne sich König der Juden?

Diesen Anspruch nehmen die Römer offenbar ernst. „König der Juden“ ist ein Titel, den, wenn überhaupt, nur Rom vergibt: Bis zu seinem Tod 4 v. Chr. trug ihn Herodes der Große. Und auch das „Gottesreich“, das Jesus verkündet, lässt sich politisch deuten: Immerhin ist ein Reich, in dem die Ersten die Letzten und die Letzten die Ersten sind, ja eine Bedrohung für jeden Status quo.

Aber Jesu Bewegung ist keine Terrortruppe. Zwar tragen einige der Jünger Namen, die möglicherweise Beziehungen zu den Zeloten, den „Eiferern“ des bewaffneten Widerstands, verraten – allen voran Simon der Zelot.

Doch dass die Jünger solche Namen als Unterscheidungstitel tragen, könnte gerade ein Beleg dafür sein, dass die meisten der Jünger eben keine Zeloten sind.

Hielten die Römer Jesus schlicht für einen Wirrkopf, ließen sie ihn wohl laufen – so wie gut 30 Jahre später einen Fanatiker, der ebenfalls Jesus heißt und Prophezeiungen gegen den Tempel verbreitet: Auch ihn nimmt die jüdische Aristokratie fest, verhört ihn und liefert ihn den Römern aus. Der Statthalter befindet ihn jedoch für wahnsinnig und spricht ihn frei.

Vielleicht aus Angst, Jesus könnte das Judentum spalten, verrät ihn sein Jünger Judas Iskariot an den Hohepriester. Mit einem Kuss gibt Judas den Meister nachts der Tempelwache zu erkennen

Gleich am Morgen tagt das Gericht, öffentlich und unter freiem Himmel. Pilatus sitzt auf dem Richtstuhl unter einem Tor an der Westseite des herodianischen Palastes. Und er ist es, nicht der Hohe Rat, der Jesus zum Tod am Kreuz verurteilt.

Die Kreuzigung ist die übliche Strafe für Aufrührer. Üblich auch die Praxis, die Beine des Verurteilten mit Seilen und Eisennägeln am Längsbalken zu befestigen; üblich zudem die vorangehende Züchtigung mit dem *flagellum*, einem Stock mit Eisen- und Knochenspitzen an Lederriemen, der tiefe Wunden reißt: Gerade so fest schlagen die Büttel zu, dass die Opfer noch bei Bewusstsein bleiben.

Im Prätorium des Palastes, so berichtet Markus, wird auch Jesus gegeißelt. Die Soldaten ziehen ihm seine Kleider aus, schmücken ihn mit Purpurmantel und Dornenkrone, höhnen: „Heil dir, König der Juden!"

Sie schlagen ihn und bespucken ihn, werfen sich vor ihm ironisch auf die Knie. Sie laden dem Blutenden das Kreuz – genauer: nur dessen Querbalken – auf die Schulter. Dann treiben sie ihn mit zwei weiteren Verurteilten durch die Oberstadt und zum Tor hinaus zu einer Felskuppe namens Golgatha, der „Schädelhöhe", die wohl oberhalb eines Steinbruchs liegt.

Es ist der Vortag von Passa, und es ist gegen neun Uhr morgens, „die dritte Stunde", als sie ihn und zwei weitere Delinquenten an die Kreuze heften.

Am Kopfende des Marterwerkzeugs prangt der *titulus crucis*, das Schild mit der Bezeichnung seines Vergehens – eine Abkürzung seiner kriminellen Anmaßung: „INRI" steht darauf. Iesus Nazarenus Rex Iudaeorum. Jesus von Nazareth, König der Juden.

Es gibt Gekreuzigte, deren Todeskampf mehrere Tage andauert. Jesus stirbt nach sechs Stunden: Als Soldaten ihm die Beine zerschlagen wollen, damit er schneller stirbt und noch vor dem Festtag begraben werden kann, stellen sie seinen Tod fest.

Sturmwolken schwärzen den Himmel. Gaffer stehen herum, auch ein paar Frauen aus dem Jüngerkreis; darunter seine Mutter, deren Schwester Salome sowie Maria aus Magdala, die Jesus einst von sieben Dämonen befreit hat.

Womöglich sind sie es, die Jesu letzte Worte überliefern: „Mein Gott, mein Gott, warum hast du mich verlassen?"

Das ist kein spontaner Verzweiflungsschrei, sondern ein Bibelzitat: So beginnt der 22. Psalm, ein Psalm König Davids, in dem trotz aller Qual und Verfolgung schließlich die Treue Gottes mit den Elenden gerühmt wird.

Josef von Arimathäa, ein Mitglied des Hohen Rates, verwendet sich dafür, den Leichnam bestatten zu dürfen – um ihn nicht, wie es üblich ist, als Spott der Menschen und Beute der Raubvögel am Kreuz hängen zu lassen.

> Aufrührer erwartet eine qualvolle Strafe – der langsame TODESKAMPF an einem Holzkreuz

Noch vor der Nacht zum Sabbat lässt er Jesus in ein Felsengrab legen, das er gerade für sich selbst erworben hat. Doch am Morgen nach dem Sabbat, als einige der Jüngerinnen nach dem Toten sehen und ihn mit wohlriechenden Ölen salben wollen, finden sie keinen Leichnam.

Was nun geschieht, wird jeder anders erinnern. In der Version des Markus wartet im Grab ein Jüngling in weißem Gewand. Bei Lukas sind es gleich zwei Männer, die hinzutreten und die Frauen zur Rede stellen: „Was sucht ihr den Lebenden bei den Toten?" Bei Matthäus bricht ein Erdbeben aus, derweil ein Engel erscheint. Bei Johannes besucht nur Maria aus Magdala das Grab – und ruft angesichts der leeren Höhle zwei andere Jünger zu Hilfe, die aber auch nichts als Leichentücher vorfinden.

In der Folge verwirrt sich das Geschehen noch mehr. Bei Matthäus erscheint Jesus zunächst den Frauen; dann geht er nach Galiläa, um sich auch den Männern zu offenbaren: „Einige aber hatten Zweifel." Bei Lukas gibt sich Jesus zuerst zweien seiner Jünger in dem Dorf Emmaus zu erkennen, indem er das Brot mit ihnen bricht. Überwältigt kehren sie zu den anderen Anhängern nach Jerusalem zurück – wo der Auferstandene wieder erscheint und vor aller Augen ein Stück gebratenen Fischs verzehrt.

Und bei Johannes beweist Jesus den Jüngern seine Identität, indem er ihnen seine Wundmale zeigt: Nur der Zweifler Thomas glaubt nicht, was er sieht. Da fordert Jesus ihn auf, den Finger in seine Wunden zu legen, und sagt: „Selig sind, die nicht sehen und doch glauben."

Was da geschehen ist, lässt sich mit wissenschaftlichen Methoden kaum klären. Zwar gab es offenbar tatsächlich Menschen, die eine Kreuzigung überlebten. Der Historiker Josephus berichtet von einem, der, begnadigt und vom Kreuz geborgen, ins Dasein zurückkehrte. Doch nach der Geißelung, der Tortur am Kreuz und einem Lanzenstoß in die Seite ist es unwahrscheinlich, dass Jesus noch einmal zu Bewusstsein kam.

Und kaum vorstellbar wäre es, dass ein Scheintoter mit zernagelten Füßen die zwölf Kilometer ins Dorf Emmaus wanderte, wie es Lukas berichtet – oder gar nach Galiläa, wie Matthäus erzählt.

Es ist aber auch schwer denkbar, dass Jesu Anhänger den Leichnam entfernt haben, um die Auferstehung zu fingieren. Denn nach ihren Berichten haben Frauen, deren Aussagen vor Gericht nichts gelten, das leere Grab entdeckt – hätten sich die Jünger diese Szenen ausgedacht, hätten sie wohl glaubwürdigere Zeugen erfunden.

Dies ist der Moment, in dem die Berichterstatter einander hoffnungslos widersprechen. Mit seiner Auferstehung entzieht sich Jesus den Chronisten vollends in jenes Reich, dessen Realität er schon zu Lebzeiten verkündet hat – jenes luftige und ungreifbare Reich, das „nicht von dieser Welt" ist.

Und so blieb jahrhundertelang auch die Biografie des Menschensohns eine reine Frage des Glaubens. Die Person Jesu reduzierte sich auf ein Objekt des Reliquienkults, wurde zum bloßen Kristallisationspunkt für theologische Dispute – etwa über die göttliche und/oder menschliche Natur des Erlösers.

Erst die Aufklärung schickte sich an, die Dogmen der Kirche systematisch zu

Noch in der Nacht der Festnahme bringt die Tempelwache Jesus zum Verhör ins Haus des Hohepriesters Kajaphas. Als der Gefangene – so berichtet es der Evangelist Matthäus – verkündet, er werde bald an Gottes Seite sitzen, zerreißt Kajaphas sein eigenes Gewand und zeiht ihn der Lästerung

überprüfen. Nicht geistlichen Erfahrungen wollten die Aufklärer trauen, sondern messbaren Sinnesdaten.

Was nicht empirisch beweisbar war, das hatte nicht mehr zu existieren: „Das mythische Grauen der Aufklärung", resümierten zur Mitte des 20. Jahrhunderts die Philosophen Max Horkheimer und Theodor W. Adorno, „gilt dem Mythos."

Die ersten Versuche, das Leben Jesu von solcher Art Mythos zu befreien und die historische Figur in den Blick zu nehmen, begannen im 18. Jahrhundert mit Hermann Samuel Reimarus.

Der war Professor für orientalische Sprachen in Hamburg. Als Theologe und Anhänger der englischen Vernunftreligion des „Deismus" versuchte er sich an einem umfassenden Werk, mit dem er die Bibel gegen atheistische Angriffe verteidigen wollte. Dabei stieß er jedoch auf immer mehr Widersprüche und Unwahrscheinlichkeiten. Sein Verdacht, den er zu Lebzeiten nicht öffentlich zu äußern wagte: Die christliche Botschaft sei gar nicht die Lehre Jesu, sondern das Werk der Apostel. Um das Scheitern ihres Propheten zu vertuschen und sich an dessen Stelle zu setzen, hätten sie seinen Leichnam aus dem Grab gestohlen – und nach 40 Tagen seine Auferstehung und baldige Wiederkunft verkündigt.

1835 versuchte der Philosoph und Theologe David Friedrich Strauß in seinem Buch „Das Leben Jesu", Reimarus' These abzumildern: Die Fälschungen der Evangelisten seien vielleicht kein absichtlicher Betrug gewesen – dafür aber unbewusste mythische Dichtung.

Die Wiederbelebung eines Scheintoten habe sich zur Auferweckung des Lazarus gesteigert, aus der Vision eines Jüngers wurde Jesu Gang auf dem Wasser: All dies seien aber keine Lügen gewesen, sondern Konzessionen an „jüdische Wundersucht".

Doch was blieb dann vom historischen Jesus? Um die Wende zum 20. Jahrhundert vermuteten die Philosophen Bruno Bauer und Arthur Drews: gar nichts. Der „Menschensohn" habe niemals gelebt, kein Mensch aus Fleisch und Blut habe Vorwand für die Legende vom Christus gegeben – sondern ein Weltmythos habe in der Figur Jesus eine literarische Form gefunden.

So vehement waren die Attacken der Aufklärer, so angreifbar erwies sich das Christentum in der Frage nach seiner zentralen Gestalt, dass Rudolf Bultmann, der wichtigste evangelische Neutestamentler des frühen 20. Jahrhunderts, die Suche nach dem historischen Jesus schließlich für müßig erklärte: Über das Leben des Menschensohns könne man „so gut wie nichts mehr wissen". Und weil die christliche Botschaft bedingungslos Gehorsam und Glauben an Jesu Handeln und Botschaft fordere, widerspräche jede wissenschaftliche Jesus-Forschung ohnehin ihrem Wesen.

Nach diesem Diktum war lange Schweigen: Von den 1920er bis Mitte der 1950er Jahre klafft in Deutschland in der Reihe theologisch-historischer Jesus-Darstellungen eine Lücke. Erst Bultmanns Schüler wagten sich wieder vorsichtig an das Leben ihres wichtigsten Studiengegenstands heran. Diese „neue Frage nach dem historischen Jesus" beschränkte sich jedoch auf theologische Spezialaspekte – etwa darauf, die Lehre Christi vor seinem Tod mit der Verkündigung der Jünger nach Ostern zu vergleichen: eine Debatte für Insider.

Derweil rief das Schweigen der Theologen über den Menschen Jesus eine Armee von Spekulanten auf den Plan – die argwöhnten, Kirche und Theologie hätten den Menschensohn bewusst zur „Verschlusssache" erklärt, um kritischen Fragen auszuweichen.

Amateur-Detektive nahmen Jesu Beziehung zu Maria aus Magdala unter die Lupe – eine australische Autorin etwa ermittelte für den Menschensohn eine Scheidung, eine Wiederverheiratung und drei Kinder.

Nach der Entdeckung alter Schriftrollen bei Qumran am Toten Meer in den 1950er Jahren blühte der Verdacht, der dort erwähnte „Lehrer der Gerechtigkeit" sei womöglich mit Jesus identisch gewesen – bis Radiokarbontests nahelegten, dass die Dokumente bereits über ein Jahrhundert vor den neutestamentlichen Schriften entstanden waren.

Vor allem die „Lücke" in Jesu Leben, jene Jahre vor dem Beginn seiner Predigttätigkeit, über die sich die vier kanonischen Evangelien weitgehend ausschweigen, hatte schon lange die Fantasien angeheizt. Schriftsteller, Enthusiasten und Religionsgründer verlegten Jesu Ausbildung mal nach Ägypten, mal nach Indien; in Amerika oder Kaschmir soll er gewirkt haben, und deutsche Antisemiten gaben sich bändeweise Mühe, seinen Ariernachweis zu erbringen.

Erst die Theologen der „dritten Suche", die in den 1980er Jahre einsetzte, begannen, auch archäologische, sozialwissenschaftliche und „klassische" historische Methoden zur Wahrheitsfindung über den historischen Jesus heranzuziehen.

Um etwa die Geschichte vom Gastmahl mit den Zöllnern und Sündern am See Genezareth zu beglaubigen, ermittelten sie, dass zu Jesu Lebzeiten tatsächlich zwischen Kapernaum und Bethsaida eine Grenze verlief – jedoch nur bis zum Jahr 39.

Demnach hätte diese Situation von den Evangelisten schwerlich rekonstruiert werden können, und so ist es wahrscheinlich, dass die Erinnerung an das Zöllnergastmahl keine späte Erfindung ist, sondern in der Tat auf die 30er Jahre zurückgeht.

Doch die Daten, die auf diese Weise eine historische Unterfütterung erhalten, sind spärlich gesät. Die literarischen Zeugnisse sind sämtlich nach Jesu Tod entstanden: Der wohl älteste erhaltene Schriftbeleg ist der Brief des Apostels Paulus an die Gemeinden in Thessaloniki, verfasst um das Jahr 50.

Paulus kannte Jesus zu dessen Lebzeiten nicht, nennt sich aber den letzten Zeugen, dem der Auferstandene erschienen ist – und so ist es auch nicht das Leben des Meisters, das Paulus in seinen Briefen umkreist, sondern vor allem dessen Tod und Auferstehung.

Erst die „Synoptiker", die Evangelisten Markus, Matthäus und Lukas (deren eigene Lebensgeschichten indes im Dunkeln lie-

Weil Jesus ein neues Reich verkündet, erscheint er als Gefahr auch für die weltliche Macht. Roms Präfekt Pontius Pilatus verurteilt ihn zum Tod. Das Marterwerkzeug muss Jesus selbst tragen

Wahrscheinlich am 3. April des Jahres 33 stirbt Jesus nach sechsstündigem Todeskampf am Kreuz. Unter den Trauernden ist seine Mutter sowie Maria aus Magdala, der er einst Dämonen ausgetrieben hat. Engel umfliegen hier den Gekreuzigten, der sich nach Ansicht der Römer den Titel »König der Juden« angemaßt hat

gen), kümmern sich um die Biografie des Menschensohns. Matthäus und Lukas bedienen sich dabei bei Markus und, wie die meisten Forscher vermuten, bei einer – bis heute nicht gefundenen – älteren Sammlung von Aussprüchen Jesu: der „Logienquelle", kurz „Q" genannt, aus der etwa Matthäus die berühmte „Bergpredigt" zusammengestellt haben soll (siehe auch Seite 154).

Ebenso umstritten sind die – oft nur in Bruchstücken überlieferten – außerkanonischen Quellen wie das „Geheime Markus-Evangelium" oder das „Thomas-Evangelium", die bei der Zusammenstellung des Neuen Testaments um das Jahr 200 nicht berücksichtigt wurden.

Doch bereits die kanonischen Quellen machen es den Theologen nicht leicht, die Spreu vom Weizen zu trennen. Die Mitglieder des „Jesus Seminar", eines Zusammenschlusses von US-Gelehrten, stimmen bei ihren Treffen gar über die Echtheit der überlieferten Zitate ab – und kommen zu dem Schluss, dass nicht einmal ein Fünftel aller Jesus zugeschriebenen Worte authentisch ist.

Die Forschung der 1950er Jahre urteilte häufig nach dem „Differenzkriterium": Um die Botschaft des wahren Jesus aus den Texten herauszufiltern, müsse man alles ausblenden, was aus dem Judentum oder dem Urchristentum ableitbar sei; nur ein eigenständiger Jesus könne der echte sein.

Gegner kreiden dieser Methode ihren „antijüdischen Akzent" an – und verwerfen das „Differenzkriterium" zugunsten des „historischen Plausibilitätskriteriums": Gerade die Aussagen Jesu, die in den jüdischen Kontext passen und die Entstehung des Urchristentums

Ein einflussreicher Sympathisant Jesu setzt sich erfolgreich dafür ein, dessen Leichnam bestatten zu dürfen – und ihn nicht über die Festtage, am Kreuz hängend, verwesen zu lassen. Anhänger salben den Toten mit Aloe und Myrrhe und legen ihn in ein nahes Felsgrab

verständlich machen, seien als historisch anzusehen.

Das Jesus aber nicht einfach eine Erfindung der Urkirche war, sondern eine historische Gestalt, könnten vor allem nichtchristliche Autoren bezeugen. Als wichtigster dieser Zeugen galt lange der jüdische Historiker Flavius Josephus, geboren um 38 n. Chr. In seinem Buch „Jüdische Altertümer" berichtet er, im Jahr 62 sei „Jakobus, der Bruder des sogenannten Jesus", dem Sanhedrin vorgeführt worden. Andere Verweise auf Jesus sind mit großer Wahrscheinlichkeit erst später von Christen in die „Altertümer" eingeschoben worden.

Der römische Historiker Tacitus (um 56 bis um 120) berichtet von einem „Christus", der „unter der Herrschaft des Tiberius auf Veranlassung des Prokurators Pontius Pilatus hingerichtet worden" sei. Und sein Kollege Sueton (70 bis ca. 130) erzählt, dass Kaiser Claudius Juden vertrieb, „die, von Chrestus aufgehetzt, fortwährend Unruhen anzettelten" – ohne sich freilich darum zu kümmern, dass dieser „Chrestus" zu Claudius' Zeiten längst tot war.

WANN JESUS geboren wurde, lässt sich den Evangelien nur ungefähr entnehmen. Matthäus etwa datiert die Geburt auf die letzten Regierungsjahre Königs Herodes des Großen – das wären die Jahre 6 bis 4 v. Chr. Doch schon über die Umstände scheiden sich die Geister: Laut Matthäus stammt die Familie aus Bethlehem in Judäa, acht Kilometer südlich von Jerusalem. Nach Jesu Geburt seien die Eltern mit dem Kind vor einem Massenmord an Kleinkindern, den Herodes angeordnet habe, nach Ägypten geflohen – allerdings erwähnt keine historische Quelle ein solches Massaker. Nach dem Tod von Herodes im Jahr 4 v. Chr. seien sie wieder nach Palästina zurückgekehrt, um sich im galiläischen Nazareth niederzulassen.

Lukas hingegen, der Autor der beliebten „Weihnachtsgeschichte", berichtet, Jesu Eltern hätten in Nazareth gewohnt. Später seien sie nach Bethlehem gezogen, der Stadt König Davids, um sich dort in die Steuerlisten Roms eintragen zu lassen – und schließlich das Kind in der legendären Krippe zur Welt zu bringen. Nach den Berichten der Historiker fand diese Steuerschätzung allerdings erst in den Jahren 6 bis 8 n. Chr. statt – also etwa ein Jahrzehnt nach Jesu Geburt.

Offenbar haben die Evangelisten die Stadt Bethlehem ins Spiel gebracht, um ihre Berichte mit biblischen Prophezeiungen in Einklang zu bringen. Hatten nicht die Propheten geweissagt, aus Bethlehem werde „ein Fürst hervorgehen", ein „Hirt" des Volkes Israel?

Für die Herkunft der Familie Jesu aus Judäa spricht immerhin, so der britische Archäologe Shimon Gibson, die Derbheit, mit der die Galiläer den Sohn später behandeln: Lukas zufolge vertreiben die Nazarener ihn sogar aus dem Ort, jagen ihn an den Abhang eines Berges, um ihn hinabzustürzen (andere Forscher weisen jedoch darauf hin, dass es einen solchen Berg dort überhaupt nicht gebe).

Auch über Jesu Tod berichten die Quellen Widersprüchliches, zudem nennt keine ein genaues Datum oder auch nur eine Jahreszahl. Doch es gibt Hinweise: Jesu Ankunft in Jerusalem datiert Johannes auf sechs, Markus auf zwei Tage vor dem Passafest. Ob Jesus am Vorabend des Passa starb, wie Johannes berichtet, oder am Feiertag selbst, wie die Synoptiker schreiben, ist zwischen den Evangelisten umstritten.

Die Darstellung des Johannes erscheint jedoch plausibler: Es ist schwer vorstellbar, dass die Hinrichtung ausgerechnet am höchsten Festtag stattfand.

Da sich alle Evangelisten einig sind, dass der Tag nach Jesu Kreuzigung ein Sabbat war, ist es sehr wahrscheinlich, dass das Passafest in jenem Jahr auf einen Sabbat gefallen ist – was, je nach Berechnungsmethode für den äußerst komplizierten hebräischen Kalender, entweder am 8. April des Jahres 30 oder am 4. April 33 der Fall war.

Jüngere Untersuchungen, die auch im Neuen Testament angedeutete astronomische Erscheinungen berücksichtigen, lassen das Datum im Jahr 33 als die plausiblere der zwei Varianten erscheinen.

Doch gab es wirklich eine Gerichtsverhandlung am frühen Morgen des 3. April 33, des Tages vor jenem Sabbat?

> Dass Jesus GELEBT hat, ist nicht mehr umstritten. Wer genau er war, schon

Hat Pilatus tatsächlich seine Hände gewaschen, um zu zeigen, er sei „unschuldig am Blut dieses Menschen", wie Matthäus schreibt?

Das Händewaschen als Unschuldsgeste ist kein römischer Brauch, sondern die Persiflage eines jüdischen Reinigungsrituals – und Pilatus war, glaubt man dem zeitgenössischen jüdischen Philosophen Philo, ein „höchst unerbittlicher, unbarmherziger und starrsinniger Mann", der, wie Flavius Josephus berichtet, schließlich wegen eines maßlosen Massakers abgesetzt wurde. Wenig wahrscheinlich also, dass ein solcher Tyrann angesichts eines jüdischen Rebellen sein weiches Herz entdeckte.

Hat dieser Pilatus tatsächlich auf Druck der „Volksmenge", wie Markus schreibt, einen Gefangenen freigelassen – und zwar statt Jesus den Terroristen Barabbas? Der Brauch einer Feiertags-Amnestie wird von zeitgenössischen Chronisten nicht bestätigt.

Vielleicht ist die Reinwaschung der Römer und die Beschuldigung „der Juden", wie es bei Johannes pauschal heißt, eine Reaktion auf die Christenverfolgung durch den jüdischen König Herodes Agrippa I. in den 40er Jahren. Demnach wäre die Passionsgeschichte bereits damals entstanden, was die meisten Forscher für unwahrscheinlich halten. Einleuchtender ist die Annahme, dass die missionierenden Urchristen eine allzu negative Zeichnung der Römer für nicht opportun hielten.

Dass diese Schuld-Verschiebung schon wenige Jahrhunderte später als Material für antisemitische Hetze herhalten würde, konnten die Evangelisten kaum voraussehen.

Und starb Jesus wirklich am Kreuz? Der Theologe Gunnar Samuelsson von der Universität Göteborg bezweifelt anhand der kargen antiken Quellenlage über diese Strafe, dass sie überhaupt gängige Praxis war.

Allerdings wäre es auf den ersten Blick ein lausiger Propaganda-Coup der Urchristen gewesen, für das Martyrium ihres Messias ausgerechnet eine derart ehrlose Hinrichtung zu erfinden: Immer wieder erwies sich der unwürdige Tod des Menschensohns als Hindernis bei der Verkündung des Glaubens – „für Juden ein empörendes Ärgernis, für Heiden eine Torheit", wie Paulus schreibt. Um allerdings hinzuzufügen, dass gerade diese Todesart Kraft und Weisheit bezeuge: „Das Niedrige in der Welt und das Verachtete hat Gott erwählt."

Heidnische und jüdische Gegner warfen den Urchristen vor, sie beteten einen Verbrecher an – schlimmer noch: ein Marterinstrument. „Ein Gehenkter", hat die Tora den Juden eingeschärft, „ist ein von Gott Verfluchter."

Immerhin: Obwohl der Historiker Josephus Tausende von Kreuzigungen im Jerusalem jener Tage errechnet hat (2000 allein im Jahr 4 v. Chr., nach der Zerstörung des Tempels im Jahr 70 n. Chr. sogar 500 an einem Tag), haben die Archäologen bislang nur ein einziges Opfer gefunden. 1968 wurde in einer Jerusalemer Grabstätte aus dem 1. Jahrhundert der Skelettrest eines Mannes entdeckt, in dessen Ferse ein elf Zentimeter langer Nagel steckte, befestigt an einem Stück Olivenbaumholz. Offenbar hatte sich das Eisen am Kern des Balkens so verbogen, dass man es nicht mehr heraus-

Mit seinem Tod geht der historische Jesus endgültig über in die Sphäre des Glaubens. Die Evangelisten berichten, dass er als Auferstandener umherwandelt. Anschließend fährt er zum Himmel empor (oben) – und lässt sich zur Rechten Gottes nieder

ziehen konnte. Doch da der Mann in einem Familiengrab lag, stammte er wohl aus wohlhabendem Hause – das zudem über so gute Beziehungen verfügte, den Leichnam bestatten zu dürfen. Denn die meisten Gekreuzigten waren Sklaven, Diener, Bauern und Banditen; sie ließ man in der Regel am Kreuz verwesen oder warf sie den Tieren zum Fraß vor.

So hat auch das Wirken Jesu, des Unverortbaren, kaum materielle Spuren hinterlassen. 1986 fand sich im Schlamm des ausgedörrten Sees Genezareth ein krudes Boot aus dem 1. Jahrhundert, zusammengezimmert aus Wrackteilen und minderwertigen Hölzern, wie es die Jünger bei jener Fahrt über den See benutzt haben könnten, bei der Jesus den Sturm gestillt haben soll.

Literaturempfehlungen: *Shimon Gibson, „Die sieben letzten Tage Jesu", Beck; die Passionsgeschichte auf aktueller archäologischer Grundlage rekonstruiert. Jürgen Roloff, „Jesus", C. H. Beck; nüchterne Zusammenfassung der wichtigsten Erkenntnisse über den historischen Jesus.*

Und unter den Fundamenten einer byzantinischen Kirche in Kapernaum legten Archäologen ein Fischerhaus frei, das zwischen 50 und 100 n. Chr. restauriert worden war: Die griechischen, syrischen, hebräischen und lateinischen Inschriften, die offenbar christliche Pilger in den Putz geritzt hatten, wiesen es als Ziel früher Wallfahrten aus – die nur dem Haus des Fischers Simon Petrus gegolten haben konnten, jenes Jüngers Christi, bei dem Jesus „zu Hause war", wie Markus schreibt.

Doch auch dieser Ort zeugt von der Ortlosigkeit seines Bewohners. Denn es ist zweifelhaft, ob Jesus dort tatsächlich länger gelebt hat – oder ob er das Haus des „Menschenfischers" nur für sporadische Zwischenstopps nutzte. Denn offenbar lehnte er ab, es zum Lehrhaus zu machen: „Lasst uns anderswohin gehen, in die benachbarten Dörfer", hat er gesagt, „denn dazu bin ich gekommen."

Zwar fanden Ausgräber an der westlichen Mauer der Altstadt Jerusalems jene Steinplattform, wo wohl Jesus verurteilt wurde und den Kreuzgang zur Hinrichtungsstätte antrat. Doch noch immer streiten die Fachleute, ob er tatsächlich auf jenem Felsen starb und bestattet wurde, den heute die „Grabeskirche" bezeichnet: Undenkbar, dass ein derart unreiner Ort innerhalb der Stadtmauer geduldet worden wäre.

Sollte allerdings, wie die meisten Archäologen heute annehmen, die Stadtmauer zu Jesu Zeiten diesseits des Geländes verlaufen sein – dann würde der Ort alle Bedingungen erfüllen.

Inzwischen bestreitet kein ernst zu nehmender Historiker mehr, dass Jesus gelebt hat. Wer er war, ist allerdings noch immer umstritten. Jede christliche Religionsgemeinschaft, jede theologische Richtung propagiert ihren persönlichen Jesus: den Endzeitpropheten, den Sozialrevolutionär, den Weisheitslehrer, den Charismatiker. Im amerikanischen „Jesus Seminar" etwa kam man zu der Vermutung, Jesus sei ein Aussteiger und Analphabet gewesen, der nach dem Modell der „Kyniker" um den griechischen Philosophen Diogenes die Gesellschaft vor den Kopf stoßen wollte.

Doch der deutsche Neutestamentler Gerd Theißen weist darauf hin, dass Jesus und seine Jünger sich eben nicht wie die Kyniker auf ihre Selbstgenügsamkeit verlassen hätten, sondern ganz und gar auf Gottes Fürsorge: Wo die Nachfolger des Diogenes sich mit Vorratssack, doppelt gefaltetem Mantel und einem wehrtüchtigen Wanderstab für alle Fälle wappneten, verzichtete die Jesus-Gemeinschaft auf jede Ausrüstung. Und wo die Kyniker durch Verzicht ihre Autarkie bewahrten, tafelten die Jesus-Leute so sorglos, dass man sie als „Fresser und Säufer" beschimpfte.

So zersplittert das Bild des historischen Jesus zum Kaleidoskop der Jesusbilder. Und so wiederholt sich das Paradox des Menschensohns in der Frage nach seinem Leben: Je näher die Forschung ihm auf den Leib rückt, desto ferner schaut er zurück.

Und bleibt der Ungreifbare, der Irrlichternde, der Unberechenbare, dessen Schwerelosigkeit die Macht der Dinge herausfordert. □

Jörg-Uwe Albig, 50, Schriftsteller in Berlin (u. a. „Berlin Palace"), war bei seiner Recherche beeindruckt, welch widerstreitende Interpretationen die Person Jesu bei Forschern ausgelöst hat. Der Italiener **Giotto di Bondone** (ca. 1266–1337) malte seinen berühmten Freskenzyklus über das Leben Jesu in der Scrovegni-Kapelle von Padua.

GEO-Magazine – Sie haben die Wahl

Große Geschichten mit bis zu 13 % Ersparnis!

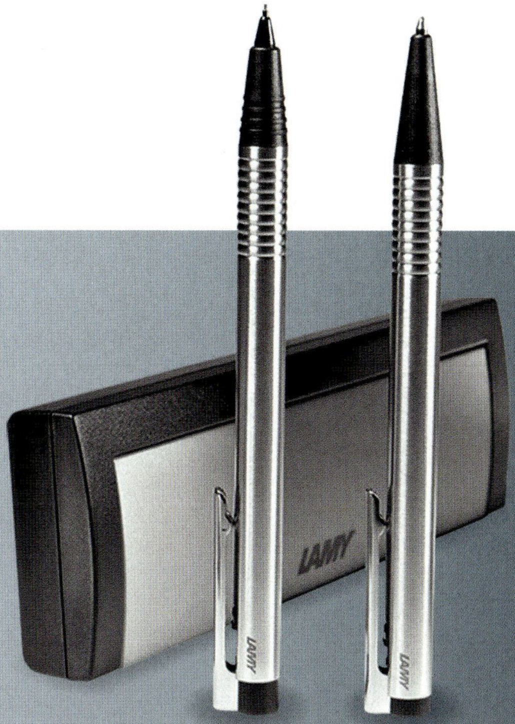

LAMY-Schreibset

Perfekt für wichtige Notizen und Unterschriften: Druckbleistift und Kugelschreiber aus feinstem Edelstahl liegen gut in der Hand und sehen noch besser aus. In edlem Etui.

Gratis dazu!

- ✓ Ein Geschenk gratis!
- ✓ Lieferung frei Haus!
- ✓ Ein oder mehrere Magazine zur Wahl!

✓ Ja, ich möchte mein/e GEO-Wunschmagazin/e!

1. Die großen Themen der Allgemeinbildung – visuell opulent, leicht verständlich.
2. Aufwendige Reportagen über den Zustand der Welt.
3. Faszinierende Erkundungen – je Heft ein Land, eine Region oder eine Stadt.
4. Die schönsten Reiseziele der Welt – einladend und informativ.
5. Auf den besonderen Spuren der Geschichte.
6. Rätsel, Bastelspaß und Spiele – für Kinder von 5 bis 7 Jahren.
7. Spielerisch-sympathisch lernen – für Kinder von 8 bis 14 Jahren.

Magazin	Angebot	Best.-Nr. für mich	Best.-Nr. als Geschenk
GEO EPOCHE	erscheint 6x jährlich zum Preis von zzt. € 8,00 statt € 9,00 im Einzelkauf mit 11 % Ersparnis.	☐ 704 384	☐ 704 385
GEO	erscheint 12x jährlich zum Preis von zzt. € 5,65 statt € 6,30 im Einzelkauf mit 10 % Ersparnis.	☐ 704 388	☐ 704 389
GEO Special	erscheint 6x jährlich zum Preis von zzt. € 6,95 statt € 8,00 im Einzelkauf mit 13 % Ersparnis.	☐ 704 406	☐ 704 407
GEO SAISON	erscheint 12x jährlich zum Preis von zzt. € 4,40 statt € 5,00 im Einzelkauf mit 12 % Ersparnis.	☐ 704 409	☐ 704 410
GEOkompakt	erscheint 4x jährlich zum Preis von zzt. € 7,75 statt € 8,50 im Einzelkauf mit 9 % Ersparnis.	☐ 704 412	☐ 704 413
GEOmini	erscheint 12x jährlich zum Preis von zzt. € 2,60 statt € 2,90 im Einzelkauf mit 10 % Ersparnis.	☐ 704 414	☐ 704 415
GEOlino	erscheint 12x jährlich zum Preis von zzt. € 3,05 statt € 3,40 im Einzelkauf mit 10 % Ersparnis.	☐ 704 416	☐ 704 417

Name, Vorname — Geburtsdatum 19

Straße, Hausnummer

PLZ — Wohnort

Telefon (für evtl. Rückfragen) — E-Mail (für evtl. Rückfragen)

☐ Ja, ich bin damit einverstanden, dass GEO und Gruner + Jahr mich künftig per Telefon oder E-Mail über interessante Angebote informieren.

Ein oder mehrere Magazine aus der GEO-Familie als Geschenk erhält:
(Bitte nur ausfüllen, wenn Sie ein oder mehrere GEO-Magazine verschenken)

Name, Vorname

Straße, Hausnummer

PLZ — Wohnort

Ich zahle bequem und bargeldlos per Bankeinzug

Geldinstitut

Bankleitzahl — Kontonummer

Ich bestelle die oben ausgewählte(n) Zeitschrift(en) aus der GEO-Familie für mich bzw. den Beschenkten. Zum Dank für meine Bestellung erhalte ich das LAMY-Schreibset nach Zahlungseingang gratis. Die Lieferung aller Hefte erfolgt frei Haus. Ich gehe kein Risiko ein, denn ich kann nach einem Jahr jederzeit kündigen. Das Geld für bezahlte, aber nicht gelieferte Ausgaben erhalte ich zurück. Dieses Angebot gilt nur in Deutschland. Auslandspreise auf Anfrage.

Widerrufsrecht: Die Bestellung kann ich innerhalb der folgenden zwei Wochen ohne Begründung beim GEO EPOCHE-Kunden-Service, 20080 Hamburg, in Textform (z.B. Brief oder E-Mail) oder durch Rücksendung der Zeitschrift widerrufen. Zur Fristwahrung genügt die rechtzeitige Absendung.

X
Datum, Unterschrift

Bestellen leicht gemacht:

Per Post:
GEO-Kunden-Service,
20080 Hamburg

Per Telefon: (Bitte Bestell-Nr. angeben)
01805/861 80 00
14 Cent/Min. aus dem dt. Festnetz, max. 42 Cent/Min. aus dem dt. Mobilfunknetz.
Abonnenten-Service Österreich und Schweiz: **+49 1805/861 00 00**

Am schnellsten geht's online:
www.geo.de/familie

Verlag: Gruner+Jahr AG & Co KG, Dr. Gerd Brüne, Am Baumwall 11, 20459 Hamburg. AG Hamburg, HRA 102257.
Vertrieb: DPV Deutscher Pressevertrieb GmbH, Dr. Olaf Conrad, Düsternstr. 1, 20355 Hamburg, AG Hamburg, HRB 95 752.

Das SPRACHROHR *Christi*

Jesus verkündet eine neue, radikale Botschaft gründet aber keine Religion. Das Christentum zu entwickeln ist jenen vorbehalten, die seinen Namen in die Welt hinaustragen, über die Auslegung der Lehre streiten und oft als Märtyrer enden: den Aposteln. Der einflussreichste von allen ist Paulus von Tarsus, ein römischer Jude, der Jesus nie traf

VON JONATHAN STOCK

Mit Schwert und Buch stellen die Maler der Renaissance (hier Vittore Carpaccio, um 1520) den streitbaren Paulus dar. Das Schwert symbolisiert seine legendenhafte Enthauptung in Rom, das Buch das vielleicht wichtigste Werkzeug des Apostels – die Schrift. Seine Briefe werden Teil des Neuen Testaments

Der Mann, der das Christentum erschafft, trifft Jesus nie. Seinen Feinden wünscht er die Kastration, sich selbst nennt er eine Missgeburt. Er schläft nicht mit Frauen. Und obwohl er ein Leben lang Hass in sich trägt, findet er schließlich die Liebe.

Er heißt Paulus.

„Und wenn ich prophetisch reden könnte", schreibt er, „und alle Geheimnisse wüsste und alle Erkenntnis hätte; wenn ich alle Glaubenskraft besäße und Berge damit versetzen könnte, hätte aber die Liebe nicht, wäre ich nichts."

Um diese Liebe zu verkünden, habe er gehungert, Wüsten durchquert, dreimal Schiffbruch erlitten, sei einen Tag und eine Nacht auf dem Meer getrieben und habe immer wieder im Gefängnis gesessen. Dreimal hätten ihn die Römer ausgepeitscht, fünfmal die Juden. Er habe sogar eine Steinigung überlebt.

Er reist weiter als jeder andere der Missionare, die sich selbst „Apostel" nennen: die „Boten" Christi. Er schreibt mehr. Und er redet länger. Einmal, berichtet ein biblischer Autor, redet er bis nach Mitternacht, so lange, dass ein Mann am Fenster einschläft und aus dem dritten Stock fällt. „Als man ihn aufhob, war er tot", doch Paulus erweckt ihn zum Leben und predigt weiter – bis zum Morgengrauen. „Den jungen Mann aber führten sie lebend von dort weg. Und sie wurden voll Zuversicht."

So steht es in der Apostelgeschichte des Neuen Testaments. Von ihrem Verfasser ist nicht einmal der Name mit Sicherheit bekannt. Vermutlich aber ist er auch der Autor jener Lebensbeschreibung Jesu, die als „Evangelium nach Lukas" überliefert ist. Ungefähr 30 Jahre nach dem Tode von Paulus schreibt er die Wundergeschichten auf, die er gehört hat. Er formt den Stoff, schmückt ihn aus, lässt Episoden weg. Er will nicht Geschichte berichten, sondern einen Mythos schaffen: Wer die Apostelgeschichte liest, soll staunen über die neue Sekte, die gegen allen Widerstand die Welt erobert.

Doch Paulus schreibt auch selbst: Zahlreiche lange Briefe in klarem, kräftigem Griechisch sendet er an junge christliche Gemeinden, die er meist selbst gegründet hat. Sieben dieser Briefe haben sich in der Bibel erhalten. Darin ermahnt oder lobt er die Empfänger, verweist auf noch lebende Zeugen des Geschilderten, beschäftigt sich mit aktuellen Problemen seiner Leser, die seine Angaben oft nachprüfen können.

Es sind solche Details, welche die meisten Forscher in der Annahme bestärken, dass diese sieben Briefe weitgehend authentisch sind, verfasst von einer realen Person namens Paulus. Sie sind somit die ältesten Worte, die von einem Christen erhalten sind, geschrieben wohl in den Jahren 50 bis 56.

Zusammen mit sechs weiteren Briefen, die echte oder vermeintliche Schüler des Paulus unter seinem Namen verfassen, machen sie fast die Hälfte jener Schriften aus, die einige Jahrhunderte später als Grundlage des Christentums gelten werden.

Wir wissen von Paulus mehr als von jedem anderen Menschen des Neuen Testaments. Und über zwei Milliarden Christen würden heute anders sprechen, feiern, heißen, glauben und denken, wenn nicht er, ein griechischsprachiger Jude aus Kleinasien, vor fast 2000 Jahren den Heiden gepredigt hätte. Ausgerechnet Paulus – dessen Leben etwas ganz anderes versprach.

Paulus wird vermutlich um das Jahr 5 n. Chr. in Tarsus geboren, einer bedeutenden Stadt im Süden der heutigen Türkei, zu jener Zeit ein Teil der römischen Provinz Syrien. Hier zieht sich die Straße von Antiochia zu den Städten an der Ägäis entlang, hier legen die Schiffe aus Alexandria und Rom an, von hier fahren Wagen Richtung Norden bis zum Schwarzen Meer. Hierher kommen viele Menschen – und deren Götter.

Knaben führen Rinder durch die Straßen, deren vom Fleisch getrennte Schenkelknochen mit Fett bedeckt auf dem Altar verbrannt werden, zu Ehren von Zeus. Andernorts ziehen Gehilfen eines Priesters die Eingeweide von Ferkeln auf Spieße und verteilen sie an die Opfernden, zu Ehren Demeters, der Göttin des Korns. Wieder andere Priester tanzen sich bei Mysterienkulten in Ekstase, etwa zu Ehren der „Großen Mutter" Kybele und ihres Geliebten Attis. Dem griechischen Dionysos wird ebenso gehuldigt wie der ägyptischen Isis oder dem kleinasiatischen Mithras.

Denn die Römer lassen den unterworfenen Völkern ihre Götter, keiner bezweifelt deren Existenz. Im Gegenteil: Je mehr Göttern man opfert, desto größer die Hoffnung. Einer wird schon helfen.

Eine Gemeinschaft jedoch betet nur einen unsichtbaren Gott an, der keine anderen neben sich duldet. Die Gläubigen malen keine Bilder von ihm, sondern konzentrieren sich allein auf das Wort ihrer Heiligen Schrift und vor allem auf die Tora: das Gesetz.

Deren wichtigstes Gebot, das Zeichen des Bundes mit ihrem Gott, erlebt Paulus am achten Tag seines Lebens, denn seine Eltern gehören dieser Gemeinschaft an. Der Mohel, ein Spezialist für dieses Ritual, beschneidet dem Säugling die Vorhaut mit einem Messer. Er nimmt einen Schluck Wein in den Mund, saugt das Blut von der Wunde auf und spuckt es mit dem Wein wieder aus.

Daraufhin ruft der Vater den hebräischen Namen des Kindes aus: Saul – so wie der erste biblische König Israels (auf Lateinisch Saulus). Doch wohl schon die Eltern geben ihm noch einen weiteren, römischen Namen: Paulus.

Denn der Junge ist von Geburt an römischer Bürger. Aus Saulus wird also nie ein Paulus. Er ist von Anfang an beides: Saulus und Paulus, Jude und Römer.

Als Kind lernt Paulus Griechisch, eine Sprache, die in Athen ebenso verstanden wird wie in Rom, Damaskus oder Alexandria. Auf Griechisch wird Paulus später predigen, werden seine Briefe und alle anderen Bücher des Neuen Testaments geschrieben.

Er wird im Lesen und Schreiben unterrichtet, und im Glauben. Er lernt am siebten Tag der Woche, dem Sabbat, nicht zu arbeiten, sondern zu beten. Er

Aus SAULUS wird nie ein Paulus. Er trägt von Geburt an beide Namen

lernt, dass sein Gott verboten hat, die „Ecken“ des Haupthaares und den Bart zu schneiden. Er lernt, dass er die Hargol-Heuschrecke essen darf, aber keine Eidechsen, dass er einen toten Fisch berühren darf, aber keine tote Maus.

613 Vorschriften gibt es in der Tora, jener Sammlung von Schriften, die als die Fünf Bücher Mose bekannt sind. Sie erzählen die Geschichten von der Erschaffung der Welt, von Abraham, vom Auszug aus Ägypten – vor allem aber enthalten sie die Vielzahl von Gesetzen, die der biblischen Legende zufolge Moses von Gott diktiert wurden.

Nach der traditionellen Einteilung sind es genau 248 Gebote und 365 Verbote: so viele Gebote, wie der Mensch Glieder habe, so viele Verbote wie Tage in einem Jahr. Paulus lernt sie alle.

Vielleicht bringt ihm sein Vater jenes Handwerk bei, das er selbst schon ausübt – vermutlich ist er Zeltmacher. Ein einträglicher Beruf muss es gewesen sein, der es den Eltern erlaubt, dem Sohn eine hohe Bildung zukommen zu lassen, und es dem Apostel ermöglichen wird, sich seinen Lebensunterhalt unabhängig von den Gemeinden zu verdienen.

Paulus selbst schreibt nichts über seine Ausbildung, auch nichts über sein Aussehen. Die älteste erhaltene Beschreibung entsteht erst gegen Ende des 2. Jahrhunderts: „Klein von Gestalt, mit kahlem Kopf und krummen Beinen, in edler Haltung mit zusammengewachsenen Augenbrauen und ein klein wenig hervortretender Nase, voller Freundlichkeit.“

Wenig ist über seine ersten Lebensjahrzehnte bekannt. Eines nur ist sicher: Die Tora, das Gesetz, ist für den jungen Mann die Norm des Lebens.

Er schließt sich den Pharisäern an, einer besonders frommen jüdischen Bewegung, deren Anhänger strenger als andere nach dem Gesetz leben und die Reinheitsvorschriften, die nur für die Priester im Tempel gelten, auch im Alltag einhalten wollen (siehe Seite 68).

„In der Treue zum jüdischen Gesetz“, schreibt Paulus später, „übertraf ich die meisten Altersgenossen in meinem Volk, und mit dem größten Eifer setzte ich mich für die Überlieferungen meiner Väter ein.“

Das Licht Gottes blendet Paulus, wirft ihn vom Pferd und lässt ihn für drei Tage erblinden. So zeigt Lorenzo Veneziano um 1370 die Bekehrung des Apostels. Paulus selbst fasst sich merkwürdig kurz zu der Erscheinung Christi. Er habe Jesus gesehen, schreibt er. Mehr nicht

Wie viele andere Juden hofft er auf den Messias, einen von Gott „Gesalbten“, der das Volk Israel aus der Knechtschaft befreit. Die Propheten haben ihn angekündigt, diesen Nachfolger des Königs David. Sie sagten, dass er mit den Wolken des Himmels komme. Alle Völker, Nationen und Sprachen müssen ihm dienen. Seine Herrschaft sei eine ewige Herrschaft. Sein Reich gehe niemals unter. Er komme so sicher wie das Morgenrot; er komme wie der Regen, der die Erde tränkt. Vielleicht ja schon morgen.

Als Paulus knapp 30 Jahre alt ist, hält sich in Jerusalem der jüdische Zimmermannssohn Jeschua auf, später bekannt als Jesus von Nazareth. Er ist einer von vielen Wanderpredigern, die vorgeben, Kranke heilen, Hungernde speisen oder Tote zum Leben erwecken zu können. Er wird des Aufruhrs angeklagt und wie ein Sklave gekreuzigt.

Wahrscheinlich hat Paulus bis dahin nichts von ihm gehört und auch nichts von seinen Anhängern: Fischern, Zimmerleuten und Zöllnern aus Galiläa im Norden Palästinas.

Verängstigt, enttäuscht, fliehen diese „Jünger“ nach der Verhaftung Jesu. Nur wenige Frauen aus der Gruppe wagen es angeblich, der Kreuzigung zuzusehen.

Nach dem Tod Jesu sind die Jünger nichts. Sollen sie wieder als Fischer arbeiten, nachdem sie das Reich Gottes verkündet haben? Zuvor haben sie von der Begeisterung der Menge gelebt, die Menschen gaben ihnen Brot. Jetzt überschütten sie sie mit Häme.

Da hat Petrus, der Anführer der Jünger, eine Vision: Er sieht Jesus – so heißt es später im Neuen Testament. Er sammelt die Jünger wieder um sich, auch die haben jetzt die gleiche Vision. Und nun sind sie sich sicher: Der gekreuzigte Zimmermannssohn ist von den Toten auferstanden, er ist der Messias.

In einem Jerusalemer Haus ist ihr Treffpunkt. Immer mehr Menschen schließen sich dieser Gemeinde an. Sie verkaufen ihr Land, ihre Häuser, alle teilen ihren Besitz miteinander. Sie halten einen eigenen Gottesdienst ab und essen gemeinsam – wie beim Sederabend des

Der wichtigste Verkünder des neuen Glaubens ist zunächst Petrus, hier bei einer Predigt (Fra Angelico, ca. 1433). Der Fischer aus Kapernaum wurde, so sagen es die Evangelien, der erste Jünger des Messias, er war Zeuge der Bergpredigt und des letzten Abendmahls. Später leitet er die erste Gemeinde in Jerusalem. Doch es ist Paulus, der die Frohe Botschaft hinaus in die Welt trägt – auch zu den Heiden

jüdischen Passafestes. Doch jetzt denken sie dabei nicht an den Auszug aus Ägypten, sondern heiligen Brot und Wein im Namen ihres auferstandenen Herrn.

Dennoch verstehen sie sich weiterhin als Juden und beten im Tempel von Jerusalem, predigen dort aber auch ihre neue Lehre – und geraten so in Konflikt mit den Priestern. Die Apostelgeschichte schildert, wie die Auseinandersetzung erstmals eskaliert, als eine Gruppe griechischsprachiger, aus der Diaspora stammender Juden erklärt, der auferstandene Jesus sei der Messias, und den Tempelkult infrage stellt.

Ein wütender jüdischer Mob steinigt daraufhin ihren Sprecher: Stephanus, den ersten Märtyrer des neuen Glaubens. Viele Gemeindemitglieder fliehen, nur der engste Kreis um Petrus und Jakobus, den Bruder Jesu, bleibt in Jerusalem. Wohl vor allem die griechischsprachigen Jesus-Anhänger zerstreuen sich in andere Teile des Römischen Reiches, ziehen nach Alexandria oder Zypern, nach Rom oder Antiochia in Syrien.

SPÄTESTENS ZU DIESEM Zeitpunkt wird Paulus von ihnen erfahren haben – kann die Geschichte, die sie verbreiten, aber nicht glauben.

Es muss Paulus als geradezu absurd vorkommen, dass ausgerechnet ein Gefolterter und Verspotteter der Messias sein soll, ein König, größer als David. Und vor allem: ein Gekreuzigter! Wo doch in der Tora steht, verflucht sei jeder, der „am Pfahl" hängt.

Wie kann ein von Gott Verfluchter der rechtmäßige König Israels sein? Wie kann so einer ein Zeitalter des Friedens einleiten? Für einen Pharisäer ist das unerträglich, eine Lästerung.

Der Verfasser der Apostelgeschichte schreibt, dass Paulus in Jerusalem nun jene Menschen verfolgt, die an den gekreuzigten Messias glauben. Er dringe, so heißt es, in ihre Häuser ein, verschleppe Männer und Frauen ins Gefängnis. Er ordne ihre Auspeitschung an, foltere sie und stimme für ihre Todesstrafe. Schließlich lasse er sich vom Hohepriester sogar die Vollmacht geben, die Anhänger der neuen Glaubensrichtung im syrischen Damaskus aufzuspüren.

Doch vieles daran ist unwahrscheinlich – nicht zuletzt, dass sich Paulus zu dieser Zeit in Jerusalem aufgehalten haben soll, fern seiner Heimat.

Er selbst schildert in seinen Briefen keine Einzelheiten. Die Geschichte seiner anfänglichen Christenverfolgung setzt er als bekannt voraus, sie scheint sich herumgesprochen zu haben: „Ihr habt doch gehört, wie ich früher als gesetzestreuer Jude gelebt habe, und wisst, wie maßlos ich die Kirche Gottes verfolgte und zu vernichten suchte."

Wahrscheinlich ist er aber nie handgreiflich geworden, sondern hat Synagogenvorsteher gebeten, die Anhänger Jesu zu vertreiben oder zu bestrafen: mit 39 Schlägen – einen weniger als die höchste Strafe, die die Tora vorsieht und die man nicht überschreiten darf.

Aber dieser Jesus, der gesagt hat, dass alles anders ist, der Reiche arm und der Arme selig, muss Paulus auch fasziniert haben. Reizen ihn die Anhänger des Gekreuzigten zu so maßloser Wut, weil er Angst hat, dass sie womöglich recht haben? Ist Jesus doch der Messias? Ist er wirklich nach seinem Tode derart vielen Menschen erschienen – nur ihm, Paulus, nicht?

Und dann ändert sich sein Leben dramatisch. Paulus ist auf dem Weg nach Damaskus, um dort Christen zu verfolgen, so steht es in der Apostelgeschichte, als „ihn plötzlich ein Licht vom Himmel umstrahlte. Er stürzte zu Boden und hörte, wie eine Stimme zu ihm sagte: Saul, Saul, warum verfolgst du mich?"

„Wer bist du, Herr?", fragt Paulus.

„Ich bin Jesus, den du verfolgst. Steh auf und geh in die Stadt; dort wird dir gesagt werden, was du tun sollst."

In der Bibel heißt es weiter: „Seine Begleiter standen sprachlos da, sie hörten zwar die Stimme, sahen aber niemand. Saulus erhob sich vom Boden. Als er aber die Augen öffnete, sah er nichts."

Paulus selbst schreibt in seinen Briefen merkwürdig wenig über die Begegnung. Nur, dass ihm Gott „in seiner Güte seinen Sohn offenbarte", dass er „Jesus unseren Herrn gesehen" habe.

Wie genau ihm Jesus erschienen ist, ob als innere oder äußere Vision, als leibhaftige Gestalt oder nächtlicher Traum, lässt er offen.

Er notiert nur: „Als Letztem von allen erschien er auch mir, dem Unerwarteten, der ‚Missgeburt'. Denn ich bin der geringste von den Aposteln; ich bin nicht wert, Apostel genannt zu werden, weil ich die Kirche Gottes verfolgt habe."

Doch wie auch immer er zu der neuen Überzeugung kommt (womöglich hat er die Begegnung nur erfunden, um später als Apostel glaubwürdig zu sein): Er zögert nicht, sein Leben danach auszurichten. Jesus, der von der Tora Verfluchte, ist für ihn fortan der Messias.

Paulus nennt sich jetzt einen „Knecht Christi Jesu, berufen zum Apostel, auserwählt, das Evangelium Gottes zu verkündigen". Der Herr habe ihn auserkoren, Gottes Plan auszuführen.

Er ist kein Eiferer der Tora mehr, sondern ein Eiferer für Jesus Christus. Vielleicht ist dieser Gedanke schon lange in Paulus gereift. Vielleicht hat er schon vor der Verfolgung der ersten Christen erkannt, dass das Gesetz, die Tora, mit seinen vielen Geboten und Verboten, unerfüllbar bleibt. Im Gegenteil: Möglicherweise reizt einen das Verbot ja überhaupt erst, das Verbotene zu tun.

Denn Jahrzehnte später wird er schreiben: „Als das Gebot kam, wurde die Sünde lebendig" und „Ich hätte ja von der Begierde nichts gewusst, wenn nicht das Gesetz gesagt hätte: Du sollst nicht begehren".

Der Glaube an Jesus als den Messias dagegen zeigt Paulus, dass allein dieser Glaube reicht, um vor Gott zu bestehen, auch ohne die Vorschriften der Tora.

In den christlichen Gemeinden jedenfalls sprechen sie jetzt ehrfürchtig von ihm, wie Paulus später in einem Brief notiert: „Er, der uns einst verfolgte, verkündigt jetzt den Glauben, den er früher vernichten wollte."

Ein paar Jahre nach jener Erscheinung trifft Paulus, wohl im Jahr 36 christlicher Zeitrechnung, auf den wichtigsten lebenden Mann seines neuen Glaubens: den Fischer Simon bar Jona, auch Petrus genannt, den ältesten Jünger des Messias und Leiter der ersten Gemeinde in Jerusalem.

Petrus habe, so berichten es die Evangelien, persönlich die Bergpredigt gehört, er habe mit Jesus beim Abendmahl getrunken. Gemeinsam mit zwei anderen Jüngern sei er der Einzige gewesen, der Jesus in den Garten Gethsemane am Fuße des Ölbergs begleitete, wo jener mit seinem Schicksal haderte.

Paulus nennt ihn in Briefen „Kephas", auch Jesus selbst nannte ihn wohl so: Das aramäische Wort bedeutet „Stein" oder „Fels" – wie das griechische *petra*, von dem sich der Name Petrus herleitet.

„Drei Jahre später", schreibt Paulus, „ging ich nach Jerusalem hinauf, um Kephas kennenzulernen, und blieb 15 Tage bei ihm. Von den anderen Aposteln habe ich keinen gesehen, nur Jakobus." Gerade mal diese zwei Sätze sind alles, was wir über die erste Begegnung der beiden wichtigsten Gestalten des Urchristentums wissen.

In seinen Briefen erzählt Paulus nicht, worüber sie sich unterhalten, erzählt nicht, welchen Eindruck Petrus auf ihn macht. Vielleicht haben sich die beiden einfach nicht viel zu sagen: Paulus, der Stadtmensch, der Gebildete, der Griechisch spricht, das Aramäische hingegen wohl nie wirklich lernt. Und Petrus, der Fischer vom See Genezareth.

Statt bei den engsten Weggefährten Jesu zu bleiben und in der Urgemeinde zu leben, wandert Paulus nach Antiochia, in die vielleicht bedeutendste Gemeinde außerhalb des Heiligen Landes.

ANTIOCHIA IST mit etwa 500 000 Einwohnern die drittgrößte Stadt des Imperiums und laut Apostelgeschichte die erste, in der die Bezeichnung *christianoi*, „Messiasleute", aufkommt.

„Christos" ist die griechische Übersetzung des aus dem Hebräischen stammenden Wortes „Messias". In Antiochia entsteht, wahrscheinlich schon bevor Paulus dort eintrifft, eine Gemeinde griechischsprachiger Christen.

Sie sind Juden wie ihre Brüder in Jerusalem, doch in ihrem Glauben an Jesus leben sie in größerer Freiheit gegenüber dem jüdischen Gesetz als die christlichen Gemeinden in Palästina.

Bald schon nehmen auch Heiden an ihren Treffen teil, an ihren Gebeten, an ihren Mahlzeiten – ein klarer Verstoß gegen die jüdischen Reinheitsgebote.

Rasch steigt Paulus unter den Christianoi auf. Schließlich, so erzählt es die Apostelgeschichte, wird er von der Gemeinde nach Zypern und Kleinasien ausgesandt, um zu predigen und bei Juden wie Heiden Anhänger für den Christus-Glauben zu werben.

Wo immer eine Synagoge steht, spricht er am Sabbat zu den Anwesenden: „Ihr Israeliten und ihr Gottesfürchtigen, hört!" Denn nicht nur Juden nutzen die Versammlungshäuser, sondern auch Heiden, die sich zwar zum monotheistischen Glauben an den einen Gott hingezogen fühlen, der Beschneidung und den anderen Geboten aber nicht Folge leisten; diese Menschen bezeichnen die Autoren des Neuen Testaments als „Gottesfürchtige“.

Ihnen allen verkündet Paulus das *euangelion*, die „frohe Botschaft“. Er spricht über den Tod und die Auferstehung von Jesus, dem erwarteten Messias. Er, Paulus, habe ihn gesehen, wie auch andere, die noch leben. Und vermutlich trägt er schon auf dieser ersten Missionsreise die neue, radikale Lehre vor, die er später in seinen Briefen niederschreibt.

Der Gott, von dem Paulus spricht, ist der gleiche Gott, zu dem Abraham, Isaak und Joseph gebetet haben. Er ist der Gott von Moses und des Volkes Israel. Doch mit dem Erscheinen des Messias, mit der Auferweckung Jesu von den Toten, hat sich Gott von Neuem offenbart – und seither ist nichts mehr, wie es war.

Vordem konnten die Juden hoffen, die Gnade Gottes zu erlangen, wenn sie dem Gesetz gehorchten. Wer aber gegen das Gesetz verstieß, wer gar wie die Heiden außerhalb des Bundes mit Gott stand, dem war Gottes Zorn gewiss.

Nun aber zählt nur noch eines: der Glaube an Jesus, den Messias.

Nur wer an den Christus glaubt, den erfüllt der Geist Gottes, nur der wird wie Jesus den Tod überwinden.

Damit meint Paulus nicht, all die Gebote und Verbote der Tora seien falsch, hätten keinerlei Geltung mehr. Einzig: „Durch Werke des Gesetzes wird niemand gerecht“ vor Gott!

Diese Erkenntnis aber schafft auch Raum für eine neue Ethik: „Ihr seid zur Freiheit berufen, Brüder“, sagt Paulus, „Denn das ganze Gesetz ist in dem einen Wort zusammengefasst: Du sollst deinen Nächsten lieben wie dich selbst!“

In immer größerer Zahl wollen die Besucher der Synagogen mehr solcher Reden hören.

Doch viele Juden ärgern sich über diesen Mann, der alles infrage stellt, was sie bisher zusammengehalten hat, und an dessen vorgeblichen Messias sie nicht glauben wollen. Sie ärgern sich über diesen Handwerker aus Tarsus, der sagt, dass das Gesetz nichts mehr zählt, das Moses für sie, das auserwählte Volk, von dem einen, von ihrem Gott empfangen hat. Der sagt, dass man Gottes Bund auch ohne das Zeichen der Beschneidung beitreten könne.

Aus mancher Synagoge wird Paulus verjagt, manchmal sogar ausgepeitscht.

Gehör findet er dagegen unter den Gottesfürchtigen, den Nicht-Juden, die angezogen sind von der Idee des jüdischen Gottes. Auch sie trachten danach, zum „auserwählten Volk“ zu gehören, dessen Regeln so streng sind; doch nur wenige wollen das Gesetz vollkommen einhalten, noch weniger sich beschneiden lassen. Und da kommt er, der Jude Paulus, der sagt: „Es gibt nicht mehr Juden und Griechen, nicht Sklaven und Freie, nicht Mann und Frau; denn ihr alle seid ‚einer‘ in Christus Jesus.“

Doch nicht alle, die sich zu dieser Zeit als Christen verstehen, vertreten diese Überzeugung. Paulus selbst berichtet später von „falschen Brüdern“, die sich eingeschlichen haben; vermutlich handelt es sich dabei um andere Prediger, die sich wie er selbst für Apostel des wahren Glaubens halten, die aber sagen, ohne Beschneidung, ohne Gesetz dürfe keiner ein Anhänger Jesu sein.

Wem sollen die Christianoi nun glauben? Und was meint die Gruppe um Petrus und Jakobus in Jerusalem?

13 Jahre nach dem ersten Treffen mit Petrus, wohl im Jahr 49 christlicher Zeitrechnung, wandert Paulus erneut nach Jerusalem, um ein grundlegendes Problem zu klären: Dürfen Heiden zum Glauben an Jesus Christus bekehrt werden, ohne dass sie sich zuvor vollständig dem Gesetz des Judentums – und damit der Beschneidung – unterwerfen?

Und tatsächlich: Auf einer Versammlung in Jerusalem, an der Paulus teilnimmt, verlangt eine Gruppierung die Beschneidung der Heiden.

Erst nach heftigem Streit einigen sich Paulus und andere Abgesandte aus Antiochia mit den Köpfen der Gemeinde von Jerusalem auf einen Kompromiss: Petrus und seine Gefolgsleute werden im Heiligen Land weiterhin unter Juden predigen – in Syrien und Kleinasien dagegen darf Paulus Heiden für den neuen Glauben gewinnen, ohne dass sie sich beschneiden lassen müssen.

Eine Bedingung aber hat die Absprache: Paulus soll Geld beschaffen. Er verspricht, in all jenen Gemeinden, in denen er predigt, eine Kollekte für die Jerusalemer Urgemeinde zu sammeln.

Per Handschlag besiegeln beide Parteien ihre Absprache.

Zwar ist auf diesem Treffen, das später als Apostelkonvent bekannt wird, letztlich keine Grundsatzentscheidung gefallen – doch Paulus sieht sich in seinem Weg der Heidenmission bestätigt.

Einem Weg, der das Christentum zur größten Religion der Erde werden lässt.

Paulus kehrt nach Antiochia zurück, bricht schon bald zu neuen Missionsfahrten auf, die ihn über Kleinasien und Makedonien bis ins griechische Kernland führen. Häufig entgeht er nur knapp dem Tod. „Ich war oft auf Reisen“, schreibt Paulus in einem Brief, „gefährdet durch Flüsse, gefährdet durch Räuber, gefährdet durch das eigene Volk, gefährdet durch Heiden, gefährdet in der Stadt, gefährdet in der Wüste, gefährdet auf dem Meer, gefährdet durch falsche Brüder. Ich erduldete Mühsal und Plage, durchwachte viele Nächte, ertrug Hunger und Durst, häufiges Fasten, Kälte und Blöße.“

Teils wandert er auf den breiten römischen Straßen, teils fährt er auf Schiffen über das Mittelmeer. Dreimal erleidet er Schiffbruch. An den Straßen passiert er Gasthäuser und Pferdewechselstationen; viele Menschen sind unterwegs, vor allem Händler und Soldaten – Rom hat mehr als 300 000 Mann unter Waffen. Sie sind es, die den Frieden im Reich sichern, der ausgedehnte Missionsreisen überhaupt erst möglich macht.

Paulus wählt vor allem die großen Städte als Orte der Verkündigung. Von dort können reisende Kaufleute und Handwerker seine Worte weitertragen. Er verkündet das Evangelium in Synagogen und Privathäusern, auf Plätzen und

Wie viele andere Apostel erleidet wohl auch Paulus den MÄRTYRERTOD in Gefangenschaft. Er mietet Säle und erzählt selbst dann noch davon, wenn er sich „mit eigenen Händen“ seinen Lebensunterhalt verdient.

Und wo genügend Interessierte zusammenkommen, schult er Mitarbeiter, die selber missionieren sollen. In Philippi und Thessaloniki, Galatien und Korinth gründet er neue Gemeinden. Einige Jahre bleibt er in Ephesos bei der bedeutendsten christlichen Gemeinde Kleinasiens, sonst zieht es ihn überall dorthin, wo es noch keine gibt.

Es sind auch andere missionierend unterwegs, doch nur ein paar Andeutungen und wenige Namen sind von ihnen überliefert. In keiner Quelle steht, wer die Gemeinden in Rom, Alexandria, Ephesos oder Antiochia gegründet hat.

Wenig deutet darauf hin, dass die Jünger Jesu, die ursprünglichen „Zwölf Apostel“, die dem Gekreuzigten von Galiläa aus nach Jerusalem folgten, jemals weit über die Grenzen Palästinas hinausgekommen sind. Einzig von Petrus berichtet Paulus, er habe sich einige Zeit in Antiochia aufgehalten, vage Indizien lassen weitere Reisen vermuten.

Den neuen Glauben verbreiten andere: griechischsprachige Juden vermutlich, die in Jerusalem vom auferstandenen Messias hören und die Kunde in die hellenistisch geprägten Städte im Osten des Imperiums tragen. Menschen vielleicht, die sich gar nicht als berufene Apostel verstehen, sondern einfach ihre Überzeugung weitervermitteln.

Und es gibt neben Paulus und seinen Gefährten auch andere, die von Stadt zu Stadt wandern und sich als „Apostel“ ansehen, die konkurrierenden Missionare aber als „falsche Brüder“ .

Die Gemeinden sind klein. In Korinth etwa umfasst die von Paulus im Laufe von etwa 18 Monaten aufgebaute Gruppe wohl nur rund 100 Menschen.

Wenn Paulus weiterzieht, lässt er sich berichten, was nach seiner Abwesenheit passierte. Vieles gefällt ihm nicht.

Einige der in Korinth Bekehrten verwechseln die gemeinsame Mahlzeit zur Erinnerung an den Gekreuzigten mit einem ganz diesseitigen Festschmaus, mancher ist schon betrunken, während andere noch hungern. Die Auferstehung wird infrage gestellt.

Der Legende nach befiehlt Kaiser Nero (oben links), Paulus hinzurichten (Luca di Tommè, um 1380). Wo und wann der Apostel aber tatsächlich stirbt, ist nicht überliefert. Doch der Brief eines römischen Christen vom Ende des 1. Jahrhunderts lässt einen gewaltsamen Tod vermuten

Und als die Gemeinde es zulässt, dass ein Mitglied in „Unzucht“ mit der „Frau seines Vaters lebt“, fordert Paulus: „Schafft den Übeltäter weg aus eurer Mitte!“ Keinesfalls will er das Bekenntnis zu Jesus Christus als Freibrief für beliebige Sünden verstanden wissen. „Was zieht ihr vor? Soll ich mit dem Stock zu euch kommen oder mit Liebe und im Geist der Sanftmut?“, droht Paulus.

Die Gemeinden bewahren seine Briefe auf, geben Abschriften weiter und sammeln Briefe, die er anderen Gemeinden geschrieben hat. Nach und nach werden seine Sorgen und Mahnungen zum Teil ihrer Heiligen Schrift.

Das Letzte, was wir von Paulus aus seinen Briefen erfahren, ist, dass er nach einem weiteren Besuch Jerusalems nach Rom aufbrechen will, um von dort weiterzureisen. Er will ein Land bekehren, in dem noch kein Apostel war: Spanien.

Doch dazu wird es nicht mehr kommen. Gemäß der Apostelgeschichte lösen Juden aus Kleinasien in Jerusalem einen Tumult aus, als sie Paulus im Tempel erkennen und schreien: „Das ist der Mensch, der in aller Welt Lehren verbreitet, die sich gegen das Volk und das Gesetz und gegen diesen Ort richten!“

Römische Soldaten schreiten ein, ein Oberst lässt ihn in Gewahrsam nehmen und rettet ihn so vor dem Pöbel. Dreimal tritt in den folgenden zwei Jahren der Hohe Rat der Juden vor römische Instanzen, fordert den Tod des Paulus. Doch ohne Erfolg: Nach römischem Recht hat er kein Verbrechen begangen.

Daraufhin ist der Statthalter bereit, ihn aus der Haft zu entlassen. Doch als römischer Bürger nimmt Paulus das Recht in Anspruch, seinen Fall vor den Kaiser zu bringen. In Rom.

Mit einem Gefangenentransport kommt er in die Hauptstadt des Imperiums, dort steht er unter Hausarrest, darf aber Besucher empfangen und seinen Glauben verbreiten. Die Apostelgeschichte berichtet von einem zweijährigen Aufenthalt unter Arrest – dann bricht sie ab.

Wo, wann und wie Paulus umkommt, überliefert die Bibel nicht. Eine Passage aus einem wohl im Jahr 96 verfassten

Dieses Bild im byzantinischen Stil zeigt Christus als Weinstock, umgeben von den »Zwölf«, dem engsten Kreis seiner Jünger. Paulus fehlt, er ist Jesus zu Lebzeiten nie begegnet. Doch der Auferstandene sei ihm erschienen, behauptet der Missionar – und legitimiert sich so selbst als Apostel

Brief des römischen Christen Clemens aber lässt einen Märtyrertod vermuten.

Hundert Jahre später schmücken andere Berichte den Tod zu einer Hinrichtung durch das Schwert aus. Um das Jahr 64 soll es passiert sein, während der Christenverfolgungen durch Kaiser Nero nach dem großen Brand von Rom. Als römischer Bürger wäre Paulus im Falle eines Todesurteils tatsächlich geköpft worden – ein schneller Tod.

Ähnliche Überlieferungen besagen, dass auch Petrus nach Rom gekommen sei. Im Haus eines Senators soll er gewohnt, dessen Töchter getauft haben. Zusammen mit Paulus sei Petrus Nero vorgeführt und anschließend gekreuzigt worden – auf eigenen Wunsch mit dem Kopf nach unten, um sich nicht anzumaßen, wie Jesus zu sterben.

Als Ort der Petrus-Hinrichtung gilt der heutige Petersplatz in Rom. Es passt in das Bild des Märtyrertodes, der allen frühen Figuren des Christentums nachgesagt wird: Jakobus wird gesteinigt, Markus zu Tode geschleift, Matthäus erdolcht und Ignatius von Antiochia von Löwen zerrissen. Nur der Apostel Johannes überlebt angeblich einen Giftbecher und einen heißen Ölkessel und stirbt eines natürlichen Todes.

All das sind Legenden, die für die neue Religion werben sollen, für eine Gemeinschaft, die selbst den Tod überwindet – und deren Gläubigen ewiges Leben an der Seite eines liebenden Gottes gewiss ist. So hat womöglich auch Paulus seinem Ende gelassen entgegengesehen: „Denn ich bin gewiss", heißt es im Römerbrief: „Weder Tod noch Leben, weder Engel noch Mächte, weder Gegenwärtiges noch Zukünftiges, weder Gewalten der Höhe oder Tiefe noch irgendeine andere Kreatur können uns scheiden von der Liebe Gottes, die in Christus Jesus ist, unserem Herrn."

Als Paulus stirbt, gibt es das Neue Testament noch nicht, die Evangelien sind noch nicht geschrieben, und die Christen leben als eine verschwindend kleine Minderheit im Römischen Reich.

Es gibt noch keine Kirchen, noch immer sind Synagogen oder Privathäuser die Zentren des Glaubens. Viele Zeugen Jesu sind inzwischen gestorben, die meisten seiner Jünger scheinen ihre Bedeutung rasch verloren zu haben. Römische Quellen, in denen zu Lebzeiten ihre Namen auftauchen, sind nicht überliefert – ebenso wenig wie für Jesus, Petrus und Paulus. Die meisten Menschen des Imperiums werden nie etwas von ihnen gehört haben, falls doch, fanden sie es wohl belanglos.

Die Stadt Jerusalem hat nach dem Tod des Jakobus, vermutlich im Jahr 62, nur noch eine symbolische Bedeutung für das Christentum, es wird hier keine bedeutenden Nachfolger geben.

Doch viele Tausend Menschen in anderen Teilen des Römischen Reiches haben sich bereits zum Evangelium bekannt – und wohl nur deshalb widerstehen die Christianoi jener Katastrophe, die das Judentum ereilt.

Denn im Jahr 70 erobert Titus, der Sohn des römischen Kaisers, nach vier Jahren Krieg gegen aufständische Judäer Jerusalem, und der Tempel geht in Flammen auf. Das Heiligste der Juden mit seiner tausendjährigen Geschichte, der Mittelpunkt ihres Glaubens, ist nicht mehr.

Hunderttausende Juden sind im Verlauf des Krieges gestorben, werden nun in die Sklaverei verkauft oder fliehen in alle Himmelsrichtungen. Auch viele jener Juden, die sich zu Jesus Christus bekennen, sind betroffen. Doch die Zentren ihres Glaubens liegen längst außerhalb des Heiligen Landes.

Und die Christianoi sind zu dieser Zeit schon mehr als eine jüdische Sekte, sie brauchen den Tempel nicht und verkünden weiter die „frohe Botschaft".

Die christliche Gemeinschaft im Römischen Reich wächst, im 1. Jahrhundert erreicht sie von Palästina aus Ägypten, Syrien, Kleinasien, Makedonien, Griechenland und Rom. Im 2. Jahrhundert dringt sie in die Kaukasusregion und nach Mesopotamien vor, verbreitet sich auch in Italien und im Westen des Imperiums.

Unter den Gläubigen sind zunächst vor allem Sklaven und Freigelassene, Handwerker, Händler, ein paar Angehörige der Oberschicht, zumeist Frauen. Im Jahr 312 aber wird Kaiser Konstantin, der mächtigste Mann des Römischen Reiches, zu ihrem Förderer.

Knapp 70 Jahre später ist das Christentum die offizielle Staatsreligion.

Der Mann, den die Römer zum Tode am Kreuz verurteilt haben, ist nun ihr eigener Gott. Ihre Straßen, ihre Sprachen und der Frieden in ihrem Reich haben ihn dazu werden lassen.

Und Paulus.

Ohne seinen Entschluss, den neuen Glauben unter den Heiden zu verkünden, wäre das Christentum wohl nur eine kurzlebige innerjüdische Reformbewegung geblieben.

In seinen Briefen hat er den von ihm beschrittenen Weg auch theologisch untermauert – und so die Vorlage für kommende Missionare geliefert.

Doch nun, da das Christentum über alle Kulte triumphiert, ist es auf einmal nicht mehr Paulus, dem die Verbreitung des Evangeliums in der Welt zugeschrieben wird – sondern Petrus.

Der Fischer vom See Genezareth soll der erste Bischof Roms gewesen sein, er ist der, auf den sich alle Päpste berufen. Denn nach dem Matthäus-Evangelium, das um das Jahr 80 entsteht, sagte Jesus einst zu ihm: „Du bist Petrus, und auf diesen Felsen werde ich meine Kirche bauen, und die Mächte der Unterwelt werden sie nicht überwältigen."

Obwohl beide, Petrus und Paulus, lange als gemeinsame Gründer der Gemeinde Roms galten, obwohl die Pauluskirche über seinem angeblichen Grab lange die größte Kirche Roms ist, wird im Lauf der Jahrhunderte die Legende verändert. Lieber wird der gutmütige Jünger Jesu verehrt als der jähzornige Apostel.

Ein anderer aber wird sich seiner erinnern.

Fast anderthalb Jahrtausende nach dem Tod des Paulus schreibt Martin Luther 95 Thesen auf, die die Reformation auslösen und den Weg zu Aufklärung und Menschenrechten ebnen.

Inspiriert dazu hat ihn ein Satz aus dem Römerbrief: „Denn im Evangelium wird die Gerechtigkeit Gottes offenbart aus Glauben zum Glauben, wie es in der Schrift heißt: Der aus Glauben Gerechte wird leben."

Es ist ein Satz von Paulus. □

Jonathan Stock, 27, arbeitet als Textredakteur im *GEOEPOCHE*-Team.

__Literaturempfehlungen:__ Udo Schnelle, „Paulus. Leben und Denken", de Gruyter; hervorragendes, umfassendes Lehrbuch. E. P. Sanders, „Paulus", Reclam; gute Einführung, die Paulus aus seiner Zeit heraus betrachtet.

Sturm über dem HEILIGEN LAND

Seit 63 v. Chr. bereits steht Jerusalem unter Roms Kontrolle. Immer wieder erheben sich Widerstandskämpfer gegen die Besatzer, auch im Jahr 132 n. Chr. Angeführt werden sie von einem Mann, den sie »Bar Kochba« nennen. Viele sehen in dem »Sternensohn« den neuen König David

VON CAY RADEMACHER

Während eines Aufstands der Juden gegen die römischen Fremdherrscher schlagen die Legionäre im Jahr 70 n. Chr. mit aller Härte zu: Sie erobern Jerusalem und zünden den Tempel an (Lithografie, 19. Jh.). Mehr als 60 Jahre vergehen, ehe die Juden erneut aufbegehren – unter ihrem Anführer Bar Kochba

Den Beginn der Geschichte des Judentums im Heiligen Land symbolisiert ein rätselhafter Mann, der die Israeliten aus dem ägyptischen Joch geführt haben soll. Und diese Geschichte endet 13 Jahrhunderte später mit einem anderen rätselhaften Mann, der mit seinem Volk ins Verderben geht, einem Volk, das wieder ins Exil gezwungen wird.

Von Moses, dem biblischen Heros, sind praktisch keine gesicherten Lebensfakten bekannt, doch repräsentiert er den politischen, kulturellen und religiösen Aufbruch einer kleinen Gruppe Israeliten um 1200 v. Chr., die dereinst ein Reich gründen und das Judentum ausformen werden.

Von Bar Kochba, einem verfluchten Unhold in jüdischen Schriften, ist zumindest das Todesjahr bekannt: 135 n. Chr. Doch auch sein Leben ist voller Geheimnisse. Sicher ist nur: So wie Moses für den Exodus und die Rückkehr aus Ägypten, so steht Bar Kochba für die Diaspora, das Jahrhunderte währende Exil der Juden in aller Welt.

Mit Bar Kochba und seinem Krieg endet eine Epoche: Das verheißene wird zum verwüsteten Land.

Der Untergang des antiken Judentums in jener Region, in der zwei Weltreligionen erblühen, kommt schleichend, und er kommt mit Rom. Nach dem Tod des Vasallenkönigs Herodes des Großen wird fast sein gesamtes Reich an drei seiner Söhne verteilt. Doch Archelaos, der den größten Teil des Erbes mitsamt Judäa erhält, fällt beim römischen Kaiser Augustus schon bald in Ungnade, sein Gebiet wird im Jahr 6 n. Chr. direkt unter römische Verwaltung gestellt. (Im Jahr 41 regiert noch einmal ein König von Roms Gnaden fast über das gesamte Reich des Herodes, doch mit seinem Tod drei Jahre später wird ganz Palästina Teil der römischen Provinz Syrien.)

In Jerusalem kollaborieren die ehrwürdigen Familien, vor allem der Hohepriester, mit den Besatzern, passen sich an: Im Tempel wird nun zweimal am Tag auch im Namen des Kaisers geopfert.

Für die Römer jedoch bleibt Judäa ein fernes Land, auf das der kaiserliche Blick eher selten fällt. Und so werden vor allem Intriganten und Günstlinge des Hofes nach Caesarea geschickt, den römischen Verwaltungssitz in Palästina: Karrierebeamte und ehrgeizige Männer aus dem Ritterstand, die als Prokuratoren, kaiserliche Verwalter, Ruhm und Reichtum zu erringen hoffen.

Es sind Männer, die nichts dafür qualifiziert, diesen unruhigen Landstrich zu befrieden. Denn ständig gibt es Konflikte zwischen den verschiedenen Volksgruppen, befehden sich die jüdischen Fraktionen, begehren die Menschen gegen die Verwaltungsmacht auf.

Und schon gar nicht kann die Region mit einer derart kleinen Besatzungstruppe kontrolliert werden, die zudem vor allem aus undisziplinierten Kämpfern besteht. Die Legionäre verachten die Juden, deren Religion sie nicht verstehen. Um das Jahr 50 wagt es ein Soldat sogar, in aller Öffentlichkeit unter Hohnworten eine Torarolle zu zerreißen und zu verbrennen.

Welche Schmach! Für viele Juden ist es unerträglich, dass die Fremden sie so offen verachten. Und dass ihr Hohepriester mit diesen zusammenarbeitet. Nach und nach nimmt der Widerstand gegen die Besatzer zu, bilden sich kleine Guerillagruppen, straff organisiert, gewaltbereit.

Wer führt sie an? Welche Strategie, welches Ziel verfolgen sie? Niemand weiß es. Die Namenlosigkeit der Täter, die Unvorhersehbarkeit ihrer Aktionen sind ja gerade ihre stärksten Waffen.

Selbst der aus vornehmer jüdischer Familie stammende Chronist Flavius Josephus berichtet viel von Mord und Angst, wenig aber von den Verursachern: „Am helllichten Tage und mitten in der Stadt mordeten sie Menschen, besonders an den Festen mischten sie sich unter die Menge und stachen mit kleinen Dolchen, die sie unter ihren Kleidern verborgen hielten, ihre Gegner nieder. Brachen diese dann zusammen, so verwandelten sich ihre Mörder in einen Teil der aufgebrachten Menge. Ihr erstes Opfer war der Hohepriester Jonathan, nach ihm wurden täglich viele umgebracht; aber noch schlimmer als die Mordfälle selbst war die Furcht davor, denn jeder erwartete, wie im Krieg, stündlich seinen Tod.“

Mord und Furcht. Die meisten Opfer der Untergrundkämpfer gehören zu jenen Würdenträgern Jerusalems, die mit Rom zusammenarbeiten. Und der Kampf der Terroristen ist erfolgreich, denn immer mehr Juden verurteilen die Kollaboration mit den Besatzern.

Im Jahr 66 n. Chr. lässt ein Prokurator namens Gessius Florus den Tempelschatz plündern, weil die für Rom eingetriebenen Steuergelder angeblich nicht ausreichen. Da schlägt die Stunde der Radikalen: In Jerusalem bricht ein Aufruhr los, den Florus aber brutal niederschlagen kann.

Anschließend demütigt er die Einwohner der Stadt: Er lässt zwei Kohorten Soldaten aufmarschieren und befiehlt den Jerusalemer Bürgern, die Truppen feierlich zu grüßen. Der Hohepriester und andere gemäßigte Juden beschwören die Bevölkerung, der Anordnung zu folgen, denn sie sind davon überzeugt, dass ein Kampf gegen die Übermacht zu gefährlich wäre.

Doch dann folgt eine Provokation, die alles ändert: Die Soldaten grüßen nicht zurück – so hat es ihnen Florus zuvor befohlen. Das ist eine Provokation zu viel.

Dank früher militärischer Erfolge gelingt es den Rebellen, die Römer aus einigen Regionen Judäas zu vertreiben. Dort gibt Bar Kochba schon bald Münzen aus; nur sie und einige Schriftstücke künden von dem Mann, der die Aufständischen anführt

Protestrufe. Plötzlich ziehen die Soldaten ihre Waffen, Steine fliegen. Blut fließt. Die Römer finden sich im Gassengewirr blockiert. Attacken von den Hausdächern, Hinterhalte. Die Kohorten ziehen sich zurück, die Aufrührer setzen nach.

Und das Unglaubliche geschieht: Die römischen Truppen räumen die brodelnde Stadt; nur ein paar Soldaten bleiben in einer Festung zurück. Jerusalem ist fast frei! Diejenigen, die den Zorn Roms fürchten, reden auf die Menge ein, flehen sie an, kühlen Kopf zu bewahren, mit dem Prokurator zu verhandeln.

Vergebens, niemand hört mehr auf sie. Ein Angehöriger der jüdischen Tempelwache befiehlt, die täglichen Opfer für den Kaiser einzustellen.

Das ist der offene Bruch mit dem Imperium, die Kriegserklärung.

Eine Gruppe von Kämpfern ermordet die letzten in Jerusalem verbliebenen Legionäre, eine andere zieht zur Felsenfestung Masada in der Einöde südwestlich des Toten Meeres und massakriert dort die schwache römische Besatzung.

Schnell brennt das ganze Land. Nur in Caesarea und einigen anderen Küstenorten halten die Römer aus – und bereiten den Gegenschlag vor. Im Frühjahr 67 schickt Kaiser Nero seinen fähigsten General in den Nahen Osten: Titus Flavius Vespasianus, einen Berufssoldaten, erfahren, kühl, brutal, wenn nötig.

Mit gut 60 000 Mann fällt er von Norden her ein und verheert systematisch das Land. Nur einmal hält der Vormarsch inne: Vespasian wird in den Wirren nach Neros Ermordung von den Truppen zum Kaiser ausgerufen und reist nach Rom. Doch sein Sohn Titus führt den Feldzug ebenso unbarmherzig fort.

Am 26. September des Jahres 70 fällt Jerusalem: Legionäre plündern und zerstören den Tempel, Häuser und Villen brennen, Tausende werden erschlagen.

Frauen und Kinder machen die Römer zu Sklaven, die Männer arbeiten sich in ägyptischen Bergwerken zu Tode oder werden von Raubtieren in den Arenen des Imperiums zerfleischt. Etwa ein Drittel der jüdischen Bevölkerung überlebt den Krieg in Palästina nicht.

Die meisten Christen sind da vermutlich schon geflohen. Gleich zu Beginn des Aufstandes eilen Frauen und Männer der Jerusalemer Gemeinde wohl nach Pella, eine Stadt östlich des Jordans, in der die römische Ordnung intakt geblieben ist: Sie sind keine Rebellen.

Die Inschrift neben dem Bild einer Leier als Symbol für den Tempeldienst fordert »Freiheit für Jerusalem«. Bar Kochba glaubt an die Weissagung des Propheten Ezechiel, nach der ein neuer König David Israel und Judäa erlösen wird

Einzig die jüdischen Kämpfer auf der Festung Masada halten noch mehr als drei lange Jahre durch, belagert von einer Übermacht. Doch am Ende geben auch sie den aussichtslosen Kampf auf – und verüben, glaubt man den Schilderungen des Flavius Josephus, kollektiven Selbstmord.

Die Männer schneiden ihren Frauen und Kindern die Kehlen durch, dann töten sie sich gegenseitig. Die letzten zehn schreiben ihre Namen auf Tonscherben: Derjenige, dessen Name gezogen wird, bringt die verbliebenen neun Gefährten um und dann sich selbst.

Seine Identität ist nicht bekannt – doch fast zwei Jahrtausende später werden Archäologen in den Trümmern der Festung eine Scherbe finden, darauf die Inschrift „Ben Ja'ir", der Name des Kommandanten und vielleicht letzten lebenden Kämpfers auf Masada.

Der Gottesstaat der Juden ist damit Vergangenheit. Der Tempel: zerstört. Viele Priester und Adelige: erschlagen.

Jerusalem: eine Einöde. In den Trümmern der Stadt lagert nun die Zehnte Legion. Nie mehr, könnte man denken, werden sich die Juden davon erholen.

Doch das ist ein Irrtum.

Zwei Generationen lang leben die Juden nun weitgehend unauffällig in dem Land, das zu einer kaiserlichen Provinz ernannt wird: als Bauern in den Bergen, als Handwerker, Hirten, Händler. Etwa 20 000 römische Soldaten sind in Judäa stationiert.

Christen kehren kaum zurück. Ihre wichtigsten Gemeinden entstehen andernorts: in Kleinasien, in Griechenland, in Antiochia und in Rom.

Unter den Juden haben nur die gemäßigten Pharisäer, die sich mit Rom arrangierten, den Sturm überstanden (siehe Seite 68). Sie ziehen an die Mittelmeerküste und predigen und beten in Versammlungshäusern, den Synagogen. Schriftgelehrte legen nun die Texte aus. Im zerstörten Tempel in Jerusalem kann man nicht mehr opfern.

Doch dann kommt es zu einer weiteren, einer letzten Rebellion, und deren Genese ist noch mysteriöser als die Geburtsgeschichte des ersten Terrors. Denn für die Ereignisse, die sich um 130 in Judäa abspielen, gibt es nur einen einzigen Chronisten, den römischen Historiker Cassius Dio, der seinen Bericht aber erst um das Jahr 200 niederschreibt – und dessen Schilderung sich nur in dem Auszug einer Abschrift aus dem 11. Jahrhundert erhalten hat.

Cassius Dio beschreibt die Vorfälle so: Im Jahr 130 wird Judäa von Kaiser Publius Aelius Hadrian besucht, einem erfahrenen Feldherrn und glühenden Bewunderer griechischer Kultur. Er be-

Im Jahr 70 n. Chr. zerstören Legionäre den Tempel und verschleppen das Kultgerät nach Rom (Ölgemälde, 1867). Es ist das Ende des Gottesstaates der Juden, den Bar Kochba nun im Jahr 132 erneuern will. Seine militärischen Erfolge versetzen die Römer anfangs in Schrecken

schließt, auf den Trümmern Jerusalems eine neue, römisch inspirierte Stadt zu erbauen: Aelia Capitolina.

Vielleicht ist dies der Anlass für die wenigen im Land verbliebenen jüdischen Widerständler, noch einmal einen Aufstand zu wagen, so unwahrscheinlich ein Sieg auch sein mag. Denn wenn Jerusalem nun unter anderem Namen als heidnische Stadt neu gegründet wird, wenn Heiden (Griechen, Römer, Veteranen der Legionen) dort siedeln, wenn statt des niedergebrannten Tempels ein Heiligtum für Jupiter errichtet wird – was bleibt dann noch vom Judentum?

Vielen Menschen in Judäa muss die Neugründung Jerusalems als heidnische Stadt wie ein drohender Todesstoß erscheinen. Sie wagen einen verzweifelten Kampf, weil sonst der Untergang droht.

Sicher ist, dass nun Verschwörer im Untergrund systematisch und geduldig, wohl über Jahre hin, ein finales Ringen um Judäa vorbereiten.

Unter anderem berichtet Cassius Dio, dass jüdische Handwerker, die Waffen für die Legionen fertigen müssen, diese Schwerter, Schilde und Spieße absichtlich in so schlechter Qualität herstellen, dass Roms Kontrolleure sie als minderwertig ablehnen. Die zurückgegebenen Waffen, inzwischen wohl heimlich verbessert, füllen bald versteckte Depots in den Dörfern. So wird, unter den Augen des Imperiums, die Ausrüstung einer ganzen Armee in Judäa verteilt.

Unsichtbare Festungen entstehen. Vor allem im unzugänglichen Bergland südlich Jerusalems und am Westufer des Toten Meeres verwandeln sich harmlos aussehende Weiler in Rebellennester: Mit Hacken und Schaufeln graben sich Kämpfer unter den Häusern in den porösen Fels, verbinden Kellerräume, schlagen Vorratskammern, Verstecke, Fluchttunnel und Notausgänge in das Gestein. Es sind Bunker, in denen sich Attentäter verstecken können – und deren schmale, verwinkelte Gänge selbst von wenigen Kämpfern gegen eine Übermacht verteidigt werden könnten.

Wer aber ersinnt derart raffinierte Pläne? Wer koordiniert die Arbeiten von Waffenschmieden und Steinbrechern in Dutzenden entlegenen Dörfern? Wer rekrutiert die Kämpfer, die jene versteckten Schwerter führen sollen? Und: Wer sorgt für die eiserne Disziplin?

Denn kein Protest, schon gar kein Mordanschlag stört die trügerische Ruhe in Judäa. Nichts verrät den Römern, dass bereits die Flamme des Aufstandes lodert.

Ein einziger Name ist mit dieser Revolte verbunden: Simon bar Kosiba, genannt Bar Kochba. Fast nichts ist über diesen Mann bekannt, nicht sein Alter, nicht seine Herkunft, seine Bildung, seine Familie, sein Beruf, sein Aussehen. Kein Bild auf einer Münze, keine Statue gibt Zeugnis von ihm, denn Bildwerke sind den frommen Juden ja ein Gräuel.

Bar Kosiba ist sein Vatersname. Doch in der hebräischen Schreibweise muss nur ein Buchstabe geändert werden, dann kann man „Bar Kochba“ lesen: „Sternensohn“. Und plötzlich wird aus einem Rebellen ein Werkzeug Gottes, ein Vollstrecker einer uralten biblischen Verkündigung, eine Art Messias.

„Ein Stern geht in Jakob auf, ein Zepter erhebt sich in Israel. Er zerschlägt Moab die Schläfen und allen Söhnen Sets den Schädel. Edom wird sein Eigentum, Seïr, sein Feind, wird sein Besitz. Israel aber wird mächtig und stark.“

So heißt es im 4. Buch Mose – und deutet das nicht auf den „Sternensohn“ hin? Und sind die verhassten Römer nicht die Feinde, wie einst die Moabiter und die Edomiter? Erfüllt sich hier eine Prophezeiung?

Im Jahr 132 jedenfalls ist Bar Kochba der unumstrittene Führer der Freiheitskämpfer. „Fürst Israels“ nennt er sich selbst – das ist weit mehr als ein Adelstitel. Er spielt auf die Weissagung des Propheten Ezechiel an, der einst, so die Bibel, vorausgesagt hat, dass ein neuer

> Trotz etlicher erfolgreicher SCHARMÜTZEL können die Kämpfer Jerusalem nicht befreien

König David Israel und Judäa befreien, vereinen und regieren werde.

Wie seltsam muss dieser Gegner den Römern erscheinen, als sie endlich erkennen, dass sie es mit einem Aufstand zu tun haben: durchglüht einerseits von messianischer Hoffnung und überzeugt, ein endzeitlicher neuer König David zu sein; andererseits methodisch, geschickt, diszipliniert, ja verwaltungsstarr wie ein Beamter.

Cassius Dio überliefert, die Juden hätten erst wieder im Jahr 132 „teils auch ganz offen ihre feindselige Haltung unter Beweis gestellt“. Wahrscheinlich überfallen die Freiheitskämpfer nun Militärstreifen, Kontrollposten, kleinere Festungen. Vermutlich sterben in den ersten Monaten Hunderte von Legionären.

Bar Kochba ist siegessicher. Wie ein eigenständiger Monarch lässt er Münzen prägen, etwa ein Bronzestück mit dem stolzen Schriftzug „Simon, Fürst von Israel“ auf der Vorderseite und „Erstes Jahr der Befreiung Israels“ auf der Rückseite. Verschiedene Tetradrachmen zeigen die Fassade des Jerusalemer Tempels – Erinnerung und Verheißung zugleich.

Zudem verpachtet Bar Kochba das von ihm bereits kontrollierte Land, bestätigt in umständlicher Juristendiktion Pacht- und Kaufverträge: Dokumente, von denen manche in Verstecken die Jahrhunderte überdauert haben.

Denn ein unglaublicher Zufall öffnet einen winzigen Spalt im Schleier der Jahrhunderte.

Israel ist ja ein trockenes und in seinen Wüstenregionen unzugängliches und dünn besiedeltes Land – ein Land jedoch, das wie kaum ein zweites von Archäologen und Schatzsuchern durchforscht worden ist.

Die entdecken die von Bar Kochba ausgegebenen Verträge sowie – in Höhlen am Westufer des Toten Meeres, wo sich wohl einst Aufständische versteckt haben – auf Aramäisch geschriebene Papyrusbriefe mit seinen Befehlen an Unterführer.

Und so weiß man zwar fast nichts über den legendären Rebellen, kann aber gewissermaßen seiner Stimme lauschen.

Einem Getreuen etwa befiehlt er, ihm aus einem Dorf Zweige für das Laubhüttenfest zu bringen: „Simon an Jehuda bar Menasche in Kirjat Arabaja. Ich habe euch zwei Esel gesandt, damit ihr mit ihnen zwei Mann zu Jonathan bar Be'ajan und Masabal schickt, damit sie Palmzweige packen und zu euch ins Lager senden. Schickt sie zu mir. Gehabt euch wohl.“

Herrisch klingen manche schriftlichen Befehle. Unduldsam soll Bar Kochba auch gegenüber den noch im Land lebenden Christen gewesen sein, die er schwer strafen lässt, wenn sie Jesus nicht abschwören. Als einen „mordlustigen und räuberischen Menschen“ schmäht ihn (allerdings mehr als 150 Jahre später) ein Bischof und Chronist.

Das Pflanzengebinde auf dieser Münze Bar Kochbas erinnert an das Laubhüttenfest, bei dem sich das Volk Israel im Dank für die Ernte auf den Bund mit Gott besinnt. Zu Beginn des Aufstandes töten die Rebellen in gezielten Aktionen Hunderte Legionäre

Doch der Titel und die stolzen Münzen, die Verträge und generalsmäßigen Anweisungen bleiben letztlich nur hochtrabender Anspruch: Mehr als ihr Kernland in den Bergen Judäas und am Toten Meer kontrollieren Bar Kochbas Männer zu keiner Zeit. Ihr Zentrum ist die Bergsiedlung Betar, etwa zehn Kilometer südwestlich von Jerusalem, die sie zu einer Festung ausgebaut haben.

In Galiläa jedoch fassen sie nicht Fuß, und es gelingt ihnen auch nicht, die Ruinen der verheißenen Stadt Jerusalem einzunehmen.

Dann wiederholt sich die Geschichte, langsam, grausam, unabwendbar. Diesmal entsendet der römische Kaiser für seine Strafexpedition gleich drei Feldherren: die Statthalter aus den Provinzen Arabien und Syrien sowie aus dem fernen Britannien.

Die drei Befehlshaber ziehen mehrere Legionen zusammen. Doch statt die tückischen unterirdischen Festungen direkt anzugreifen und bei diesen Kämpfen ihre Soldaten zu opfern, umzingeln sie Dorf für Dorf – und hungern es jeweils aus. Nur langsam dringen die Römer deshalb vor. Doch wo sie sich einmal festgesetzt haben, da erlischt jeglicher Widerstand.

In den Briefen Bar Kochbas ist die zunehmende Verzweiflung zu erkennen. Er verliert seine Kämpfer, er verliert die Kontrolle über das Land, er verliert schließlich Brot und Wasser, um seine verbliebenen Getreuen noch zu versorgen. „Behaglich sitzt ihr, esst und trinkt vom Eigentum des Hauses Israel und kümmert euch nicht um eure Brüder", schreibt er an einige Unterführer.

Im Jahr 135 wird er mit seinen Männern von den römischen Legionen in der Bergfestung Betar umzingelt. Die Angreifer schütten einen großen Wall rings um den Fuß des Felsplateaus auf, eine Art riesenhafter Kerker, sodass nicht

Drei Jahre dauert der Aufstand, dann sind alle Rebellen gefangen genommen oder getötet. Auch Bar Kochba überlebt nicht. Übrig bleiben jene Münzen, die von der Sehnsucht der Juden nach ihrem Tempel künden

einmal mehr einzelne Kämpfer nachts aus Betar fliehen können.

Wie die anschließende Eroberung im Einzelnen abläuft, ist bis heute unklar. Von Cassius Dio ist zu dem Fall der letzten jüdischen Festung nicht eine einzige Zeile erhalten – falls er dazu je etwas niedergeschrieben hat.

Viel später zu Papier gebrachte jüdische Berichte malen grausige Einzelheiten aus: von Kindern, die mit Schreibgriffeln in den Händen auf die Angreifer losgingen und von den Römern in Buchrollen gewickelt und angezündet worden seien. „Sie mordeten unter den Einwohnern Betars so lange, bis die Pferde bis zu den Nüstern im Blut versanken."

Sicher ist, dass wohl kaum ein Jude den Angriff überlebt – auch Bar Kochba nicht. Mit dem Tod des „Sternensohns" erlischt auch dieser, der letzte Aufstand der Juden im Heiligen Land.

Cassius Dio berichtet: „50 ihrer befestigten Plätze, um nur die bedeutendsten zu zählen, und 985 der namhaftesten Dörfer wurden bis auf den Grund zerstört. 580 000 Menschen wurden bei den einzelnen Expeditionen und Kämpfen niedergemacht. Die Zahl der durch Hunger, Krankheit und Feuer Umgekommenen war nicht zu ermitteln. So wurde beinahe ganz Judäa zu einer Einöde gemacht, und viele Wölfe und Hyänen waren heulend in ihre Siedlungen eingefallen."

Was wirkt wie eine bei antiken Chronisten häufig vorkommende Lust an der Übertreibung, an der maßlosen Zahl, mag tatsächlich schockierende Realität sein. Groß jedenfalls sind die Menschenverluste, ist die Zerstörung.

Wer überlebt, wird als Sklave verkauft – es sind derart viele Juden, dass auf dem Menschenmarkt von Hebron ein Sklave so billig zu haben ist wie ein Pferd.

Juden dürfen Jerusalem nun unter Androhung der Todesstrafe nicht mehr betreten, in den Dörfern Judäas leben nur noch wenige von ihnen. Der Tempel in der Hauptstadt wird nie wieder aufgebaut.

Zwar überstehen die Gemeinden in Galiläa den Sturm. Doch jüdisches Leben, das wird nun für 18 Jahrhunderte vor allem bedeuten: Leben im Exil.

Die ohnehin schon existierenden Gemeinschaften der Diaspora („Verstreutheit") in Kleinasien, in Mesopotamien, in Nordafrika und Europa bleiben bestehen. Hier wird die Tora gelesen, hier werden neue Schriften geschaffen wie der Talmud, hier werden die Riten und Traditionen bewahrt, hier wird die Sehnsucht wachgehalten, irgendwann einmal doch zurückzukehren nach Jerusalem.

Die Juden der Diaspora bewahren auch das Andenken an Bar Kochba. Der Rebell, der die Juden nicht in die Freiheit geführt hat, sondern in die Katastrophe, wird nun geschmäht. Im Talmud etwa steht geschrieben, er habe einen frommen Schriftgelehrten erschlagen und sei ob dieses Frevels von Gott dadurch gestraft worden, dass er gegen die Römer fiel.

Und sein echter Name – bar Kosiba – wird noch einmal umgedeutet: Nun wird er „Bar Koziba" genannt, der „Lügensohn".

Wer Simon bar Kosiba wirklich war, das kann heute keiner mehr sagen. Nur so viel: Er war ein Kämpfer mit dem Schicksal, am Ende der biblischen Zeit geboren worden zu sein. Wer ihn aber tötete, wann und wie genau und ob er begraben wurde – niemand weiß es.

Ein Brief von ihm hat sich in einem Fragment erhalten, ein Schreiben aus den letzten Tagen – Textfetzen nur, die Stimme eines Verzweifelten und Einsamen: „… bis zum Ende … sie haben keine Hoffnung … meine Brüder im Süden … von ihnen fielen durch das Schwert … diese meine Brüder." □

Literaturempfehlung: *Klaus Bringmann, „Geschichte der Juden im Altertum", Klett-Cotta; hervorragende Gesamtdarstellung, die aufzeigt, wie die Juden selbst unter Fremdherrschaft, Verfolgung oder im Exil ihre Identität bewahrten.*

Im Anfang war das Wort

Rund 40 Jahre nach dem Tod Jesu beginnen zahlreiche Autoren, von dessen Wirken zu berichten. Sie alle behaupten, die wahre Geschichte des Heilands zu erzählen, so auch der Verfasser des Johannes-Evangeliums (oben ein um 125 entstandener Papyrus). Doch nur vier dieser Texte nehmen die Kirchenväter in das Neue Testament auf. Sie werden zu theologischen Grundlagen der größten Weltreligion – des Christentums

VON MARTIN PAETSCH

Die Evangelien von Matthäus, Johannes, Lukas und Markus (im Uhrzeigersinn von links oben; Buchmalerei, 9. Jh.) bilden die Grundlage des Neuen Testaments. Doch in der Frühzeit des Christentums kursieren noch eine Vielzahl weiterer Berichte vom Leben Jesu – bis die Kirche sie als unbedeutend verwirft

Unweit des Nils erheben sich in Ägypten bizarre Felsformationen aus der Wüste. Über Jahrtausende haben Wind und Hitze an den Hügeln des Jebel Qarara gefressen, haben ein Labyrinth aus Türmen und Höhlen hinterlassen.

Irgendwann in den 1970er Jahren streifen Bauern durch diese Landschaft: Sie suchen nach Altertümern, die sie an Antiquitätenhändler verkaufen können.

In einem Winkel, verborgen zwischen Felstrümmern, stoßen sie auf ein dunkles Loch. Eine Grabhöhle. Darin finden sie, neben den Überresten eines wohlhabenden Mannes, einen Steinkasten mit uralten Handschriften. Die Bauern wissen: Für derartige Funde wird viel Geld gezahlt. Über einen Mittelsmann verkaufen sie die zu einem Codex gebundenen Manuskripte an einen Händler in Kairo. Damit beginnt eine jahrelange Odyssee der empfindlichen Schriften.

Sie gehen von Hand zu Hand, werden in Zeitungspapier eingewickelt, 16 Jahre lang in einem Schließfach gelagert und sogar tiefgefroren. Während kriminelle Kunsthändler lange Zeit vergebens auf vermögende Käufer hoffen, die den überhöhten Preis zu zahlen bereit sind, zerfällt der Fund nach und nach.

Erst im Jahr 2001 erlaubt die Schweizer Antiquitätenhändlerin Frieda Nussberger-Tchacos eine wissenschaftliche Untersuchung. Kurz darauf beginnt die Wiederherstellung des stark beschädigten „Codex Tchacos". Drei Jahre brauchen Forscher, um die Papyrus-Seiten zu rekonstruieren.

Als sie die Texte entziffert und übersetzt haben, wird ihnen klar: Sie enthalten einen bislang unbekannten Bericht über das Wirken von Jesus Christus.

Ein seit 1800 Jahren verschollenes Evangelium.

Der Gottessohn ist vor allem aus vier Schriften bekannt: den Evangelien des Neuen Testaments. Matthäus, Markus, Lukas und Johannes – die Verkünder des *euangelion* (griech. für „frohe Botschaft") – schildern darin das Leben und den Tod Jesu. Ihre Bücher zählen zu den meistgelesenen der Welt. Doch abgesehen von den Namen wissen wir nur wenig über die Verfasser.

Wer hat diese wichtigsten Bücher des Neuen Testaments niedergeschrieben? Wie sind die Autoren an ihre Informationen gelangt? Und: Sind sie wirklich die einzige, zumindest die beste Quelle zu Jesus und den ersten Menschen, die dem Nazarener folgten?

Der älteste dieser Berichte ist das Markus-Evangelium. In einer Passage des Buchs weist Jesus auf den Tempel von Jerusalem und warnt seine Jünger: „Kein Stein wird auf dem andern bleiben."

Wahrscheinlich spielt die Schrift damit auf die Vernichtung des jüdischen Heiligtums im Jahr 70 n. Chr. an. Der Verfasser schreibt also entweder zu einer Zeit, als sich das Unheil anbahnt – etwa nachdem im Jahr 67 eine überlegene römische Streitmacht in Palästina einmarschiert ist, um den im Vorjahr ausgebrochenen Aufstand der Juden brutal niederzuschlagen.

Oder er blickt auf die Zerstörung des Tempels zurück, kurz nachdem die Römer die Stadt im Jahr 70 eingenommen haben. Dieses Evangelium entsteht also etwa 40 Jahre nach dem Tod Jesu, der um das Jahr 30 gestorben ist.

Seinen Namen nennt der Verfasser nicht – das Evangelium ist, ebenso wie die anderen drei, ursprünglich anonym. Erst um 130 identifiziert der Kirchenvater Papias von Hierapolis den Autor als „Markus, der Dolmetscher des Petrus".

Wer aber ist dieser Markus? Die kirchliche Überlieferung setzt ihn gleich mit einem Mann dieses Namens, der wiederholt im Neuen Testament genannt wird. Dieser „Johannes mit Beinamen Markus", ein zum christlichen Glauben übergetretener Jude aus Jerusalem, begleitet den Apostel Paulus auf einer seiner Missionsreisen.

Handelt es sich beim frühesten Evangelisten um ebenjenen Johannes Markus? Ist er ein Missionar der ersten Stunde, der gemeinsam mit Paulus neue Gemeinden gründet und Petrus als Übersetzer dient? Ein Mann also, der niederschreibt, was er *direkt* von Wegbegleitern Jesu gehört hat?

In seiner Schrift findet sich kein besonderer Hinweis auf die Apostel. Nichts lässt vermuten, dass der Verfasser ihr Schüler sein könnte. Auffällig sind auch seine lückenhaften Kenntnisse der Geographie Palästinas: So verortet er Gerasa, das heutige Jerasch, am „Ufer des Sees" Genezareth, obwohl die Stadt rund 50 Kilometer südöstlich liegt.

Ein solcher Fehler würde einem gelehrten Juden aus Jerusalem kaum unterlaufen. Wer immer also dieses Evangelium niederschreibt – es ist offenbar nicht der biblische Johannes Markus.

Es ist ein Unbekannter. Ein Schriftkundiger, der offenbar nicht aus Palästina stammt. Der vielleicht ebenfalls Markus heißt, vielleicht aber auch nicht. Der Verfasser des Evangeliums versteht zwar die Sprache der Juden, weiß zum Beispiel, dass *korban* eine Opfergabe meint. Doch er schreibt in Griechisch.

Seinem Publikum erklärt er jüdische Sitten, die ihm aber selbst fremd zu sein scheinen. So berichtet er fälschlich, „*alle* Juden" äßen nur, nachdem sie sich zuvor die Hände gewaschen hätten. Dass ein Jude eine solche Formulierung gebraucht, ist kaum vorstellbar.

Und: Der Evangelist richtet seine Frohe Botschaft offenbar nicht an Juden, denen ja niemand die eigenen Gebräuche zu erläutern braucht. Seine Gemeinde besteht vielmehr aus Heidenchristen, also nichtjüdischen Gläubigen.

Für diese Menschen fasst Markus mehrere Geschichten über Jesus zusammen, formt sie zu einer Erzählung. Er ist ein begabter Schriftsteller, verflicht geschickt die parallelen Handlungsstränge der Verurteilung Jesu und von Petrus, der ihn zur gleichen Zeit verleugnet. Doch er vermeidet die literarische Hochsprache, schreibt stattdessen im volkstümlichen Griechisch.

Mit seinem Bericht will der Autor alle Bevölkerungsschichten ansprechen. Viele Mitglieder seiner Gemeinde sind vermutlich einfache Leute, die nicht lesen können. Und so wird das Evangelium ursprünglich wohl laut vorgetragen, vielleicht sogar von mehreren Sprechern, aufgeführt wie ein Theaterstück.

Wo aber kommt diese frühchristliche Gemeinde zusammen, um der frohen Botschaft zu lauschen? Manche Bibelforscher vermuten, dass dieses früheste

Evangelium in der römischen Provinz Syrien verfasst worden ist – möglicherweise in einer Stadt wie Antiochia, in der sich griechische, römische und jüdische Kultur mischen.

Doch es gibt auch Hinweise auf einen anderen Ort. Markus verwendet viele lateinische Wörter und weicht überraschend oft vom griechischen Satzbau ab, ordnet die Wörter stattdessen wie im Lateinischen an – ganz so, als schreibe er nicht im Sprachgewirr der römischen Provinz, sondern in einer überwiegend lateinischsprachigen Umgebung.

Verfasst er das erste Evangelium also im Herzen des Imperiums: in Rom? Dafür sprechen auch die Themen, um die seine Erzählung kreist.

Denn immer wieder schreibt Markus über Leiden, Verfolgung und Erlösung. Sein Werk warnt die Christen davor, sie würden „vor die Gerichte“ gestellt und „von allen gehasst“ werden. Und es ermahnt die Anhänger Jesu, standhaft und wachsam zu bleiben.

Richtet er diese Worte an eine Gemeinde, der die grausamen Christenverfolgungen im Jahr 64 unter Kaiser Nero noch in schmerzvoller Erinnerung sind? Deren Mitglieder noch immer Bilder jener Glaubensgenossen vor Augen haben, die wenige Jahre zuvor von Hunden zerfleischt, an Kreuze genagelt oder bei lebendigem Leib verbrannt worden sind?

Dann wäre die Schrift vor allem eines: ein Evangelium für den Untergrund. Eine Durchhaltebotschaft an unterdrückte Christen, die in schwierigen Zeiten an ihrem Glauben zu zweifeln drohen.

In der von Markus verfassten Leidensgeschichte könnten sie sich selbst wiedererkennen.

Markus, der um das Jahr 70 das früheste Evangelium verfasst, ist möglicherweise ein Römer, der für die verfolgte Christengemeinde in der Ewigen Stadt schreibt (Buchmalerei aus dem 11. Jh.)

Das Werk jedenfalls entfaltet seine Wirkung weit über Rom hinaus. Schreiber vervielfältigen es, Reisende verbreiten es über das ganze Imperium, auch in entlegene christliche Gemeinden.

Und schon wenige Jahre später verfassen zwei Autoren, die den Bericht des Markus kennen, ihre eigenen Versionen der Jesusgeschichte. Beide blicken auf die Zerstörung Jerusalems zurück, als läge sie bereits deutlich in der Vergangenheit. Wahrscheinlich schreiben sie in den Jahren zwischen 80 und 90. Keiner der beiden nennt seinen Namen.

Doch glaubt man Papias von Hierapolis, ist einer niemand anderes als Matthäus, der ehemalige Zöllner und Jünger Jesu. Und damit im Gegensatz zu Markus ein Augenzeuge des Geschehens, über das er berichtet.

Über das andere Evangelium berichtet der Bischof Irenäus von Lyon um das Jahr 180, es sei von Lukas, einem Weggefährten des Apostels Paulus, niedergeschrieben worden. Ein Dokument aus dem 4. Jahrhundert fasst zusammen, was die Kirche über ihn zu wissen glaubt: „Lukas ist Antiochier, Syrer, Arzt von Beruf, Schüler der Apostel geworden und später Begleiter des Paulus bis zu dessen Martyrium.“

Doch beide Verfasser schöpfen großzügig aus dem Markus-Evangelium, übernehmen ganze Passagen. Warum jedoch sollte Matthäus etwa bei der Schilderung seiner eigenen Berufung in den Kreis der Jünger Jesu auf die Berichte eines Nicht-Augenzeugen wie Markus zurückgreifen?

Im Lukas-Evangelium klingt zudem keine der theologischen Ideen aus den Briefen des Apostels Paulus an – und das, obwohl die Schrift angeblich von dessen treuestem Begleiter stammt.

Welche Chronisten verbergen sich also hinter diesen beiden Texten?

DER VERFASSER des Matthäus-Evangeliums steht dem Judentum und seiner Heiligen Schrift, der Tora, näher als die anderen Autoren; bei ihm ist beispielsweise Jesus *nicht* „gekommen, um das Gesetz und die Propheten aufzuheben“. Das heißt: Die von den Juden verehrten Texte – vor allem die im Griechischen als „Gesetz“ bezeichneten Fünf Bücher Mose und die prophetischen Schriften – sollen weiter gelten.

Ist Matthäus also ein zum Christentum übergetretener Jude? Doch nicht immer bleibt der Autor den jüdischen Traditionen treu. Er stellt Jesus über Moses, schildert unter anderem, wie einige der für den Sabbat überlieferten Rituale ihre Bedeutung verloren haben.

Er schreibt vermutlich für jüdisch geprägte Christen, die sich mit ihren

Traditionen in einer neuen Umgebung einrichten müssen. Wahrscheinlich leben sie in einer Exilgemeinde im Ausland.

Denn nach der Zerstörung Jerusalems haben viele Juden ihr Land verlassen: Als Matthäus sein Evangelium schreibt, lebt bereits die Mehrheit von ihnen außerhalb der Grenzen Judäas.

Viele Exilanten ziehen nach Antiochia in Syrien. Vielleicht hat dort auch die Gemeinde von Matthäus eine neue Heimat gefunden.

In der Fremde ändert sich die Lebensweise der Juden: Sie sprechen Griechisch und beginnen, ihre Gemeinden nach dem Vorbild philosophischer Schulen zu organisieren. In diesen Studiergemeinschaften können sie sich unter Anleitung eines Lehrers in die heiligen Schriften vertiefen.

Vielleicht ist Matthäus ein solcher Lehrer, der seine Gemeinde in Glaubensfragen anleitet. Denn an zwei Stellen spricht er im Evangelium von „Schriftgelehrten", welche die Lehren Jesu verbreiten – womöglich rechnet er sich selbst dazu.

Der Verfasser des Matthäus-Evangeliums (hier auf einem um das Jahr 900 bemalten Pergament) ist angeblich ein Jünger Jesu, tatsächlich aber wohl ein zum Christentum konvertierter Jude im Exil

AUCH DER VERFASSER des Lukas-Evangeliums ist ein Schriftgelehrter Jesu, jedoch von ganz anderer Art. Er beginnt seinen Bericht mit einer Vorrede im Stil römischer und griechischer Schriftsteller, verweist mit wohlgewählten Worten auf seine Vorgänger.

„Schon viele haben es unternommen, einen Bericht über all das abzufassen, was sich unter uns ereignet und erfüllt hat", schreibt er. „Nun habe auch ich mich entschlossen, allem von Grund auf sorgfältig nachzugehen."

Dieser Vorrede lässt er nicht nur das umfangreichste aller vier Evangelien folgen, sondern gleich noch einen zweiten Band: Auch die im gleichen Stil abgefasste Apostelgeschichte des Neuen Testaments stammt von Lukas.

Darin lässt er die Missionsreisen des Paulus in Rom enden und spricht dabei von „wir" – vielleicht ein Hinweis darauf, dass der Autor sein Mammutwerk in dieser Stadt verfasst hat.

Seine Erzählung entsteht in den Jahren zwischen 80 und 90: zu einer Zeit, als die vormals verrufene Religion auch die gebildete Klasse Roms zu faszinieren beginnt. Und so schreibt Lukas seinen Bericht in einem Stil, der vor allem noble Hauptstädter anspricht.

Er macht die Geschichte größer, dramatischer, römischer. Sein Jesus ist ein Mann, der seine Hinrichtung mit Würde erträgt. Bei Markus und Matthäus schreit der Gekreuzigte vor seinem Tod „laut" auf und ruft: „Mein Gott, warum hast du mich verlassen?" Bei Lukas dagegen ist von solcher Schwäche nichts zu spüren, der Gottessohn scheidet beherrscht aus dem Leben: „Vater, in deine Hände lege ich meinen Geist."

An anderen Stellen hingegen stimmt der Bericht von Lukas weitgehend mit denen seiner Vorgänger überein. Wie Matthäus übernimmt er weite Strecken des Markus-Evangeliums, doch aus Rücksicht auf sein gebildetes Publikum ersetzt er viele Begriffe durch ein stilistisch eleganteres Griechisch.

Darüber hinaus finden sich bei diesen beiden Autoren auch nahezu identische Passagen, die im Markus-Evangelium fehlen. Die verblüffende Ähnlichkeit lässt nur einen Schluss zu: Lukas und Matthäus schöpfen nicht nur aus dem Markus-Evangelium, sondern dazu noch aus einer weiteren Quelle.

Das mysteriöse Dokument ist verschollen. Doch immerhin lässt sich sein Inhalt aus den Übereinstimmungen zwischen beiden Evangelien rekonstruieren.

Diese frühe Schrift enthält vor allem die Reden und Sprüche Jesu, darunter die Bergpredigt. Bibelforscher nennen sie deshalb Logienquelle (von griech. *logion* = Ausspruch) oder kurz Q – nach dem deutschen Wort „Quelle".

Ihre Ursprünge reichen wohl weit zurück. Denn wiederholt spielt Q auf das besitzlose und unstete Leben der Jesusanhänger an, beschreibt, wie Christus sie „in alle Städte und Ortschaften" aussendet. Vermutlich stammen diese Überlieferungen noch aus einer Zeit, als die ersten christlichen Prediger durch Palästina zogen.

An anderen Stellen dagegen sind Sprachbilder eingeflochten, die offenbar für Landbewohner gedacht sind – etwa das von dem guten Baum, der keine schlechten Früchte hervorbringt.

Möglicherweise entsteht die Spruchsammlung in jenen Ortschaften, in denen Jesus erste Anhänger gewonnen hat. Diese frühen Gefolgsleute bieten den umherziehenden Missionaren eine Bleibe, hören deren Berichte. Die Wanderprediger wiederum machen ihren Gastgebern die Lehren Jesu mit Vergleichen anschaulich, die den Dorfbewohnern am ehesten einleuchten.

Immer mehr Sprüche Jesu tragen die Gemeinden so zusammen. Die Überlieferungen schreiben unbekannte Autoren nieder, ordnen sie nach Themen, fügen nach und nach weitere Geschichten ein. So entsteht mit der Zeit eine sorgfältig komponierte Schrift.

Sie erwähnt Verfolgungen der Christen durch die Juden, zu denen es vermutlich in den Jahren zwischen 40 und 50 kommt. Damals entsteht wohl die Logienquelle – zu einer Zeit, als noch viele Anhänger leben, die Jesus mit eigenen Augen gesehen haben.

Erst Jahrzehnte später greifen Matthäus und Lukas auf dieses Dokument zurück und reichern mit Anekdoten und Sprüchen daraus ihre eigenen Erzählungen an. Dennoch ähneln diese Heilsbotschaften noch immer jener des Markus. Diese ersten drei Berichte über Jesus heißen deshalb auch „synoptische Evangelien“ (von griech. *synopsis* = Zusammenschau).

Das Lukas-Evangelium, die ausführlichste Schilderung des Lebens Jesu, entsteht um das Jahr 85. Es enthält eine detaillierte Darstellung von dessen Geburt – die Weihnachtsgeschichte (Pergament, um 800)

Dagegen liefert das vierte Evangelium eine überraschend neue Version der Jesusgeschichte. Und im Gegensatz zu den anderen Fassungen erhebt diese Darstellung ausdrücklich den Anspruch, der Bericht eines Augenzeugen zu sein.

Im Schlusskapitel meldet sich eine anonyme Herausgebergruppe zu Wort und beruft sich auf „den Jünger, den Jesus liebte“. Dieser sei es, „der all das bezeugt und der es aufgeschrieben hat; und wir wissen, dass sein Zeugnis wahr ist“.

Wer dieser Liebling ist, erklärt Bischof Irenäus von Lyon um 180 n. Chr.: Es sei „Johannes, der Jünger des Herrn, der auch an seiner Brust gelegen hat“ – also jener Jünger, der ebenfalls in den anderen drei Evangelien genannt wird und zum engsten Kreis Jesu gehörte. Dieser Johannes habe das Evangelium verfasst, „als er in Ephesos in Asien weilte“.

Doch ist dieser Bischofsbericht glaubwürdig? Nach Ansicht vieler Bibelforscher entsteht das Evangelium um das Jahr 100, rund 70 Jahre nach Jesu Tod. Kann zu dieser Zeit in Ephesos noch ein Augenzeuge leben?

Laut Irenäus von Lyon erreicht Johannes tatsächlich ein biblisches Alter: Er lebt demnach „bis in die Zeit Trajans“, jenes römischen Kaisers, der von 98 bis 117 n. Chr. regiert. Scharen sich damals Schüler um den greisen Johannes, schreiben nieder, was der einstige Weggefährte Jesu berichtet?

Auffällig ist, wie ausführlich sich die Schrift mit einem anderen Johannes beschäftigt: Johannes dem Täufer, dem Wegbereiter Jesu. Wiederholt betont der Verfasser, nicht jener populäre Prophet, sondern Jesus Christus sei der Messias.

Damals hat der Täufer noch zahlreiche Anhänger, die vor allem ihn verehren. An jenem Ort, an dem der Evangelist seinen Bericht schreibt, müssen besonders viele von ihnen leben, denn der Autor sieht in ihrer Bewegung offenbar eine Bedrohung für das Christentum – sonst würde er den Vorrang von Jesus gegenüber dem Täufer nicht so auffallend betonen.

Eine große Gemeinde von Gefolgsleuten des Täufers blüht im 1. Jahrhundert in Kleinasien, und zwar in Ephesos. Der Verfasser schreibt zudem Griechisch mit aramäischem Einschlag, er ist vermutlich ein zum Christentum übergetretener Jude – genau wie der Jünger Johannes.

Sollte die kirchliche Überlieferung also tatsächlich stimmen? Hat dieser etwa 90-jährige Apostel in Ephesos seine Erinnerungen niedergeschrieben, möglicherweise mit Hilfe seiner Schüler?

Eigenartig sind jedoch die vielen Unterschiede zu den älteren Berichten. So reist Jesus bei Johannes nicht *einmal* nach Jerusalem wie in den anderen Evangelien, sondern gleich *viermal*. Ein Augenzeuge würde sich solche Freiheiten kaum erlauben.

Und der Autor ist auch nicht in erster Linie ein Bewahrer der Tradition, sondern vielmehr ein Erneuerer. Er beginnt sein Evangelium auf kosmischer Ebene, völlig losgelöst vom irdischen Weg Jesu: „Im Anfang war das Wort, und das Wort war bei Gott, und Gott war das Wort." Dies ist eine neue Vision der Jesusgeschichte, voller Kraft und frischer Ideen. So aber schreibt kein Greis, der auf seine Zeit als Gefährte Christi zurückblickt.

Vor allem wird ein Jünger namens Johannes nirgendwo in diesem Evangelium namentlich erwähnt. Zwar tritt immer wieder ein „Jünger, den Jesus liebte" auf, doch nicht als Verfasser. Erst im Schlusskapitel behaupten die Herausgeber, dieser Anhänger Jesu habe alles niedergeschrieben.

Vielleicht also ist dieser Epilog erst später angefügt, ist nachträglich die Autorenschaft eines Apostels verbrieft worden, um die Bedeutung der Schrift zu unterstreichen.

Der Überlieferung nach ist Johannes, der Lieblingsjünger Jesu, Verfasser des vierten Evangeliums. Doch tatsächlich wird es um das Jahr 100 geschrieben, wohl in Kleinasien (Buchmalerei, 9. Jh.)

DENN ZU JENER ZEIT ist wohl längst ein Wettstreit der Schriften entbrannt. Vom 2. Jahrhundert an entstehen immer neue Evangelien, die das Leben und Wirken Jesu aus den unterschiedlichsten Blickwinkeln beleuchten.

Zwar haben die drei synoptischen Evangelien eine relativ einheitliche Sicht der Geschichte vorgegeben. Doch parallel dazu kursieren wohl noch etliche mündliche Berichte, die mit jedem Erzählen und Weitergeben verändert werden: unbewusst – oder bewusst, weil sie sich an ganz unterschiedliche Menschen richten.

Denn von Beginn an ist das Christentum in zahlreiche Gemeinden und Bewegungen zersplittert. Und am Anfang des 2. Jahrhunderts haben viele dieser Glaubensgemeinschaften ganz eigene Vorstellungen von Jesus entwickelt.

Einigen stehen vermutlich begabte Erzähler vor, die ihre Predigten mit neuen Details ausschmücken und dabei auch auf die aktuelle Situation ihrer Gemeinde reagieren. Anderswo interpretieren Philosophen und Mystiker die Geschichte des Gottessohnes, deuten sie für ihre Zuhörer auf immer neue Weise.

Sie oder ihre Anhänger schreiben diese Versionen nun nieder, um sie vor dem Vergessen zu bewahren. Gelehrte übersetzen die Texte, kürzen, ergänzen und ändern sie abermals. Manche der so entstandenen Schriften enthalten Überlieferungen, die vielleicht ähnlich weit zurückreichen wie jene der drei synoptischen Evangelien. So zum Beispiel das Thomas-Evangelium.

„Dies sind die verborgenen Worte, die der lebendige Jesus sagte, und Didymos Judas Thomas schrieb sie auf", beginnt die rätselhafte Schrift. Sie würde damit direkt von Thomas stammen, einem weiteren Jünger Jesu – doch Forscher bezweifeln das. Sie glauben, dass der Text Anfang des 2. Jahrhunderts in Syrien verfasst wurde.

Das Thomas-Evangelium besteht aus 114 Aussprüchen Jesu, von denen einige möglicherweise so ursprünglich sind wie die Reden in der Logienquelle – jener Zitatsammlung, die Matthäus und Lukas als Ausgangsmaterial gedient hat. Der Autor jedenfalls verspricht: Wer diese Sprüche verstehe, werde „den Tod nicht schmecken".

Andere Texte entstehen aus dem Bedürfnis heraus, Lücken in der Biografie des Gottessohnes zu füllen. Ihre Autoren erzählen oftmals, was Matthäus, Markus, Lukas und Johannes weggelassen haben, etwa Geschichten aus der Kindheit Jesu.

So berichtet das Ende des 2. Jahrhunderts entstandene „Kindheits-Evangelium" von angeblichen Wundertaten des Fünfjährigen. Der habe „mit dem bloßen Wort" das Wasser von Flüssen gereinigt, umgekehrt aber einen Knaben, der ihn beim Spiel störte, „wie einen Baum verdorren" lassen.

Und das Petrus-Evangelium, verfasst zwischen 100 und 150, wartet mit neuen Details zur Auferstehung auf: Es schildert, wie „zwei Männer in einem großen Lichtglanz" vom Himmel herabsteigen, wie vor ihnen der Grabstein „von selbst ins Rollen" gerät und wie die beiden Engel schließlich mit Jesus zum Himmel aufsteigen.

Wieder andere Schriften gehen noch viel weiter: Sie bewahren vermeintliches Geheimwissen über den Gottessohn. Die Urheber dieser „gnostischen Evangelien" (von griech. *gnosis* = Erkennen) sind oft christliche Sekten aus dem

2. und 3. Jahrhundert, deren Mitglieder hinter der Jesusgeschichte verborgene Wahrheiten vermuten. Für sie ist Christus kein Mensch aus Fleisch und Blut, sondern ein himmlisches Lichtwesen, das in den Körper des Jesus von Nazareth hineingefahren ist. Nur einigen Auserwählten soll der gestaltlose Götterbote den Weg zur Erlösung gewiesen haben – ebenjenen Gnostikern, die sich als einzig wahre Christen ansehen.

Mitunter bringt die Wahrheitssuche gnostischer Sekten eigentümliche Ergebnisse hervor. Das wohl gegen Ende des 2. Jahrhunderts niedergeschriebene Philippus-Evangelium deutet Jesus gar zum Liebhaber einer seiner Anhängerinnen um: „Der Erlöser liebte Maria Magdalena mehr als alle Jünger, und er küsste sie oftmals auf ihren Mund."

Diese Flut an frohen Botschaften erregt schon früh das Missfallen der Kirche. „Da wird in verwerflicher Weise Gips in Gottes Milch gemischt", klagt Bischof Irenäus von Lyon.

Fromme Männer wie er beginnen um das Jahr 180, einen Schriftenkanon festzulegen. Es gebe „vier Regionen der Welt" und „vier Hauptwinde", argumentiert Irenäus. Da sei es nur folgerichtig, wenn sich die Kirche auf „vier Säulen" stütze – also die Evangelien nach Matthäus, Markus, Lukas und Johannes. Denn diese Berichte gelten wohl schon früh als besonders wahrhaftig.

Neben den Evangelien sichten die Kirchenväter auch andere Werke, verwerfen oder bestätigen sie. Im Jahr 367 schließlich beschreibt Bischof Athanasius von Alexandrien erstmals eine Sammlung von 27 Texten: das Neue Testament, wie wir es noch heute kennen.

Neben den vier Evangelien und der Apostelgeschichte enthält dieses Konvolut vor allem Briefe. Die meisten stammen angeblich von Aposteln oder anderen urchristlichen Autoritäten – doch häufig ist diese Zuordnung falsch.

Nur bei einigen Paulus-Briefen stimmt die Verfasserangabe, sie gehen tatsächlich auf den Apostel zurück (siehe Seite 136). Bei den anderen Schreiben haben Autoren oder Bearbeiter die prominente Urheberschaft lediglich behauptet, um dem Traktat mehr Gewicht zu verleihen. Die Johannes-Offenbarung schließlich geht nicht auf den Jünger dieses Namens zurück, sondern auf einen unbekannten Seher.

Ungezählte Texte fallen bei der Auswahl der Kirchenväter durch – darunter auch unliebsame Evangelien, die von der orthodoxen Auslegung abweichen. So lehnen die Bischöfe auch das Thomas-Evangelium ab, weil manche Worte darin nicht von Jesus stammen würden.

Innerhalb weniger Jahrhunderte verliert sich die Spur der verworfenen Schriften. Erst vom Ende des 17. Jahrhunderts an werden die ersten dieser Texte wiederentdeckt, erhalten auf Pergament oder Papyrus.

Im Jahr 1945 stößt ein Beduine nahe dem ägyptischen Nag Hammadi auf einen Krug, der 13 in Leder gebundene Bücher enthält. In ihnen sind mehr als 50 Schriften in koptischer Sprache versammelt, darunter viele Übersetzungen der von der Kirche einst geächteten gnostischen Texte – auch die Evangelien nach Thomas und Philippus.

Gut 30 Jahre vergehen, ehe eine weitere unterdrückte Heilsbotschaft auftaucht – ebenjenes Evangelium, das im so stark versehrten Codex Tchacos niedergeschrieben ist. Der Titel des koptischen Textes lautet „Peuaggelion Nioudas": „Evangelium des Judas".

Von einem solchen Evangelium wissen zwar schon Kirchenväter im 2. Jahrhundert. Doch seither ist es verschollen. Vielleicht wegen seines Inhaltes.

Denn hinter diesem Text steht vermutlich eine Gruppe von Gnostikern, die ausgerechnet der wohl meistgehassten Figur im Neuen Testament folgen: Judas, dem Verräter Jesu.

Wer genau die Verfasser sind, ist unklar. Doch einen Hinweis auf ihre Identität gibt Irenäus von Lyon: Er berichtet von einigen Gnostikern, die auch „Kainiten" genannt werden, nach dem Brudermörder Kain im Alten Testament.

Nach Ansicht dieser Abweichler ist Jahwe, der Schöpfer der Welt, nicht der wahre Gott – dieser stehe vielmehr über dem Gott des Alten Testaments. Nur wer sich von Jahwe lossagt, wer sich seinen Regeln widersetzt, kann Erleuchtung finden. Deshalb verehren sie Kain, der die Ermahnungen Gottes ignoriert und schließlich seinen Bruder erschlägt. Und sie besitzen, so jedenfalls Irenäus von Lyon, eine Schrift, die nach einem anderen Übeltäter benannt ist: das Judas-Evangelium.

Ob diese Kainiten wirklich die Worte im Codex Tchacos geschrieben haben, ist ungewiss. Sicher ist aber: Der Text enthält eine radikal andere Deutung der Jesusgeschichte. Für den Jesus dieses Evangeliums hat der Tod keinen Schrecken – sondern ist vielmehr eine Befreiung. Hier lacht der Heiland über die Absurdität der Welt.

Judas Iskariot, der Verräter, ist in diesem Evangelium der einzige Jünger, der Jesus wirklich versteht. „Ich weiß, wer du bist und woher du kommst", spricht er in dem Text. Und Christus entgegnet: „Halte dich von den anderen fern, und ich weihe dich ein in die Geheimnisse des Königreichs."

Auch die Kreuzigung ist Teil eines geheimen Plans, ausgeführt mit dem Wissen Jesu: Der sagt seinem Vertrauten Judas voraus, er werde „den Menschen opfern, der mich umschließt".

Mit dem Verrat hilft Judas also Jesus, seine fleischliche Hülle abzustreifen – und befreit so zugleich dessen Seele von der irdischen Last.

Wie bei anderen gnostischen Lehren ist der menschliche Körper lediglich ein Gefängnis. Nach dieser Logik der Abweichler wäre Judas der wahrhaft Erleuchtete – und das nach ihm benannte Evangelium die wahre Heilsbotschaft.

Auch wenn man dieser Botschaft nicht glaubt: Es ist ein Bericht, der Jesus – und Judas – aus einem völlig anderen Blickwinkel zeigt. Eine neue Version der Geschichte, die seit Jahrhunderten aus den vier Evangelien des Neuen Testaments wohlbekannt schien.

Und vielleicht ist es auch nicht die letzte solche Entdeckung. Vielleicht sind im Wüstensand ja noch weitere Schriften verborgen, die unser Bild von Jesus erschüttern können. □

Literaturempfehlungen: Karl-Wilhelm Niebuhr (Hg.), „Grundinformation Neues Testament", Vandenhoeck & Ruprecht: klar strukturierte Einführung in das Neue Testament. Richard Valantasis, Douglas K. Bleyle, Dennis C. Haugh, „The Gospels and Christian Life in History and Practice", Rowman & Littlefield: zeichnet den Alltag der frühchristlichen Gemeinden im ersten und zweiten Jahrhundert nach.

Martin Paetsch, 39, lebt und arbeitet in Hongkong. Der Journalist war davon überrascht, wie wenig über den Ursprung der vier Evangelien des Neuen Testaments bekannt ist – und fand die Spurensuche in diesen Texten umso spannender.

Von ABRAHAM *bis* JESUS CHRISTUS

Die Historie des Heiligen Landes im Altertum ist auch die Gründungsgeschichte zweier Weltreligionen. Doch zu vielen Ereignissen gibt es als einzige Quelle nur die Bibel

VON OLAF MISCHER

KARTEN: CHRISTIAN KUHLMANN UND STEFANIE PETERS

Um 8000 v. Chr.
In einer Oase im Jordangraben gründen Einwanderer die Siedlung **Jericho**. Bis dahin haben sie vermutlich als Jäger und Sammler in Höhlen des Karmelgebirges an der Mittelmeerküste gelebt. Seit dem Ende der Eiszeit um 9000 v. Chr. ist das Klima am Jordan relativ mild und geeignet für den Anbau von Getreide und Gemüse. In den folgenden Jahrhunderten erweitern die Bewohner ihre Siedlung zu einer vier Hektar großen, von einer fast vier Meter hohen Mauer umfriedeten Stadt. In Kanaan, der Region westlich des Jordans, entstehen weitere Siedlungen.

Die Religion der Kanaanäer ist ein Fruchtbarkeitskult. Im Verlauf der folgenden Jahrtausende beginnen sie, einen Gott zu verehren, den sie Baal (Herr) nennen, weil sie seinen Namen nicht aussprechen dürfen.

um 1800 v. Chr.
Die Jebusiter – ein Volk, das schon seit Generationen in der Region lebt – gründen Jebus, das spätere **Jerusalem**.

1800–1200 v. Chr.
Gruppen von Nomaden, vagabundierenden Räubern und entlaufenen Sklaven, die in ägyptischen Quellen als *hapiru* bezeichnet werden, durchstreifen die Region zwischen Mittelmeer und Jordan. Manche Altertumsforscher glauben, dass sich von diesem Begriff der Name der Volksgruppe herleitet, von der die Bibel berichtet: der Hebräer. Andere Wissenschaftler nehmen an, dass Hebräer etwa mit „die von jenseits (des Euphrats) kamen" zu übersetzen sei. Stammvater dieses Volkes ist dem Alten Testament zufolge Abraham, ein Nomade aus Mesopotamien – dem Zweistromland zwischen Euphrat und Tigris –, 1000 Kilometer östlich von Jericho. Doch ist die Heilige Schrift nur eingeschränkt eine historische Quelle.*

Gott, sagt die Bibel, habe Abraham ins Land Kanaan geführt, auf dass er und seine Nachkommen keinem anderen Gott als ihm huldigen. Dessen Enkel Jakob erhält nach einem siegreichen Kampf mit einem Unbekannten den Ehrennamen **Israel** *(„Der Gott herrscht/kämpft"). Seine Hausgemeinschaft heißt fortan „Die Kinder Israels". Jakobs Söhne werden zu den Stammvätern der zwölf Stämme Israels, der Israeliten.*

um 1350 v. Chr.
Eine Gruppe Halbnomaden, „die nicht wusste, wo sie leben sollte, kam, um ein Heim in dem Gebiet des Pharao zu erbitten", berichtet eine ägyptische Inschrift.

In der Bibel heißt es, dass Hebräer (allerdings erheblich früher) nach **Ägypten** *gezogen seien – um einer Hungersnot zu entgehen. Dort seien sie in die Knechtschaft des Pharao geraten.*

Viele Wissenschaftler sehen durch die Inschrift und andere Quellen das Alte Testament insoweit bestätigt, dass Hebräer in Ägypten Zuflucht gesucht haben könnten. Andere Indizien deuten an, dass Wüstenbewohner im ägyptischen Machtbereich einem Gott namens Jahwe huldigen – den gleichen Namen werden die Hebräer ihrem Stammesgott geben.

Kanaan wird in dieser Zeit wahrscheinlich von einem Statthalter des Pharao regiert; seine Residenz ist das 100 Kilometer südwestlich von Jericho am Mittelmeer gelegene Gaza. Doch sind die weiter nördlich gelegenen Städte Kanaans wohl weitgehend unabhängig.

ab 1250 v. Chr.
Vermutlich wegen einer Verschlechterung des Klimas oder einer feindlichen Invasion ziehen viele Einwohner kanaanäischer Städte ins Bergland, wo sie in Siedlungen von Viehzucht und Getreideanbau leben und sich mit Nomaden vermischen. Bald schließen sich Bewohner benachbarter Dörfer unter Führung von „Ältesten" zu Stämmen zusammen. Diese verstehen sich wohl bereits wenige Generationen später als Stämme Israels.

Nach biblischer Überlieferung führt Moses die Hebräer um diese Zeit aus Ägypten zurück nach Kanaan. In der jüdischen Tradition ist Moses der Lehrer der Israeliten: Auf dem Berg Sinai schließt Jahwe mit ihm einen Bund und übergibt seinem Volk die Zehn Gebote. Zahlreiche göttliche Gesetze folgen, die in der **Tora**, *den Fünf Büchern Mose, gesammelt sind. Josua, der Nachfolger von Moses, erobert nach 40-jähriger Wanderschaft zuerst Jericho, dann ganz Kanaan.*

Archäologen schließen nicht aus, dass tatsächlich eine – allerdings kleine – Gruppe von Nomaden aus Ägypten nach Kanaan gelangt. Sicher ist jedoch, dass es um diese Zeit keine Kriege im Heiligen Land gibt: Die Besiedlung des Berglandes erfolgt überwiegend friedlich.

1208 v. Chr.
Auf einer Stele des Pharao Merenptah wird erstmals der Name Israel erwähnt: Der Herrscher brüstet sich in dieser Inschrift mit seinen militärischen Erfolgen über die Völker des Orients.

1200–1000 v. Chr.
Die Stämme Israels, so die Bibel, werden durch das Nachbarvolk der Philister bedroht (siehe 1177 v. Chr.). Deshalb schließen sich die zerstrittenen Gruppierungen zu einem Militärbündnis zusammen. Aus ihrer Mitte wählen sie einen **Richter** *genannten Oberbefehlshaber, der zumeist auch höchste religiöse Autorität ist. Nach dem Tod eines Richters bricht zwischen den Stämmen oft Streit um dessen Nachfolge aus. Deshalb sehnen sich viele Israeliten nach einer königlichen Dynastie und bieten schließlich Gideon, einem*

* Alle Informationen, die nur auf Bibelstellen beruhen, sind in dieser Zeitleiste kursiv gesetzt. Ohne die Bibel lässt sich die Geschichte des Heiligen Landes nicht schreiben – obwohl sie nach heutigem Verständnis kein historischer Bericht ist, sondern die Sammlung der bedeutendsten literarischen Überlieferungen des Volkes Israel. Ihre Autoren wollten vergangene Ereignisse weder exakt rekonstruieren noch genau datieren. Sie wollten vielmehr Geschichten erzählen, die für das Leben der Leser von grundlegender Bedeutung sind. Die im Alten Testament überlieferte Sage etwa, nach der Abraham bereit war, Gott seinen Sohn zu opfern, sollte den Menschen ein vorbildhaftes Beispiel für absoluten Gehorsam vor Gott geben. Für die Autoren war es dabei unerheblich, ob Abraham tatsächlich bereit gewesen war, seinen Sohn zu opfern – ja sogar, ob er wirklich gelebt hatte. Zudem wollten die biblischen Schriftsteller – wie die Autoren anderer zeitgenössischer Texte etwa aus Assyrien oder Ägypten auch – von der Größe ehemaliger Herrscher künden, um so den Zusammenhalt im Volk zu festigen. Dennoch enthält die Heilige Schrift auch historisch zuverlässigere Erzählungen, deren Wahrheitsgehalt durch andere Texte oder archäologische Funde belegt ist. Solche zusätzlichen Quellen sind für die biblische Frühzeit bis etwa zum Jahr 1000 v. Chr. indes sehr selten. Einige Schilderungen der Bibel halten Altertumsforscher jedoch auch ohne weitere Belege für plausibel, weil sie sich schlüssig in den historischen Kontext fügen. Ab etwa 850 v. Chr. bestehen zwischen Heiliger Schrift und Chroniken anderer Reiche schließlich so viele Parallelen, dass Wissenschaftler die biblische Chronologie von da an für weitgehend zuverlässig halten.

Um 950 v. Chr.
*Unter David und Salomo***

Um 850 v. Chr.
Das geteilte Reich

Um 700 v. Chr.
Die assyrische Zeit

** Die konkrete Existenz dieser Herrscher wird nur durch die Bibel überliefert; die Ausdehnung des Reiches ist umstritten.

Um 500 v. Chr.
Unter persischer Herrschaft

Um 100 v. Chr.
Das Hasmonäer-Reich

Um das Jahr 0
Herodes der Große

Die Herren des Heiligen Landes: Das antike Palästina ist im Laufe seiner Geschichte immer nur für relativ kurze Phasen politisch vollkommen selbstständig. Die Bibel berichtet von einem frühen Großreich unter den israelitischen Königen David und Salomo, das jedoch schnell in zwei Teile zerbricht. Der nördliche Staat Israel gerät bald darauf unter den Einfluss der Assyrer, die die Region im 8. Jahrhundert v. Chr. annektieren. Juda im Süden besteht weiter, muss allerdings Tribute leisten. Nach der zwischenzeitlichen Vorherrschaft der Babylonier, die auch das Südreich Juda unterwerfen, übernehmen die Perser 539 v. Chr. die Macht im Heiligen Land und dessen Provinzen, darunter Jehud. Erst dem jüdischen Geschlecht der Hasmonäer gelingt es – nun im Kampf gegen die Vormacht der hellenistischen Seleukiden –, wieder ein weitgehend unabhängiges Reich zu errichten. König Herodes schließlich regiert seinen Staat im Auftrag der Römer, die das Heilige Land am Ende zum Teil ihrer Provinz Syrien machen

GLOSSAR

APOSTEL
„Bote". Im Neuen Testament zunächst zwölf von Jesus Christus ausgewählte Glaubensboten. Nach dessen Tod verkünden sie und weitere, selbst ernannte Apostel die christliche Lehre und gründen Gemeinden.

BUNDESLADE
Schrein für die Tafeln mit den Zehn Geboten.

DIASPORA
„Verstreutheit". Auswanderung der Juden aus dem Heiligen Land sowie die Gründung neuer Gemeinden in anderen Weltregionen – vor allem nach der Zerstörung des Jerusalemer Tempels durch die Römer im Jahr 70 n. Chr.

EVANGELIUM
„Frohe Botschaft" (griech. *euangelion*). Im Neuen Testament die Verkündung des Reichs Gottes durch Jesus sowie die biblische Überlieferung der Vita Jesu.

HASMONÄER
Priester- und Herrschergeschlecht, dessen prominentestes Mitglied Judas Makkabaios Judäa von der Fremdherrschaft befreit. Sie regieren ab 140 v. Chr. in Jerusalem und vereinen das Amt des Hohepriesters mit dem des weltlichen Herrschers.

HEBRÄER
Vielleicht: „die von Jenseits (des Euphrat) kamen". Bezeichnung für die Angehörigen der Stämme Israels, die vermutlich auf die Herkunft von deren biblischem Stammvater aus Mesopotamien anspielt.

ISRAEL
Wohl: „Gott herrscht/kämpft". Zunächst die Bezeichnung für ein (der Bibel zufolge) aus zwölf Stämmen bestehendes Volk. Ab etwa 1000 v. Chr. der Name für das aus dem Stammesbund hervorgegangene Königreich, das ein knappes Jahrhundert später in das Südreich *Juda* und das Nordreich Israel zerfällt. Um

besonders erfolgreichen Kriegsherrn, die Königswürde an. Doch der lehnt ab, weil Jahwe der König Israels sei. Schließlich salbt ein Priester im Jahr 1020 v. Chr. **Saul**, *einen wohlhabenden Bauernsohn aus dem Stamm Benjamin, zum ersten König Israels. Er soll im Jahr 1004 v. Chr. im Kampf gegen die Philister ums Leben gekommen sein.*

Tatsächlich gibt es außer der Bibel keine Quellen, welche die Existenz der Richter sowie König Sauls belegen, und keinerlei Hinweise auf ein Reich Israel in dieser Zeit.

um 1200 v. Chr.
In Phönizien (auf dem Gebiet des heutigen Libanon) entwickeln Gelehrte ein Alphabet mit 22 Buchstaben, das die Keilschrift ablöst. Rund 300 Jahre später nutzen auch Priester im Heiligen Land dieses einfache Schriftsystem leicht abgewandelt für das biblische Hebräisch. Anders als bei älteren Schriften stehen die phönizischen Zeichen nicht mehr für einzelne Silben oder ganze Wörter, sondern für jeweils einen Laut.

1177 v. Chr.
Eine Stele des Pharao Ramses III. berichtet vom Sieg ägyptischer Truppen über die **Philister**. Es ist die älteste Quelle zur Geschichte dieser rätselhaften Völkerschaft. Ihre Vorfahren sind womöglich – wie auch andere der sogenannten Seevölker – während anhaltender Hungersnöte im 13. Jahrhundert aus ihrer Heimat im östlichen Mittelmeerraum ausgezogen. Sie haben sich später mit Piraten verbündet oder als Söldner verdungen und sind zu einer Militärmacht aufgestiegen. Da Ägyptens Armee die Angreifer nach ersten Erfolgen nicht vollständig besiegen kann, lässt sie der Pharao zwischen Gaza und dem heutigen Tel Aviv am Mittelmeer siedeln. Bald darauf geraten sie in Konflikt mit den Stämmen Israels.

Der Name Palästina – die spätere Bezeichnung für die Region des Heiligen Landes – erinnert an die Philister.

um 1150 v. Chr.
Nach biblischer Überlieferung stellen Anhänger des Jahwe-Kults in der Stadt Schilo, etwa 30 Kilometer nördlich vom späteren Jerusalem, ihre **„Stiftshütte"** *auf: ein Zelt, in dem sie die sogenannte Bundeslade (einen Schrein mit den Tafeln der Zehn Gebote) aufbewahren. In Schilo begehen die Stämme fortan gemeinsam ihre religiösen Feste.*

um 1000 v. Chr.
Nachdem Eschbaal – Sauls Sohn und Nachfolger als Herrscher über die zehn nördlichen Stämme Israels – ermordet worden ist, wird **David**, *ein früherer Heerführer Sauls, König.*

Folgt man dem Alten Testament, so war David zunächst Herrscher über den südlichen Stamm Juda. Als König drängt er die Philister zurück, unterwirft Nachbarvölker und erobert die zwischen den Territorien der Nordstämme und seinem ehemaligen Südreich Juda gelegene Siedlung Jebus. Dorthin lässt er die Bundeslade bringen – und macht die fortan Jerusalem genannte Stadt damit zur heiligen Kapitale des israelitischen Reiches.

Wahrscheinlich schließen sich die Stämme Israels um das Jahr 1000 v. Chr. tatsächlich zu einem Reich mit einem Herrscher zusammen. Allerdings ist der älteste außerbiblische Beleg für die Existenz eines Königs aus dem „Hause Davids" eine Stele, die erst um 800 v. Chr. entstanden ist. Auf ihr verkündet vermutlich der Herrscher von Aram-Damaskus, er habe einen Königssohn aus der davidischen Dynastie getötet.

ca. 955 v. Chr.
Davids Sohn und Nachfolger Salomo lässt in Jerusalem einen Königspalast sowie einen Tempel errichten, der zur zentralen Opferstätte für Jahwe wird: Nur dort sind Opfer vor Gott gültig, nur dort dürfen sie ihm dargebracht werden. Für sein Bauprogramm hat der Herrscher dem Volk hohe Steuern und Frondienste auferlegt.

Es ist möglich, dass in dieser Zeit ein Jahwe-Heiligtum und ein Königspalast in Jerusalem gebaut werden. Doch sind sich Archäologen sicher, dass die Bauwerke weit schlichter waren als in der Bibel beschrieben.

ab 925 v. Chr.
Das Reich Israel zerfällt in den Südstaat Juda und den Nordstaat Israel.

Nach der biblischen Chronologie stirbt in dieser Zeit König Salomo. Als sein Sohn Rehabeam zum König gesalbt werden soll, bitten ihn Stammesvertreter, die Steuerlast und Frondienste, die sein Vater eingeführt hat, zu reduzieren. Weil der Prinz dies ablehnt, wählen die zehn Nordstämme Jerobeam, einen Hofbeamten Salomos, zu ihrem König – zum Herrscher über das Reich **Israel**.

Rehabeam wird zum König des Reiches **Juda**, *zu dem auch das Stammesgebiet von Benjamin gehört. Da der Jerusalemer Tempel nach der Reichsteilung in Juda liegt, lässt Jerobeam im Nordreich weitere Heiligtümer errichten.*

um 920 v. Chr.
Ägyptische Truppen unterwerfen Israel sowie Juda. Gleichwohl bleiben die Reiche politisch weitgehend unabhängig. Denn der Pharao will vor allem die durch die Staatsgebiete führenden Handelswege zum Roten Meer und nach Mesopotamien kontrollieren. Während das kleinere Juda noch lange Zeit vor allem aus Dörfern besteht, entwickelt sich das verkehrsgünstig gelegene Israel bald zu einer militärischen Mittelmacht, die das südliche Bruderreich wahrscheinlich zeitweise unter seine Oberherrschaft zwingt.

um 880 v. Chr.
Israels König Omri lässt Samaria als Hauptstadt erbauen. Die Siedlung besteht aus einer Wohnstadt und einem Königspalast, der von Befestigungsmauern umgeben ist.

um 870 v. Chr.
König Ahab von Israel lässt unter dem Einfluss seiner Ehefrau Isebel, einer Königstochter aus der phönizischen Hafenstadt Sidon, einen **Baal-Tempel** *in Samaria erbauen, so die Bibel. Die sich häufenden Hungersnöte und Dürren sehen die Israeliten als Strafe Jahwes an.*

853 v. Chr.
Eine von zwölf Königen, darunter Ahab von Israel, gebildete Allianz schlägt die Truppen des Königs von Assyrien zurück. Die mesopotamische Großmacht bedroht Israel, Ägypten und andere Reiche der Region.

um 850 v. Chr.
Joram, 851 v. Chr. gesalbter König Israels, schafft den von seinem Vater eingeführten Baal-Kult wieder ab. Doch auch „er tat, was dem Herrn missfiel" (2. Buch Könige): So lässt er etwa Jahwe unter einem Tierbild verehren – und verstößt so gegen ein von Moses übermitteltes Gebot.

847 v. Chr.
In Juda stirbt König Joschafat; sein Sohn Joram, der bereits seit fünf Jahren Mitregent ist, wird Alleinherrscher. Gemeinsam mit seiner Frau Atalja, einer Tochter König Ahabs von Israel, führt er in Jerusalem den Baal-Kult ein.

841 v. Chr.
Eine Inschrift auf einem assyrischen Obelisk bezeichnet König Jehu von Israel als einen Vasall Assyriens. Die Allianz der zwölf Könige ist da bereits seit Längerem zerfallen. Politisch bleibt Israel aber weitgehend unabhängig. Ab 734 v. Chr. muss auch Juda der Großmacht regelmäßig Tribut entrichten.

um 800 v. Chr.
Judas Herrscher Amazja, so berichtet die Bibel, erobert zuvor

IM BABYLONISCHEN EXIL ENTSTEHT DAS JUDENTUM

von Israel besetzte Gebiete seines Reiches zurück. Doch sein Kontrahent, Israels König Joasch, setzt ihm nach, nimmt ihn auf judäischem Gebiet gefangen, bringt ihn nach Jerusalem und plündert dessen Palast sowie den Tempel. Vermutlich steht Juda von da an unter der Oberhoheit Israels.

732 v. Chr.
Israels König Hoschea will die antiassyrische Allianz von 853 v. Chr. neu beleben und stellt die Zahlungen an **Assyrien** ein. Ein Jahrzehnt später besetzen Truppen der Assyrer Israel, verschleppen Hoschea und die israelitische Oberschicht sowie Soldaten und Handwerker nach Mesopotamien. Es ist das Ende des Reiches Israel; später werden die Deportierten die „zehn verlorenen Stämme Israels" genannt. Während die Assyrer Neusiedlern Land in Israel zuweisen, fliehen viele Bauern und Stadtbewohner nach Juda. Dennoch erlischt der Glaube an Jahwe im Gebiet Israel nicht vollständig.

706 v. Chr.
Juda und andere assyrische Vasallen in der Region schließen sich zusammen und verweigern dem assyrischen Großkönig den **Tribut**. Während der folgenden Kämpfe zerstören dessen Truppen fast alle Städte Judas – nicht jedoch Jerusalem. Bevor sie auch die Kapitale einnehmen können, ziehen sich die Angreifer zurück – möglicherweise, weil in der Region eine Seuche ausgebrochen ist. Gleichwohl müssen die Judäer ab 701 v. Chr. wieder Tribut entrichten.

696 v. Chr.
Manasse, der in diesem Jahr gesalbte König Judas, führt sein Reich zu neuer Blüte. Rund um Jerusalem sind zahlreiche neue Dörfer und Gehöfte entstanden, deren Bewohner offenbar so reichhaltige Ernten einfahren, dass ein Teil davon exportiert werden kann. Wahrscheinlich lässt der König neben Jahwe auch assyrischen Göttern sowie Baal huldigen.

621 v. Chr.
Im Jerusalemer Tempel wird der Bibel zufolge die frühe Fassung der Gesetzestexte des verschollenen 5. Buch Mose entdeckt. Daraufhin lässt König Josia die Bildnisse fremder Gottheiten aus dem Tempel entfernen und macht Jahwe zum alleinigen ***Staatsgott***.

612 v. Chr.
Babylonische Truppen und deren Verbündete besiegen die Assyrer. In den folgenden Jahren steigt Babyloniens König zum Herrscher eines Großreiches auf, das er von seiner am Euphrat gelegenen Hauptstadt **Babylon** aus regiert.

609 v. Chr.
König Josia von Juda stirbt im Krieg gegen Ägypten. Vermutlich hat er sich als Verbündeter der Babylonier gegen den Pharao gestellt, der den Assyrern zu Hilfe eilte. Sein Sohn Joahas kann das Land nur drei Monate lang regieren, dann lässt ihn der Pharao nach Ägypten deportieren und durch dessen Bruder Jojakim ersetzen. Jojakim ist ein „gottloser" König, der religiöse Texte verbrennen lässt, so zumindest berichtet es die Bibel.

605 v. Chr.
Der babylonische Kronprinz **Nebukadnezzar II.** siegt über die Truppen des Pharao. Damit ist der ägyptische Einfluss auf Juda endgültig gebrochen, das im folgenden Jahr zum Vasallen Babyloniens wird.

597 v. Chr.
Auf den Versuch der Judaer, die babylonische Herrschaft abzuschütteln, reagiert Nebukadnezzar, inzwischen König seines Landes, mit der militärischen Eroberung Judas. Er lässt einen Teil der Jerusalemer Oberschicht nach Mesopotamien verschleppen. Nach einer Revolte 587 v. Chr. zerstören die Babylonier Jerusalem mit dem Tempel und deportieren nahezu den gesamten Adel sowie Soldaten und qualifizierte Handwerker ins Zweistromland. Im nun anbrechenden **babylonischen Exil**, das ein halbes Jahrhundert andauern wird, schreiben judäische Gelehrte und Priester große Teile der biblischen Überlieferung erstmals auf. Zudem redigieren sie ältere religiöse Texte und verfassen eigene Schriften.

Darin stellen sie eine Vielzahl neuer religiöser Gebote und Gesetze auf – und formen so den bislang an die Opfergaben im Jerusalemer Tempel gebundenen judäischen Kult zu einer Religion, die auch ohne spirituelles Zentrum praktiziert werden kann: dem Judentum.

Kurz nach der Deportation der judäischen Oberschicht setzt Nebukadnezzar den ehemaligen Jerusalemer Hofbeamten Gedalja in Juda als Statthalter ein. Als Gedalja von einem Angehörigen der Königsfamilie ermordet wird, fliehen viele der im Land verbliebenen Judäer aus Furcht vor der Rache der Babylonier nach Ägypten.

um 540 v. Chr.
Judäische Gelehrte erklären im babylonischen Exil, Jahwe sei nicht nur der einzige Gott, den die Judäer anbeten sollen, er sei **der einzige Gott überhaupt**: der Herr der Welt. Damit haben sie den judäischen Staatskult zur wohl ersten monotheistischen Religion gemacht.

539 v. Chr.
Kyros der Große, König von **Persien**, erobert Babylonien. Den jüdischen Exilanten gestattet er im folgenden Jahr die Rückkehr in ihre Heimat, die nun als Provinz Jehud zu seinem Reich gehört. Von der scheinbar großzügigen Geste erhofft er sich politische Stabilität in dieser Provinz, die im Grenzgebiet zu Ägypten liegt. Doch viele Juden bleiben im Exil, sodass Babylonien auch weiterhin ein bedeutendes Zentrum der jüdischen Religion ist.

um 520 v. Chr.
Nach der Rückkehr aus dem Exil beginnen Juden mit dem ***Neubau des Tempels*** *in Jerusalem. Unterstützt werden sie wahrscheinlich von König Dareios I., der seit 522 v. Chr. über das Perserreich herrscht.*

Nach dem Bericht der Bibel protestieren die Samaritaner – jahwegläubige Nachfahren der Israeliten sowie der von den Assyrern auf dem ehemaligen Territorium Israels angesiedelten Bevölkerung – gegen den Bau des Heiligtums, weil sie das Erstarken Jerusalems fürchten.

Gleichwohl weiht der Hohepriester den Tempel im Frühjahr 516 v. Chr.

Die Rivalität zwischen den Judäern und den Samaritanern, die ebenfalls Untertanen des persischen Königs sind, bleibt auch weiterhin bestehen – unter umgekehrten Vorzeichen: Die Stadt Samaria entwickelt sich zur größten und bedeutendsten Metropole im Heiligen Land.

458 v. Chr.
Der Perserkönig schickt ***Esra***, *einen hohen persischen Staatsbeamten und jüdischen Schriftgelehrten, mit großzügigen Geschenken nach Jerusalem, so die Bibel, um die in der Provinz Jehud lebenden Menschen nach dem Gesetz Jahwes neu zu organisieren.*

Für Religionshistoriker besteht kaum ein Zweifel daran, dass Esra eine historische Person ist. Der persische König will durch seinen Gesandten wahrscheinlich die Juden noch enger an sich binden. Esra erlässt neue Strafgesetze und verlangt von den Männern, die mit einer Frau nichtjüdischer Abstammung verheiratet sind, sie zu verstoßen. Denn er ist davon überzeugt, dass die jüdische Gemeinschaft nur fortbestehen kann, wenn sich alle Gläubigen kompromisslos und unabhängig von fremden Einflüssen ihrem religiösen Erbe hingeben.

450 v. Chr.
Samaritaner, die Esras Reformen ablehnen, bauen auf dem Berg Garizim einen Tempel. In späteren Jahrhunderten werden auch im Ostjordanland und – auf Initiative eines aus Jerusalem vertriebenen Priesters – im ägyptischen Leontopolis weitere Tempel errichtet. An anderen Orten entstehen **Synagogen** – Versammlungshäuser, in denen die Gläubigen zusammenkommen, gemeinsam beten und sich von Gelehrten die göttlichen Gesetze erläutern lassen. Historisch belegt sind die neuen Gotteshäuser aber erst ab etwa 250 v. Chr.

445 v. Chr.
Der persische Statthalter Nehemiah lässt, so die Bibel, die unter Nebukadnezzar zerstörten Stadtmauern Jerusalems wieder aufbauen.

um 444 v. Chr.
Nach biblischer Überlieferung erneuern die Judäer auf Veranlassung Esras den

722 v. Chr. wird Israel von assyrischen Truppen zerschlagen.

JAHWE
Der Eine Gott der Stämme *Israels*; später erklären ihn Gelehrte zum einzigen Gott überhaupt. Andere Bewohner *Kanaans* sowie Menschen in benachbarten Regionen sind zumeist Anhänger von Fruchtbarkeitskulten mit dem Hauptgott Baal.

JUDA
Einer der zwölf Stämme *Israels*, der ab etwa 925 v. Chr. gemeinsam mit dem Stamm Benjamin das Reich Juda bildet.

JUDÄA
Wohl seit Alexander dem Großen (332 v. Chr.) Name für das Hauptsiedlungsgebiet der Juden (das unter der vorangegangenen persischen Herrschaft Jehud genannt wurde).

KANAAN
Ältester Name für die Region, in der die Stämme *Israels* siedeln.

MESSIAS
„Der Gesalbte" (von hebr. *maschiach*, gesalbt; griech. = *christos*). In der biblischen Tradition jene Menschen, die Gott für besondere Aufgaben auserwählt hat – vor allem die alttestamentarischen Könige sowie Jesus von Nazareth.

PALÄSTINA
Ursprünglich Bezeichnung für das Siedlungsgebiet der *Philister*. Ab 135 n. Chr. nennen die Römer die Provinz, zu der auch das Heilige Land gehört, Syria Palaestina.

PHARISÄER
Wahrscheinlich: „die Abgesonderten" (von hebr. *peruschim*). Eine Reformbewegung, die sich spätestens um 150 v. Chr. bildet und fordert, dass sämtliche Glaubensgesetze *Jahwes* von allen Juden strikt befolgt werden.

PHILISTER
Volksgruppe, die einen Küstenstreifen am Mittelmeer nahe der ägyptischen Grenze beherrscht und mehrfach Krieg mit den Stämmen *Israels* führt. Ihre Vorfahren stammen möglicherweise aus Kreta.

Bund mit Jahwe: Feierlich verliest der Gelehrte von einem eigens in Jerusalem errichteten Turm die Tora, die spätestens seit dem babylonischen Exil zu den Grundlagen des Judentums zählt.

um 400 v. Chr.
Die **Nabatäer**, ein arabisches Nomadenvolk, beginnen, an der Kreuzung zweier bedeutender Karawanenwege in den Bergen südlich des Toten Meeres regelmäßig ihr Lager aufzuschlagen. Petra, wie der Ort später genannt wird, entwickelt sich zum Zentrum eines mächtigen Handelsreichs, dessen Bewohner ab etwa 100 v. Chr. Häuser im griechischen Stil bauen und Grabkammern mit gewaltigen Portalen direkt in Felsen schlagen lassen. Die Metropole wird 106 n. Chr. von den Römern annektiert.

332 v. Chr.
Der makedonische König **Alexander der Große**, der im Jahr zuvor den Perserkönig besiegt hat, verleibt seinem Reich auch die gesamte Region des Heiligen Landes ein. Zwar dürfen die Bewohner der Gegend – deren Kerngebiet die neuen Herren bald **Judäa** nennen – auch künftig nach ihren eigenen religiösen Gesetzen leben, gleichwohl beeinflussen die griechische Kultur und Philosophie das Leben im Heiligen Land stark: So lesen die Gelehrten neben den heiligen Schriften auch Texte etwa von Platon und Aristoteles.

323 v. Chr.
Alexander stirbt in Babylon. Bald darauf teilen seine Offiziere und Vertrauten das Imperium unter sich auf; Herrscher über Judäa und Ägypten wird General Ptolemaios, der in der Region eine neue Dynastie etabliert, die der **Ptolemäer**; der Feldherr Seleukos wird zum Herrn über Babylonien, Persien, Mesopotamien sowie über Teile Syriens und Kleinasiens – er begründet die Dynastie der **Seleukiden**.

200 v. Chr.
Antiochos III., König der Seleukiden, besiegt den Ptolemäer-Herrscher Ptolemaios V. und annektiert das Heilige Land.

Der **Hohepriester** des Jerusalemer Tempels (zu jener Zeit der höchste Repräsentant des jüdischen Volkes) erhält vom neuen Herrscher das Privileg der Steuerfreiheit.

um 195 v. Chr.
Antiochos III. widerruft das Steuerprivileg, plündert zudem den Tempelschatz und beginnt, das Land systematisch auszubeuten.

175 v. Chr.
Jason, der Bruder des Jerusalemer Hohepriesters Onias III., verspricht Antiochos IV. hohe Tributzahlungen, damit der neue Seleukiden-König ihm das Amt überträgt. Jason versucht, das Staatswesen nach griechischem Vorbild zu reformieren, indem er etwa ein Gymnasion errichten lässt. Doch drei Jahre später macht der König gegen Zusage einer noch größeren Geldsumme mit **Menelaos** einen Mann zum höchsten Gottesdiener, der nicht der traditionellen Priesterdynastie angehört. Die Jerusalemer sind empört.

168 v. Chr.
Wegen wachsender Unruhe lässt **Antiochos IV.** die Stadtmauern Jerusalems schleifen, den Tempel plündern und die traditionellen jüdischen Riten verbieten. Zudem soll das Gotteshaus nicht mehr Jahwe geweiht sein, sondern Zeus Olympios. Dieser Frevel erzürnt die Judäer noch mehr.

166 v. Chr.
Judas „Makkabaios" („der Hammer"), ein Angehöriger des Priesterstandes aus der angesehenen Familie der Hasmonäer, führt im Auftrag seines Vaters einen Volksaufstand gegen die Unterdrückung der jüdischen Tradition an. 164 v. Chr. zieht die siegreiche Makkabäer-Armee in Jerusalem ein. Der Jahwe-Tempel wird wieder eingeweiht.

um 150 v. Chr.
Als Reaktion auf den nach wie vor starken griechisch-hellenistischen Einfluss in Judäa schließen sich viele Juden frommen Gruppierungen an. Die bedeutendste von ihnen ist die der **Pharisäer**, eine Laiengemeinschaft, die neben der Tora auch die mündlich überlieferten Gesetze kompromisslos befolgt. Weniger einflussreich sind die **Essener**, eine asketisch lebende Sekte, die wahrscheinlich in Qumran am Toten Meer siedelt. Die **Sadduzäer**, Mitglieder der jüdischen Oberschicht, aus deren Reihen der Hohepriester am Tempel stammt, stehen der hellenistischen Kultur dagegen aufgeschlossen gegenüber.

140 v. Chr.
Simon, der Bruder von Judas Makkabaios, wird vom Seleukiden-König Demetrios II. als Hohepriester anerkannt und mit weitgehenden politischen Rechten ausgestattet. Zudem wird ihm die Tributpflicht erlassen. De facto ist Judäa damit ein autonomer Staat unter der Führung des höchsten Priesters.

104 v. Chr.
Aristobul I. aus dem Haus der Hasmonäer nimmt den Königstitel an. Sein Bruder und Nachfolger Alexander Jannai erweitert sein Herrschaftsgebiet, sodass er über ein Land gebietet, das in etwa dem vermutlichen früheren Reich König Davids entspricht. Wohl seit dieser Zeit nennen die Juden ihre Heimat **Erez Israel**: Land Israel.

63 v. Chr.
Der römische Feldherr **Gnaeus Pompeius**, der im Jahr zuvor Syrien erobert hat, erreicht mit seinen Truppen Jerusalem. Die Juden haben Rom um Vermittlung im Thronfolgestreit der Brüder Aristobul II. und Johannes Hyrkan II. gebeten. Pompeius erhebt Johannes Hyrkan zum Hohepriester und weltlichen Herrscher; gleichzeitig jedoch macht er Judäa zu einem tributpflichtigen Vasallen des Römischen Reiches. Johannes Hyrkans Macht wird zudem durch den starken Einfluss seines Beamten Antipater eingeschränkt.

um 50 v. Chr.
Pompeius und **Gaius Julius Caesar** ringen um die Macht im Römischen Imperium. Der Hohepriester Johannes Hyrkan und Antipater unterstützen den schließlich siegreichen Caesar, der sie dafür belohnt: Johannes Hyrkan wird unter anderem zum „Freund Roms" ernannt, Antipater erhält das römische Bürgerrecht.

44–40 v. Chr.
Nach der Ermordung Caesars beuten die Römer Judäa immer stärker aus – vor allem, weil die Kaisermörder Brutus und Cassius die imperiale Streitmacht im Osten vergrößern.

Antiogonos, ein Sohn Aristobuls II., verbündet sich mit dem mit Rom verfeindeten Volk der Parther und stürzt mit dessen Hilfe Johannes Hyrkan. Antipater wird ermordet, sein Sohn **Herodes** flieht nach Rom, und Antigonos proklamiert sich selbst zum König.

37 v. Chr.
Nach mehreren Schlachten siegen die Römer über die Parther sowie die Truppen des Antigonos und setzen Antipaters Sohn

VIELE HALTEN DIE RÖMER FÜR EINE STRAFE GOTTES

Herodes als König in Jerusalem ein. Er ist ein praktizierender (wohl aber nicht gläubiger) Jude und ein machtbewusster Potentat, der seine Herrschaft stetig ausdehnt. Sein **Vasallenkönigreich** erstreckt sich schon bald nicht nur über das Heilige Land (Judäa, Samaria, Galiläa, Idumäa und Peräa), sondern auch über weite Gebiete nordöstlich des Sees Genezareth. Herodes lässt den Jerusalemer Tempel durch umfangreiche Bauten erweitern. Doch seine Herrschaft ist von Intrigen sowie von Unruhen geprägt, die auch nach dem Tod des Königs im Jahr 4 v. Chr. nicht abebben und die Geschichte des Heiligen Landes im folgenden Jahrhundert überschatten. Herodes' Nachfolge treten drei seiner Söhne an, von denen jeder nur einen Teil des väterlichen Imperiums regiert.

um 4 v. Chr.
Wahrscheinlich in Nazareth, einem Dorf 100 Kilometer nördlich von Jerusalem, kommt ein Kind mit Namen Jeschua zur Welt, das später **Jesus Christus** *genannt wird. Der Junge ist der Sohn von Josef, einem vermutlich wohlhabenden Baumeister, und dessen Ehefrau Maria. Er wird wie seine Geschwister (angeblich vier Brüder und mehrere Schwestern) nach dem jüdischen Gesetz erzogen.*

Über Leben und Wirken Jesu sind außerhalb des Neuen Testaments kaum Details überliefert.

6 n. Chr.
Die Römer setzen Herodes' Sohn Archelaos, den Regenten von Judäa, Samaria und Idumäa, ab. An seiner Stelle übernimmt der Statthalter der römischen Provinz Syrien die Herrschaft im größten Teil des Heiligen Landes mit der Metropole Jerusalem. Für die Verwaltung setzt er Präfekten ein – die sind zumeist korrupt und grausam gegen die jüdische Bevölkerung.

Anlässlich einer Steuerschätzung entfacht wenig später der Schriftgelehrte Judas von Galiläa einen Aufstand gegen die Fremdherrschaft, der aber innerhalb kurzer Zeit niedergeschlagen wird.

26 n. Chr.
Der neue Präfekt Pontius Pilatus tritt sein Amt an. Viele Juden sehen in der Herrschaft der Römer eine Strafe Jahwes. Deshalb wächst die Anhängerschaft von Bußpredigern wie **Johannes dem Täufer**, der die Menschen zur „Umkehr" zu einem gottgefälligen Leben aufruft. Das äußere Zeichen der Läuterung soll die Taufe sein.

Auch Jesus von Nazareth, vermutlich einer seiner Schüler, lässt sich um das Jahr 30 im Jordan taufen. Einige Zeit zuvor hat er seine Familie verlassen, möglicherweise nach dem Tod des Vaters.

um 31 n. Chr.
Jesus von Nazareth, der sich wohl bereits kurze Zeit nach seiner Taufe von Johannes getrennt hat, wandert als Prediger durchs Heilige Land und erwählt Jünger, denen er – so die Bibel – befiehlt, ihm zu folgen. Jesus will das Judentum reformieren, indem er etwa Gebote der Tora nach Maßgabe der Nächstenliebe umdeutet. So soll beispielsweise „jeder, der seinem Bruder auch nur zürnt, dem Gericht verfallen sein", nicht erst der Mörder. Rein äußere Frömmigkeit, wie etwa die Einhaltung der Sabbatruhe, sind für ihn offenbar weniger bedeutsam. Wohl im Frühjahr des Jahres 33 zieht er mit einer Schar von Anhängern nach Jerusalem, die ihn als Gottes Sohn verehren (im Alten Testament bedeutet diese Bezeichnung eine besonders enge Beziehung zu Jahwe). Dort verkündet er, das Reich Gottes sei angebrochen. Es ist bis heute strittig, wie diese Botschaft Jesu zu verstehen ist. Doch für den jüdischen Hohepriester ist sie eine Gotteslästerung; der Präfekt Pontius Pilatus wittert Rebellion.

Der Römer verurteilt Jesus – den die Soldaten im Spott „König der Juden" nennen – zum Tod am Kreuz, um andere Aufrührer einzuschüchtern.

Doch tatsächlich macht Pilatus aus dem jüdischen Reformer einen **Märtyrer**, aus dessen Wirken bald das Christentum hervorgeht.

33 n. Chr.
Kurz nach der Beisetzung Jesu, so die Bibel, erscheint der Gekreuzigte seinen Anhängern. Daraufhin schließen sie sich unter Führung der zwölf von Jesus zuvor berufenen „Apostel" (griech., „Bote") in Jerusalem zur „Urgemeinde" zusammen und verkünden ihre Botschaft: Jesus sei auferstanden, er sei der Messias (der „Gesalbte", griech. christos), der Retter der Menschheit, dessen Kommen die Propheten vorausgesagt hätten.

Die Anhänger dieser Überzeugung, die von den jüdischen Autoritäten als Gotteslästerer verfolgt werden (und später von den Römern als Staatsfeinde), verstehen sich selbst jedoch weiterhin als Juden und halten an den Gesetzen der Tora fest. Doch sie glauben auch an Jesu Botschaft: „Ein neues Gebot gebe ich euch: Liebt einander! Wie ich euch geliebt habe." Und in der Hoffnung der baldigen Wiederkehr Jesu ziehen seine Anhänger binnen Kurzem als Missionare durchs Heilige Land und andere Regionen.

um 34 n. Chr.
Der Jude **Paulus**, ein Pharisäer aus der kleinasiatischen Stadt Tarsus, beteiligt sich an der Verfolgung der Christen, wie die Anhänger Jesu bald genannt werden. Dann aber wird er zum Missionar, der die christliche Botschaft den Juden und den Heiden in Kleinasien und in Griechenland predigt. Seine Kehrtwendung erklärt er in Briefen, die später Teil des **Neuen Testaments** werden, damit, dass Jesus ihm erschienen sei und ihn berufen habe. Auf seinen Reisen gründen Paulus und andere Missionare, die sich nun Apostel nennen, christliche Gemeinden, auch in Rom.

41 n. Chr.
Der neue römische Kaiser Claudius proklamiert Agrippa, einen Enkel von Herodes, zum König über fast alle Teile des Heiligen Landes

PROPHET
„Verkünder". In der religiösen Tradition vieler Völker ein von einem Gott zur Verkündung dessen Willens Berufener. Dazu zählen etwa die Autoren des Zwölfprophetenbuches im Alten Testament (deren Texte allerdings vielfach bearbeitet wurden).

SADDUZÄER
Geistlicher Adel, aus dessen Reihen zumeist der Hohepriester des Jerusalemer Tempels stammt. Anders als die *Pharisäer* verlangen sie nicht die strikte Einhaltung des göttlichen Gesetzes, sondern sind vor allem am reibungslosen Ablauf des Tempeldienstes interessiert.

SAMARIA
Um 880 gegründete Hauptstadt des Nordreichs *Israel*. Im Alten Testament wird der Name auch synonym für den Nordstaat verwendet.

SYNAGOGE
„Versammlung". Jüdisches Gotteshaus, das zugleich Zentrum des gesellschaftlichen Lebens der Gemeinde ist. Diese Einrichtung entsteht vermutlich im babylonischen Exil, nach der Zerstörung des Jerusalemer Tempels im Jahr 587 v. Chr.

TALMUD
„Lehre". Das für das alltägliche Leben der gläubigen Juden wichtigste Gesetzeswerk, das sowohl göttliche Gebote als auch Texte zu deren Auslegung enthält. Es liegt in zwei Fassungen vor: als Jerusalemer Talmud (um 450 n. Chr. abgeschlossen) und als heute maßgeblicher Babylonischer Talmud, der um 600 n. Chr. in Babylon fertiggestellt wird.

TORA
„Weisung". Die schriftliche Tora umfasst die Fünf Bücher Mose; hinzu kommen weitere Offenbarungen Gottes, die lange Zeit nur mündlich überliefert wurden. Wie der *Talmud* enthält auch die ältere Tora die zentralen göttlichen Regeln – doch sagt sie nur wenig, wie sie die Gläubigen im Alltag genau anzuwenden haben.

Jasmin Paul

– der in Rom erzogene Monarch hatte sich wohl beim Senat für die Inthronisation von Claudius eingesetzt. Da Agrippa als Herrscher die Befolgung der jüdischen Gesetze durchsetzt, ist er beim Volk beliebt. Die Christen lässt er indes gnadenlos verfolgen. Mit seinem Tod im Jahre 44 n. Chr. endet die Herrschaft der von Herodes begründeten Dynastie, das Heilige Land untersteht fortan direkt Rom.

um 49 n. Chr.
Der Apostel Paulus trifft in Jerusalem **Petrus**, den wichtigsten der ursprünglichen Jünger Jesu, sowie andere führende Mitglieder der Urgemeinde. Die bedeutendsten Gestalten des neuen Christusglaubens beschließen bei ihrer später „Apostelkonvent" genannten Versammlung, dass Paulus außerhalb des Heiligen Landes Heiden missionieren darf, die sich nicht zuvor der Beschneidung und den jüdischen Gesetzen unterwerfen müssen. In der Folge entwickelt sich das Christentum von einer jüdischen Sekte zu einer eigenständigen Religion, die sich langsam im Römischen Reich verbreitet, für die das Heilige Land aber kaum mehr eine Rolle spielt.

66 n. Chr.
Als der römische Prokurator Gessius Florus aus Geldgier Teile des Tempelschatzes stehlen lässt, verspotten ihn Jerusalemer Bürger und betteln auf den Straßen der Heiligen Stadt um Almosen für den Römer. Der Geschmähte lässt seine Soldaten die Metropole plündern und die Bewohner demütigen. Daraufhin bricht ein **Aufstand** aus, die Besatzer werden aus Jerusalem vertrieben.

70 n. Chr.
Der Aufstand im Heiligen Land wird von den Römern niedergeschlagen. In Jerusalem zerstören sie den Tempel. In den folgenden Jahren fliehen viele Juden nach Babylon und in andere Länder: Es ist der Beginn der **Diaspora**, der „Verstreutheit" der Juden über die ganze Erde ohne ein gemeinsames religiöses Zentrum.

Nur in der Burg Masada außerhalb Jerusalems leisten Aufständische noch fast vier weitere Jahre Widerstand, bevor sie wohl kollektiv Selbstmord begehen.

um 70 n. Chr.
Der Schriftgelehrte Jochanan ben Zakkaj gründet in der Hafenstadt Jabne (südlich des heutigen Tel Aviv) eine Schule und beruft einen Kreis gelehrter Theologen als Lehrer. Die Gruppe macht es sich zur Aufgabe, das Fortbestehen der jüdischen Tradition zu sichern – auch indem sie die Grundlagen der Religion neu definiert. Die Männer tragen den Titel **„Rabbi"** („Meister").

Ein unbekannter Autor verfasst die vermutlich erste **Biografie Jesu**. Die spätere Tradition wird ihn mit Markus gleichsetzen, einem Mitglied der christlichen Urgemeinde Jerusalems und Begleiter des Paulus auf einer Missionsreise. In den folgenden Jahrzehnten entstehen zahlreiche solcher legendenhaften Lebensgeschichten, deren Autorenschaft jeweils anderen Personen aus dem Umfeld Christi zugeschrieben werden. Vier dieser **„Evangelien"** (von griech. *euangelion* = „frohe Botschaft") werden schließlich Bestandteil des Neuen Testaments der christlichen Bibel. Deren Verfasser sind der Legende nach Markus, Lukas (ein weiterer Gefährte des Paulus) sowie die Jünger Matthäus und Johannes.

um 100 n. Chr.
Der **Tanach**, die jüdische Bibel – das Alte Testament der Christen – wird kanonisiert. Er besteht aus den Fünf Büchern Mose (Tora), den Geschichten der Propheten (Newiim) und den „Schriften" (Ketuwim), die unter anderem die heiligen Psalmen enthalten. Neben dem Tanach gehört der **Talmud** zu den religiösen Texten des Judentums. Diese Sammlung, die unter anderem Regeln für die Festtage sowie Strafgesetze enthält, wird über viele Generationen mündlich überliefert, wobei sich zwei verschiedene Traditionen herausbilden; der umfang- und einflussreichere Babylonische Talmud wird erst um das Jahr 600 n. Chr. in seiner weitgehend noch heute gültigen Fassung schriftlich fixiert werden.

130 n. Chr.
Kaiser Publius Aelius Hadrian beschließt anlässlich eines Besuchs in Judäa, das noch immer verwüstete Jerusalem als römische Stadt unter dem Namen Aelia Capitolina neu aufbauen zu lassen. Zudem ordnet er an, auf den Trümmern von Jahwes Gotteshaus in Jerusalem einen Jupiter-Tempel zu errichten. Bald darauf erheben sich Rebellen unter militärischer Führung des Freiheitskämpfers Simon bar Kosiba, genannt **Bar Kochba** – und vertreiben die übermächtigen Römer aus der Gebirgsregion südlich von Jerusalem. Drei Jahre regiert Bar Kochba, den seine Anhänger als Messias verehren, in der unwegsamen Region – allerdings nur über ein kleines Gebiet. Nach und nach werden die Rebellen von mehreren römischen Legionen aufgerieben; Bar Kochba stirbt im Krieg, Tausende Kämpfer werden versklavt.

135 n. Chr.
Die römischen Kolonialherren organisieren Judäa, Samaria und Galiläa nach den verheerenden Kämpfen neu, nunmehr als Teil der neu geschaffenen Provinz Syria Palaestina. Das ehemalige Jerusalem dürfen Juden nicht mehr betreten. Seither wird das Land zwischen Mittelmeer und Jordan **Palästina** genannt. Nun gehen abermals zahlreiche Juden in die Fremde, im Heiligen Land verbleiben wohl nur wenige Tausend. Weltweit beträgt ihre Zahl in dieser Zeit etwa 1,5 Millionen Menschen.

um 200 n. Chr.
Die Texte der christlichen Überlieferung, die später im Neuen Testament der Bibel zusammengefasst werden, sind weitgehend schriftlich fixiert. Damit ist das Fundament für einen einheitlichen christlichen Glauben gelegt. Doch ist die Zahl der Gläubigen wahrscheinlich noch immer sehr klein: In der Millionenmetropole Rom etwa bekennen sich wohl weniger als drei Prozent der Bevölkerung zu Jesus Christus.

ab 312 n. Chr.
Als erster Herrscher des Römischen Reiches fördert Kaiser Konstantin das Christentum, statt es wie die meisten seiner Vorgänger zu verfolgen. Bald nach dieser „Konstantinischen Wende" sind bereits schätzungsweise 15 Prozent der Bevölkerung Christen, die zumeist in den großen Städten im Osten des Imperiums leben.

Während die neue Religion in den folgenden Jahrzehnten immer mächtiger wird, nehmen die Feindseligkeiten gegenüber den Juden zu. Anders als alle heidnischen Kulte, deren Ausübung Kaiser Theodosius 391 verbietet, bleibt der jüdische Glaube jedoch geduldet.

um 330 n. Chr.
Wohl auf Anregung seiner Mutter Helena, die um 326 nach Palästina gereist ist, lässt Kaiser Konstantin in Bethlehem die Geburtskirche (nach dem Matthäus- und dem Lukas-Evangelium der Geburtsort Jesu) und in Jerusalem die Grabeskirche errichten. Bald darauf pilgern immer mehr Christen ins Heilige Land. □

Olaf Mischer, 52, ist Verifikationsredakteur von GEO*EPOCHE*. **Christian Kuhlmann**, 37, arbeitet als Kartograph in Hamburg; **Stefanie Peters**, 47, gehört zum Kartographie-Team der GEO-Gruppe.

AUTORENPORTRÄT

Der Weltenschöpfer

Mit Akribie und Kunstsinn lässt der Illustrator Jochen Stuhrmann längst Vergangenes am Computer wiederauferstehen

JOCHEN STUHRMANN

An seiner grafischen Rekonstruktion Jerusalems zur Zeitenwende in dieser Ausgabe hat der Hamburger Illustrator Jochen Stuhrmann mehrere Wochen lang gearbeitet. Von der ersten Skizze bis zum fertigen Bild am Computer war es ein langer Weg: Jedes noch so kleine Detail musste zuvor geklärt werden – die Stufenfolge einer Tempeltreppe, die Kleidung der Pilger, die Fenstergröße einer römischen Festung.

Bei seiner Arbeit stützte sich Stuhrmann sowohl auf Berichte antiker Autoren, die Jerusalem damals besucht und beschrieben haben, wie auch auf aktuellste archäologische Funde sowie wissenschaftliche Zeichnungen und Hypothesen. Aus allem ließ er mithilfe von Computerprogrammen die antike Metropole als 3-D-Modell wiederauferstehen, das heißt, er baute zunächst die komplette Stadt Haus für Haus virtuell nach. Erst im zweiten Schritt wählte er die unterschiedlichen Ansichten, die nun im Heft zu sehen sind.

Seinen ersten Auftrag für GEO*EPOCHE* erhielt der Illustrator bereits während seines Studiums an der Hamburger Hochschule für Angewandte Wissenschaften. In der Ausgabe „Das antike Griechenland" illustrierte Stuhrmann den Kampf der Spartaner gegen die Heloten. Auch mehrere Städte hat er mittlerweile für GEO*EPOCHE* am Computer rekonstruiert: etwa das ägyptische Theben um 1200 v. Chr. oder die nordamerikanische Indianer-Metropole Cahokia.

„Es war", sagt Stuhrmann, „immer ein Wunsch von mir, Jerusalem im Modell zu erschaffen, diesen historisch so bedeutenden Ort, an dem sich inzwischen drei Weltreligionen getroffen haben." Mit künstlerischem Gespür und wissenschaftlicher Sorgfalt ist dem 34-Jährigen dies eindrucksvoll gelungen.

Fotovermerk nach Seiten

Anordnung im Layout: l.= links, r.= rechts, o.= oben, m.= Mitte, u.= unten

Titel: Alinari/INTERFOTO

Editorial: 3 r. o.: Katrin Trautner; 3 l. u.: Roman Pawlowski

Inhalt: 4 o.: Jochen Stuhrmann für GEO*EPOCHE*; 4 l. u.: Photo Scala, Florence; 4 r. u.: akg-images; 5 o.: Photo Scala, Florence; 5 m. o.: Massimo Borchi/Archivio White Star; 5 m. u.: Photo Scala, Florence; 5 u.: John Rylands University Library Image Collections

Im Reich der Bibel: 6–21: The American Colony and Eric Matson Collection, Todd Bolen/www.Lifeintheholyland.com

Moses: 22–23, 24–25, 32: Photo Scala Florence; 26–27: The Bridgeman Art Library; 28–29: Erich Lessing/akg-images; 30–31: ARTOTHEK

Salomo: 34–35: Gianni Dagli Orti/Bibliotheque Municipale Moulins/The Art Archive; 37: Gianni Dagli Orti/Bibliotheque Universitaire de Medecine; Montpellier/The Art Archive; 38: heritage/ullstein bild; 41: RMN/Thierry le Mage/bpk; 42: White Images/Photo Scala, Florence; 44: The British Library/akg-images

Babylon: 48–49, 56–57: Kupferstichkabinett, SMB/Jörg P. Anders/bpk; 51: akg-images; 52: SBB/bpk; 52–53: akg-images; 55, 58, 59: Mary Evans Picture Library/INTERFOTO

Der Griff nach der Freiheit: 60–61: Ann Ronan/HIP/Photo Scala, Florence; 63, 64: Sammlung Rauch/INTERFOTO

Krieg unter Brüdern: 68–69: akg-images; 70, 71: Granger Collection/ullstein bild; 72: Mary Evans Picture Library/INTERFOTO

Petra. Die Stadt im Fels: 78–79: Massimo Borchi/Archivio White Star; 80–81: Guy Ferrandis; 82–83, 84–85: Marcello Libra/Archivio White Star

Der verkannte Tyrann: 86–87: Photo Scala, Florence; 89; 93: akg-images; 90–91: Staatliche Kunstsammlungen Dresden/Hans-Peter Klut/bpk; 95: Gemäldegalerie SMB/Jörg P. Anders/bpk

Im Zentrum des Glaubens: 102–117: Jochen Stuhrmann für GEO*EPOCHE*

Jesus: 119: Ecole-du-regard/Leemage/IMAGES.de; 121, 122, 123, 124, 126, 127, 130, 132: Alinari Archives/Florence; 129, 131: Photo Scala, Florence; 134: Magliani, Mauro per Alinari/Fratelli Alinari, Firenze/INTERFOTO

Das Sprachrohr Christi: 136–137: The Bridgeman Art Library; 137: akg-images; 139: Gemäldegalerie SMB/Jörg P. Anders/bpk; 140: Photo Scala; Florence; 143: Scala/bpk; 144: Dagli Orti/Byzantine Museum Athens/The Art Archive

Sturm über dem Heiligen Land: 146–147, 150–151: The Bridgeman Art Library; 148: akg-images; 149: Lebrecht/culture-images; 152, 153: Granger Collection/ullstein-bild

Am Anfang war das Wort: 154: John Rylands University Library Image Collections; 155, 157, 158, 160: akg-images; 159: Dagli Orti/Bibliotheque Municipale Abbeville/The Art Archive

Vorschau: 170: Austrian Archives/IMAGNO; 171 l.: Knud Petersen/Kunstbibliothek, SMB/bpk; 171 o.: The Bridgeman Art Library; 171 m.: Erich Lessing/akg-images; 171 m. r.: INTERFOTO; 171 l. u: IMAGNO/INTERFOTO; 171 r. u.: Corbis; 171 u.: LL/Roger Viollet

Karten: 46, 98, 163: Christian Kuhlmann; 50, 65, 85, 163: Stefanie Peters

GEOEPOCHE

Das Magazin für Geschichte

Gruner + Jahr AG & Co KG, Druck- und Verlagshaus,
Sitz von Verlag und Redaktion: Am Baumwall 11, 20459 Hamburg.
Postanschrift der Redaktion: Brieffach 24, 20444 Hamburg.
Telefon 040 / 37 03-0, Telefax 040 / 37 03 56 48,
Telex 21 95 20. E-Mail (Redaktion): briefe@geo.de;
Internet: www.geo-epoche.de

CHEFREDAKTEUR
Michael Schaper

GESCHÄFTSFÜHRENDER REDAKTEUR
Cay Rademacher

HEFTKONZEPT
Jens-Rainer Berg

ART DIRECTION
Tatjana Lorenz

TEXTREDAKTION
Insa Bethke, Dr. Anja Herold, Dr. Frank Otto,
Jonathan Stock, Joachim Telgenbüscher

BILDREDAKTION
Christian Gargerle, Roman Rahmacher
Freie Mitarbeit: Roman Pawlowski, Katrin Trautner

VERIFIKATION
Lenka Brandt, Olaf Mischer, Andreas Sedlmair
Freie Mitarbeit: Dr. Henning Albrecht, Dr. Arno Nehlsen,
Sebastian Schulin, Stefan Sedlmair

LAYOUT
Freie Mitarbeit: Christine Campe, Arne Kluge, Karin Kröll,
Svenja Prigge, Janne Schultz, Ben Tepfer

WISSENSCHAFTLICHE BERATUNG
Ulrich Hofeditz

KARTOGRAPHIE
Stefanie Peters
Freie Mitarbeit: Christian Kuhlmann

SCHLUSSREDAKTION
Dirk Krömer; Brigitte Gajser, Ralf Schulte

CHEF VOM DIENST TECHNIK: Rainer Droste

MITARBEITER DIESER AUSGABE
Freie Mitarbeit: Jörg-Uwe Albig, Heidrun Brockmann, Gesa Gottschalk,
Reymer Klüver, Mathias Mesenhöller, Martin Paetsch, Jasmin Paul,
Boryana Pouvkova, Violetta Rudolf, Walter Saller, Johannes Schneider,
Wolf Schneider, Johannes Strempel, Sebastian Witte

HONORARE: Petra Schmidt

REDAKTIONSASSISTENZ: Ursula Arens

Verantwortlich für den redaktionellen Inhalt: Michael Schaper

HERAUSGEBER: Peter-Matthias Gaede
VERLAGSLEITUNG: Dr. Gerd Brüne, Thomas Lindner
GESAMTANZEIGENLEITUNG: Heiko Hager/G+J Media Sales
VERTRIEBSLEITUNG: Ulrike Klemmer/DPV Deutscher Pressevertrieb
MARKETING: Antje Schlünder (Ltg.), Patricia Korrell
HERSTELLUNG: Oliver Fehling

ANZEIGENABTEILUNG Anzeigenverkauf
G+J Media Sales / Direct Sales: Sabine Plath,
Tel. 040 / 37 03 38 89, Fax: 040 / 37 03 53 02
Anzeigendisposition: Anja Mordhorst,
Tel. 040 / 37 03 23 38, Fax: 040 / 37 03 58 87

Es gilt die GEO Sonderhefte-Anzeigenpreisliste Nr. 6/2010,
Heftpreis: 9,00 Euro

ISBN: 978-3-570-19910-7; 978-3-570-19916-9 (Heft mit DVD)
ISSN-Nr. 1861-6097

Bankverbindung: Deutsche Bank AG Hamburg,
Konto 0322800, BLZ 200 700 00

Druck: Mohn Media Mohndruck GmbH, Gütersloh
Printed in Germany

GEO-LESERSERVICE

FRAGEN AN DIE REDAKTION

Telefon: 040/37 03 20 98, Telefax: 040/37 03 56 48
E-Mail: briefe@geo.de

ABONNEMENT- UND EINZELHEFTBESTELLUNG

KUNDENSERVICE UND BESTELLUNGEN

Anschrift:
GEO Kundenservice
20080 Hamburg

persönlich erreichbar:
Mo–Fr 7.30 bis 20.00 Uhr
Sa 9.00 bis 14.00 Uhr

E-Mail: geoepoche-service@guj.de
Telefon innerhalb Deutschlands: 01805/861 80 00*
Telefon außerhalb Deutschlands: +49/1805/861 00 00
Telefax: +49/1805/861 80 02
24-Std.-Online-Kundenservice: www.meinabo.de/service

Preis Jahresabonnement: 48,00 € (D),53,70 € (A), 99,00 sfr (CH)
Studentenabo: 42,00 €
Abo mit DVD: 85,50 € (D), 94,20 € (A), 174,60 sfr (CH)
Preise für weitere Länder auf Anfrage erhältlich

BESTELLADRESSE FÜR GEO-BÜCHER, GEO-KALENDER, SCHUBER ETC.

KUNDENSERVICE UND BESTELLUNGEN

Anschrift: GEO-Versand-Service,
Werner-Haas-Straße 5, 74172 Neckarsulm
Telefon: +49/1805/06 20 00*
Telefax: +49/1805/08 20 00*
E-Mail: service@guj.com

*14 Cent/Minute aus dem deutschen Festnetz;
Mobilfunkpreis maximal 42 Cent/Minute

Die HABSBURGER

Im September 1683 steht alles auf dem Spiel: das Schicksal Österreichs, der Habsburger-Dynastie, vielleicht des gesamten christlichen Abendlands. Seit zwei Monaten belagern die Osmanen Wien mit 200 000 Soldaten. Die Lage der Stadt scheint hoffnungslos: Die Bewohner hungern, sie essen Katzen und Ratten, in den Straßen türmen sich stinkende Abfälle, die Ruhr wütet.

Kaum mehr als 4000 Verteidiger bemannen noch die Mauern. Wenn nicht bald ein Entsatzheer eintrifft, wird Wien fallen. Und fällt erst einmal die Metropole, dann ist auch das Habsburgerreich nicht mehr gegen den Feind aus dem Osten zu halten.

Doch die Befreier kommen gerade noch rechtzeitig: Um fünf Uhr morgens am 12. September 1683 beginnt die Schlacht am Kahlenberg, eines der entscheidenden Gefechte der europäischen Geschichte. Nach 13 Stunden sind die Osmanen besiegt. Und zwei Tage später zieht Kaiser Leopold I., der sich Wochen zuvor in Sicherheit gebracht hatte, wieder in seine schwer mitgenommene Residenzstadt ein. Die Habsburger sind gerettet; sie werden ihr Imperium weitere 235 Jahre lang beherrschen.

GEO*EPOCHE* erzählt von 650 Jahren Geschichte der Habsburger: vom Aufstieg einer Schweizer Adelsfamilie zur mächtigsten Dynastie Europas, von kluger Heiratspolitik und wahnsinnigen Thronfolgern, von Kriegen gegen Türken, Franzosen und Preußen. Schildert die Kulturmetropole Wien, in der das Wunderkind Wolfgang Amadeus Mozart am Hofe Klavier spielt und um 1900 Gustav Klimt, Egon Schiele, Arnold Schönberg, Arthur Schnitzler, Karl Kraus und Sigmund Freud die Kunst, Musik, Sprache und Theorie für ein neues Jahrhundert erfinden. Und beschreibt ein Geschlecht, das 15 römisch-deutsche, vier österreichische und einen mexikanischen Kaiser, sechs spanische Könige und zahlreiche weitere Fürsten hervorgebracht hat.

Das Porträt einer Familie, die mehr als ein halbes Jahrtausend lang die Geschicke Europas bestimmt hat.